Nikolas Pravda

ILLUMINATENBLUT

Die okkulten Rituale der Elite!

Die spannendsten Artikel von PRAVDA TV

amadeus-verlag.com

Amadeus Verlag GmbH & Co. KG
Birkenweg 4
74576 Fichtenau
Fax: 07962-710263
www.amadeus-verlag.com
Email: amadeus@amadeus-verlag.com

Druck:
CPI – Ebner & Spiegel, Ulm
Satz und Layout:
Jan Udo Holey
Umschlaggestaltung:
Amadeus Holey

ISBN 978-3-938656-49-5

Inhaltsverzeichnis

Vorwort

„Ich weiß, dass ich nicht weiß."

Sokrates (griechischer Philosoph)

Je tiefer wir in den Kaninchenbau eindringen, neues Wissen anhäufen, sondieren und verifizieren, desto klarer wird uns, dass es mehr Wissen gibt, welches es zu erforschen und zu teilen gilt. Aufklärung und Information sind das A und O, frei von jeglicher Dogmatik und Schein-Wissen. Es erfordert Mut, Wille und Wagnis, sein Herz und den Geist dem Wissen und Nicht-Wissen als universeller Triebfeder zu öffnen...

Dieses Buch ist eine papierbedruckte Sicherungskopie – zu einem Drittel ein Sammelsurium von Artikeln, die auf der Website *pravda-tv.com* erschienen sind, die zwei restlichen Drittel sind neu recherchierte Texte. Alle gemeinsam bilden das Gesamtwerk, welches Ihnen, liebe Leser, die Möglichkeit geben soll, unabhängig von der allgegenwärtigen Internetzensur dieses Wissen jederzeit aufzusaugen und weiterzuverpflanzen.

Dieser Moment, der gerade eben zum Verfassen dieses Buches führt, hat seinen Ursprung an einem Herbsttag 2010 irgendwo in der Schweiz. Zu sehen gab es die Dokumentation *(R)Evolution 2012*, und in einer Sequenz wird das mehrdimensionale Modell von Burkhard Heim vorgestellt. In seiner Theorie ist die Realität in unterschiedliche Räume eingeteilt, beginnend mit unserer 4D-Realität, dem Strukturraum, der den Rahmen setzt, den Informationsraum, der alle Daten beinhaltet, und übergeordnet der Schöpfungsraum – alle Räume bzw. Dimensionen sind miteinander verbunden. Jenes Konstrukt löste eine Kaskade von Gedanken und Gefühlen aus: Wieso tauchen diese neuen Informationen wie verschüttete Erinnerungen vor dem inneren Auge auf? Wieso ist Nicht-Wissen doch Wissen?

Ich erblickte 1974 das Licht der Welt in der damaligen CSSR, die ersten Bilder von West-Deutschland zeigte mir das Staatsfernsehen, demonstrierende Menschen die mit Wasserwerfern kämpfen. Nachdem meine Eltern meinen Brüdern und mir eröffneten, dass wir nach West-Deutschland umziehen werden, als politische Flüchtlinge unter Mithilfe von Beziehungen und der Leichtsinnigkeit der Genossen, die zwei Erwachsenen würden niemals über Griechenland mit zwei Kindern in den Westen abhauen, erwiderte ich lauthals ich wolle dort nicht hin, denn dort seien nur Protestanten. Eine korrekte Beobachtung der manipulierten Meinung, jedoch das falsche Wort verwendet. Verdrehtes Wissen.

Das Fundament für dieses Buch und den Start meines Blogs *pravda-tv.com* wurde bereits im Kindesalter gelegt. Mein Vater arbeitete in der damaligen CSSR als Disponent für das *Studio Barandov* im Bereich Kinderfernsehen und später für die *FAZ* als Kameramann, und ein sehr guter Freund und Mentor war für eine große deutsche Tageszeitung tätig. Die Wurzeln meiner Familie liegen in Opava (Troppau), der Hauptstadt des Kronlandes Schlesien, später Sudetenland. Meine Großeltern waren Selbstversorger, wie fast alle damals und es gab Gemüse aus dem Garten sowie Hühner, und man betrieb Handel mit den Nachbarn. Meine Großmutter war Rektorin einer Sonderschule für Kinder, sie war Mitglied der Kommunistischen Partei, und besonders imponiert hat mir der Lebenslauf meines Großvaters als Chefarzt, Klinikdirektor, Mitglied der Widerstands- und Freiheitsbewegung *Hntui za svobodou*, welcher das Leben der Tochter eines hohen deutschen Beamten (Okkupanten) rettete und dadurch das Vertrauen der Besatzer gewann. Dies nutzte er, um von der Gestapo gesuchten Personen zu helfen, indem er sie als Patienten in seiner Klinik lange Zeit behandeln ließ (auch Partisanen). Er stellte negative ärztliche Befunde für Menschen aus, die zur Arbeit im Reich bestimmt waren. Es war ihm auch erlaubt, seinen Bruder im KZ Buchenwald zu besuchen, aber retten konnte er ihn nicht mehr. Das war sein großes Trauma bis seinem Krebstod 1961. Nachfolgend bewahrte er mit anderen Bürgern der Stadt das Theater in Opava. Persönlich bekannt war er zudem mit dem tschechischen Staatspräsidenten Edvard Beneš und dem Außen- und späteren Verteidigungsminister der Exilregierung, Jan Masaryk. Durch meinen Großvater wurde mir viel Wissen um Verantwortung, Widerstand und Mithilfe zuteil.

Mein eigener beruflicher Werdegang führte mich vom Merchandising und Werbemitteln zu Online-Marketing und Unternehmensberatung sowie Pressearbeit für Filmverleiher, große deutsche Sportvereine, Kleinunternehmer und internationale Konzerne. Meine Neugierde für Lebenserfahrungen, Jobs und Bücher führte mich nicht nur zu der oben erwähnten Dokumentation*(R)Evolution 2012*, sondern ich stieß auch auf mehrere Webseiten und Youtube-Videos, welche die fehlende Souveränität Deutschlands behandelten. Zuerst dachte ich an eine Verschwörungstheorie, doch ein Termin im Honorarkonsulat der Tschechischen Republik in Frankfurt am Main bestätigte die Tatsache, dass Deutschland weder souverän ist, noch einen Friedensvertrag hat. Die Dame vor Ort verifizierte gar, dass nach wie vor die Haager Landkriegsordnung in der BRD Gültigkeit hat – somit war klar, wenn der Staat die Wahrheit verschweigt und die Massenmedien diesen Lug und Trug decken, dann gilt es, ein Gegengewicht zu bilden und die Wahrheit ans Tageslicht zu befördern. Der Startschuss für den Blog war gefallen!

Am 2. Januar 2012 erschien der erste Artikel auf dem Blog, zunächst sollte es ein Hobby sein – die Aufklärungsarbeit lief neben dem Berufsleben her –, aber mit steigender Leserschaft folgte die Erkenntnis, das Leben im Hamsterrad zu quittieren und die gesamte Kraft der Webseite zu widmen! Zeitgleich begann mein ehrenamtliches Engagement in einem Kindergarten, in einer Alzheimer- und Demenzwohngruppe sowie die Betreuung eines Menschen mit Behinderung – eine wundervolle Ergänzung, Menschen helfen zu dürfen und deren Leben zu begleiten, denn hierdurch gelangte ich zu mehr Wissen über das wirkliche, reale Leben.

Die Internetseite selbst wird mit Werbeeinnahmen finanziert, da die monatlichen Spenden nicht die Kosten decken. Die Texte werden von freien Autoren, anderen Blogs beigesteuert und es fließen Übersetzungen aus dem englischsprachigen Quellen ein. Ein Werbepartner begann 2017 plötzlich, bestimmte Artikel negativ zu beurteilen, auch wenn diese u.a. zwei Jahre zuvor publiziert worden waren. Dies führte dazu, dass in diesen Artikeln keine Banner mehr geschaltet wurden, woraufhin man uns mitteilte, dass diese Maßnahme im Gesamtbild gesehen unlukrative Werbeschaltungen zur Folge hat. Die betroffenen Artikel sind „Die pädophilen Machenschaften der Eliten in Deutschland", „Die pädophilen Machenschaften der Eliten in Europa" und „Die Eliten – eine Inzest-Sippe". Wer soll was *nicht* wissen? Wo ist die Wahrheit?

Bei der Lektüre der nachfolgenden Texte wird Ihnen recht eindeutig klar werden, dass die Rituale, die pädophilen Machenschaften und die dahintersteckende Agenda zum Großteil von einer durch Blutlinien verwobenen Mischpoche organisiert, erwünscht oder gelenkt werden. Die Beeinflussung der Massen lässt sich auf antike Zeiten zurückverfolgen, mit Kopien bis in die Gegenwart – Stichwort „Hure Babylon" und „Hollywood", oder die Symbolik des Allsehenden Auges bis hin zu kriminellen Auswüchsen, welche erst nach medialem Druck oder etlichen Zeugenaussagen ans Tageslicht hervorgeholt werden, um einen kurzen Blick auf die okkulten Praktiken werfen zu können, bis eben zum nächsten globalen Ritual, wie 9/11, das die Menschen ablenken und die Verrohung der Gesellschaft weiter vorantreiben soll.

Um auf Burkhard Heims Theorie zurückzukommen: Selbsternannte Schöpfer kredenzen ihre Art der 4D-Realität mit fehlerhaften Datensätzen an Informationen in einem verzerrten Strukturraum, sodass die „Programme" in deren Schöpfungsraum willenlose Marionetten bleiben. Die Lösung bleibt das Teilen von Wissen und das stetige Forschen danach!

Das vorliegende Buch widmet sich einer Thematik, die in unserer angeblich so vielfältigen und aufklärerischen Medienlandschaft immer noch ein Minenfeld darstellt, das sich bislang kaum jemand zu betreten wagt, denn schließlich dringt es in die dunkelsten Schattenseiten unserer Gesellschaft vor und zeigt dabei schonungslos strukturelle Verflechtungen zwischen den tiefsten Abgründen und höchsten Ebenen unserer

Gesellschaft auf. Es soll somit einerseits dazu beitragen, den Mantel des Schweigens über tabuisierte Themen in unserer Gesellschaft, wie z.B. pädophile Machenschaften und Ritualmorde der Eliten, zu lüften und andererseits das Bewusstsein dafür zu schärfen, dass eine Gesellschaft, die sich „human" und „demokratisch" nennen will, auf lange Sicht dringend darauf angewiesen ist, eklatante Verstöße hiergegen entschieden in ihre Schranken zu weisen. Denn wer in der Demokratie schläft, wacht in der Diktatur wieder auf!

Das Buch stellt somit einen Gegenentwurf zum allzu einseitigen und verzerrten Abbild der Realität dar, das uns die Massenmedien derzeit Tag für Tag als „objektiv" und „seriös" verkaufen wollen, und das leider allzu oft nichts weiter darstellt als reine Propaganda zugunsten der Eliten und zu Lasten der Mehrheit der Bevölkerung. Denn schließlich heißt Journalismus, etwas zu drucken, von dem jemand will, dass es nicht gedruckt wird.

Pravda vítězí! Die Wahrheit siegt!

Ihr *Nikolas Pravda*

Kapitel I: Rituale

1. Schlimmer geht's immer: Bizarre Aufnahmerituale der Eliten

Im Juni 2015 sorgten hierzulande bereits Berichte über bizarre Aufnahmerituale bei der Kölner Elite-Polizeieinheit *Spezialeinsatzkommando (SEK)* für Aufsehen und im September dann weitere Enthüllungen über ähnliche Vorkommnisse während der Studienzeit des damaligen britischen Premierministers David Cameron an der Elite-Universität in Oxford. Ähnliche Fälle werden aber auch vom Schweizer Militär und von vielen anderen Hochschulen, vor allem in Großbritannien und den USA, berichtet. Kann man angesichts so zahlreicher Beispiele überhaupt noch von „Einzelfällen" sprechen – und warum tut man sich so etwas überhaupt (freiwillig) an?

Ein Angehöriger des dritten Kommandos des Kölner *SEK* hatte sich über Vorgänge aus dem Jahr 2014 beschwert, als er und ein weiterer Betroffener von ihren Kollegen gezwungen worden sein sollen, im Indianerkostüm körperlich anstrengende Übungen zu erdulden, auf dem Boden kniend eine ekelerregende Eismischung hinunterzuwürgen oder eine mit Alkohol gefüllte Tauchermaske aufzusetzen. Nach Angaben eines Sprechers seien die Neulinge bei den Vorgängen „freiwillig" beteiligt gewesen, weshalb die Staatsanwaltschaft nicht weiter ermittelt hat und nur das polizeiinterne Disziplinarverfahren fortgesetzt wurde.

Nach Aussagen des Hamburger Kriminologen und Professors für Polizeiwissenschaften, Rafael Behr, stellen solche Formen der Erniedrigung generell eine Voraussetzung für die Aufnahme in die Gruppe dar, und er ergänzt, dass dies die Kandidaten auch wüssten. Daher kann auch keine Rede davon sein, dass es sich bei solchen Berichten um vereinzelte Auswüchse handelt, sondern ungewöhnlich ist dabei nur, dass sich hinterher jemand darüber in der Öffentlichkeit beschwert. Er erklärt weiter, dass solche Rituale dazu dienen, den übrigen Mitgliedern bedingungslose Solidarität zu demonstrieren, doch dies ist noch sehr zurückhaltend formuliert. Etwas deutlicher formuliert sind solche Rituale nichts anderes als ein Instrument der totalen Unterwerfung und des absoluten Gehorsams – Eigenschaften, die offenbar vor allem bei autoritär und rigide geführten Organisationen wie Polizei und Militär gefragt sind.

Auch von Seiten des Polizeichefs, Wolfgang Albers, wurden nun erste Konsequenzen gezogen, doch es ist fraglich, ob dies ausreicht, um ähnliche Vorfälle künftig effektiv verhindern zu können. So wurde zwar die Gruppe aufgelöst, aber indem vier der zehn Mitglieder künftig anderweitig bei der Kölner Polizei eingesetzt werden und fünf weitere bei einem *SEK* außerhalb Kölns ihren Dienst antreten können, scheint es, dass hier nur halbherzig vorgegangen wurde, zumal ausgerechnet der Kommandoführer regulär aus dem Dienst geschieden ist, weil er sich vorher bereits für eine Ausbildung für den höheren Dienst beworben hatte und trotz eines laufenden Disziplinarverfahrens vorläufig regulär weiterarbeiten kann.

Doch selbst dies geht der Polizeigewerkschaft *GdP* zu weit, indem sie die bisherigen Maßnahmen scharf kritisiert hat und von einer „Vorverurteilung" spricht. Angesichts der Tatsache, dass die betroffenen Polizeibeamten nach der Auflösung des Kommandos jedoch äußerst rüpelhaft randaliert haben, indem sie einen Tresen demontierten, eine Totenkopffahne aus dem Fenster hingen sowie ein Motorrad mit einem Aufzug in den dritten Stock transportiert hatten und dessen Motor laut aufheulen ließen, sind solche Verharmlosungen nicht geeignet, den angeschlagenen Ruf wiederherzustellen.

Auch bei der Schweizer Armee spielen sich mitunter merkwürdige Szenen ab, wovon sogar Videos an die Öffentlichkeit gelangten: Panzergrenadiere müssen rohe Eier samt Schale essen und mit Billigbier hinunterspülen, 95-prozentigen Alkohol trinken und einen mit Gammelfisch angereicherten Wassergraben durchqueren, der nach Angaben eines Beteiligten höllisch gestunken haben soll. Außerdem gehört zu dieser sogenannten „Hamburger Taufe", mit Gammelfisch versetzten Schnaps sowie Bier aus den eigenen Stiefeln zu trinken – kein Wunder also, dass sich manche Teilnehmer hierbei übergeben mussten. Die Schweizer Militärjustiz hatte in diesem Fall Ermittlungen aufgenommen, weil solche Aufnahmerituale verboten sind, und ein Armeesprecher erklärte: *„Das ist nicht das Bild, das wir vermitteln wollen."*

Wenn die Schweizer Armee so ein Bild nicht vermitteln will, stellt sich nur die Frage, warum sie nicht alles daran setzt, solche Aufnahmerituale künftig zu verhindern, und stattdessen diese noch vor Gericht rechtfertigt? Nach einem anderen Bericht wurde der verantwortliche Kommandant zu einer Geldstrafe von 500 Franken (ca. 458 Euro) verurteilt, aber offenbar nicht, weil es überhaupt solche Aufnahmerituale gab, sondern nur, *„weil sie aus dem Ruder gelaufen seien"*, obwohl er jedoch selbst vorher das Konzept genehmigt haben soll. Die Verteidigung plädierte auf Freispruch und argumentierte, dass es solche Rituale auch anderswo gebe und die Truppe dies sogar erwarte, da dies zu einer „eingeschworenen" Gruppe dazu gehöre. Ergänzend heißt es darin, dass die Soldaten auch vergammelten Fisch und Katzenfutter essen und teilweise ihren Kameraden nur in Unterwäsche bekleidet das Abendessen servieren mussten. Während man bei einigen solcher Rituale noch argumentieren könnte, dass sie eine Art Mutprobe sind, zeigt besonders das letzte Beispiel, dass die Erniedrigung vor den Kameraden offenbar ein wiederkehrendes und wesentliches Element solcher Aufnahmerituale darstellt – und nicht etwa das Antrainieren von Eigenschaften, die bei Kampfeinsätzen gefragt sind. Daher stellt sich die Frage, ob hier wirklich der „Mut" der Soldaten gefragt ist, oder nicht eher die Angst überwiegt, sich gegen menschenunwürdiges Verhalten aufzulehnen und nachteilige Konsequenzen zu befürchten?

Ähnlich verhält es sich mit seltsamen Aufnahmeritualen an Elite-Universitäten in Großbritannien, denn man fragt sich unweigerlich, warum sich Neulinge bei diversen Studentenverbindungen im Namen der Wissenschaft solch unfassbar grotesken Prozeduren unterziehen müssen, wie sie im Folgenden geschildert werden: So wurde über den ehemaligen britischen Premierminister David Cameron bekannt, dass er Ende der 1980er-Jahre während seiner Zeit bei der reinen Männer-Studentenverbindung *Piers Gaveston Society* (nach anderen Angaben: *Bullingdon Club*) an der Universität in Oxford neben Drogenkonsum auch mit seinem Geschlechtsteil das Maul eines toten Schweines berührt haben soll – nach anderen Interpretationen der Schilderung im Buch ist sogar von „Oralsex“ die Rede. Selbstverständlich hat David Cameron die Aussagen des Autors Michael Anthony Baron Ashcroft in der Biografie *Call me Dave* dementiert; er wolle aber trotzdem keine rechtlichen Schritte gegen Ashcroft einleiten, weil er *„zu beschäftigt sei, das Land zu regieren, als eine Klage vor Gericht einzureichen“*. Möglich scheint aber auch, dass sich im Fall einer Anklage eventuell die Behauptungen in diesem sogenannten „Pig-gate“ als zutreffend herausstellen würden, was schließlich umso peinlicher wäre.

Doch dieser Fall ist nur die Spitze des Eisbergs einer wahren Flut ähnlicher Berichte aus dem Vereinigten Königreich. Hier ein kurzer Überblick über weitere Fälle, die sich dort zugetragen haben sollen: Beim Hockey-Club an der Universität von Gloucestershire (England) wurden weibliche Neulinge in einen dunklen, dermaßen penetrant nach Urin stinkenden Keller gesperrt, dass sie weinen und sich übergeben mussten. An der gleichen Universität mussten – angeleitet von einem als Nazi verkleideten Anführer – Studenten mit Plastiktüten über dem Kopf durch die Stadt laufen, die nur abgenommen werden durften, um weiter Alkohol zu trinken oder sich zu übergeben. Beim Hockey-Club in York (England) mussten früher Neulinge eine Mischung aus Goldfischen, Hundefutter, rohen Eiern und Sardellen trinken. An der Universität Swansea (Wales) mussten sich Studenten in Erbrochenem und Urin wälzen sowie Alkohol durch benutzte Tampons trinken. An der Universität Loghborough in Leicestershire (England), müssen sowohl männliche als auch weibliche Neulinge der Netball-Mannschaften eine Prozedur über sich ergehen lassen, bei der diese so lange abwechselnd 30 Meter laufen, eine halbe Flasche Wein trinken, zurücklaufen und dann eine ganze Zitrone essen müssen, bis sie sich übergeben. Neue Rugby-Spieler an der Universität Edinburgh (Schottland) müssen auf dem Spielfeld anstatt eines Balles ein lebendes Huhn benutzen – und dabei nackt sein.

Immerhin forderte 2008 der englische Studentenverband *National Union of Students* ein Verbot solcher Rituale. Noch wesentlich schlimmer geht es an US-amerikanischen Elite-Universitäten zu. Ekelprüfungen wirken dagegen noch harmlos, aber auch sie stehen im Land der unbegrenzten Möglichkeiten ebenfalls auf dem Programm: Vom *Dartmouth College* im Bundesstat New Hampshire wurde berichtet, dass ein Student bei der Aufnahme in die Verbindung *Sigma Alpha Epsilon* gezwungen wurde, so lange Essig zu trinken, bis er sich übergeben musste sowie ein „Omelette" aus Erbrochenem zu essen. Umgekehrt zwang er andere Mitstudenten, in Exkrementen zu schwimmen. (Dass sein exklusiver Club pro Quartal 30.000 Dollar für Bier ausgegeben hat, klingt dagegen geradezu „normal".) Ebenfalls am *Dartmouth College* werden bei der Studentenverbindung *Alpha Delta* den Anwärtern die Initialien „AD" in den Hintern gebrannt und Bilder von den oft entzündeten Wunden im Internet veröffentlicht (ein ähnlicher Fall ereignete sich bereits 2011 an der Universität Paris-Dauphine). Bei der *Pi Kappa Alpha*-Studentenverbindung an der Universität von New Orleans wird ein Gemisch aus kochendem Wasser, Pfefferspray und Cayennepfeffer auf den Rücken der Neulinge gekippt.

In Florida wurden 15 Personen angeklagt, für den Tod eines Studenten verantwortlich zu sein, der während eines Aufnahmerituals so lange getreten und geschlagen wurde, bis er seinen Verletzungen erlag. Der Anführer der Gruppe wurde später zu (nur) vier Jahren Gefängnis verurteilt, während die Familie des Opfers von der Universität eine Entschädigung von mehr als einer Million Dollar zugesprochen bekam.

Auch am *Baruch College* in New York ereignete sich ein weiterer Todesfall, als Mitglieder der Studentenverbindung *Psi Delta Psi* einen 19-jährigen Studenten mit einem sandgefüllten Rucksack über eine Wiese hetzten und dabei so heftig schlugen, dass er im Krankenhaus an seinen schweren Hirnverletzungen gestorben ist.

Bei der berüchtigten Verbindung *Skull & Bones* (Schädel und Knochen) an der Elite-Universität Yale gehört es angeblich zum Aufnahmeritual, Blut aus einem Schädel zu trinken, während bei der Einweihung von neuen Mitgliedern zwei Personen beteiligt sind, die als Don Quixote und als Papst verkleidet sind, wobei es Teil des Rituals ist, diesen die Füße zu küssen. Außerdem gibt es Berichte, wonach ein Neuling nackt in einem Sarg onanieren muss.

Angesichts all dieser Berichte scheint es daher wenig glaubhaft, dass es sich bei solchen Aufnahmeritualen um „Einzelfälle“ handelt, und auch die Ähnlichkeit bestimmter Rituale – nicht nur in so unterschiedlichen Ländern, sondern auch in verschiedenen Organisationen und Kontexten – legt nahe, dass es sich dabei um einen integralen und konstitutiven Teil des hierarchischen Machtgefüges handelt. Bereits der Verweis der Schweizer Verteidiger auf ähnliche Rituale andernorts belegt, dass sie weit verbreitet sind. Außerdem lässt sich feststellen, dass frühere Opfer später selbst zu Tätern werden und dass dies mit ein Grund sein mag, warum es so schwierig ist, solche Rituale zu unterbinden, denn die früheren Teilnehmer würden es sicher als ungerecht empfinden, wenn anderen jenes Schicksal erspart bliebe, das sie selbst erdulden mussten, und sie nun nicht mehr selbst in den „Genuss“ kommen könnten, ihrerseits Macht über andere auszuüben. Daher ist es auch kein Wunder, wenn es von einer „eingeschworenen“ zu einer „verschworenen“ Gruppe nicht mehr weit ist. Außerdem ist es beileibe nicht so, dass insbesondere nach der Aufnahme in Elite-Zirkel keine abstoßenden Praktiken und seltsamen Rituale mehr vorkommen. Angesichts der Tatsache, dass eine ganze Reihe von prominenten und hochrangigen Personen, die ihre Bilderbuchkarriere häufig solchen Elite-Netzwerken zu verdanken haben, offenbar in übelste Fälle von Kindesmissbrauch bis hin zu Kindesmorden verwickelt sind, sollte dies nachdenklich stimmen, inwiefern das Erlernen abstoßender Praktiken zu Beginn der Karriere bereits als „Einstiegsdroge“ dienen kann.

Befremdlich wirkt dabei insbesondere, dass es sich bei solchen Entgleisungen eben nicht nur um „gewöhnliche“ Kriminalität handelt, sondern dass sich die politische Elite z.B. alljährlich im *Bohemian Grove* trifft, wo ein rituelles Kindesopfer einen festen Programmpunkt darstellt, wie der Investigativjournalist Alex Jones dokumentiert hat. Vor allem die Tatsache jedoch, dass bei solch geheimen und obskuren Treffen, ähnlich wie bei den jedes Jahr an einem anderen Ort stattfindenden *Bilderberg-Konferenzen*, nicht nur hochrangige Politiker zusammentreffen, sondern häufig auch solche, die kurz darauf als Präsidenten in Amt und Würden kommen, sind deutliche Anzeichen dafür, dass hinter der schönen humanitären und demokratischen Fassade ganz andere Eigenschaften gefragt sind, um den Weg ins Präsidentenamt zu ebnen.

Siehe zu diesem Thema auch den Spielfilm *The Skulls* aus dem Jahre 2000, der von der geheimen Studentenverbindung *Skull & Bones* an der Universität Yale handelt und in dem es ebenfalls um ein solches Aufnahmeritual geht, das Neulinge durchlaufen müssen. Das gemeinsame Praktizieren gesellschaftlich nicht akzeptierten Verhaltens schweißt jedoch nicht nur die Gruppe zusammen, sondern es macht zudem die einzelnen Mitglieder auch erpressbar, weil sie sonst befürchten müssen, dass solch unappetitliche Details über sie an die Öffentlichkeit gelangen können, wie im Falle Camerons geschehen.

2. Mysteriöse Zusammenhänge: Synchronizitäten bei den Terroranschlägen von Paris und dem 11. September 2001

Es heißt, dass große Ereignisse ihre Schatten voraus werfen, wie dies offenbar bereits bei den Terroranschlägen des 11. September 2001 der Fall war. Nun beginnen sich auch um die Ereignisse des 13. November 2015 in Paris ähnliche Mythen zu ranken. Damals wurden an fünf verschiedenen Orten in Paris 130 Menschen von islamistischen Terroristen getötet und 683 verletzt. Handelt es sich dabei nur um haltlose Spekulationen, oder steckt vielleicht doch mehr dahinter? Gab es eventuell sogar ein Vorwissen, das in Form mehr oder weniger versteckter Botschaften an die Öffentlichkeit gedrungen ist? Oder geschehen solch einschneidende Ereignisse gar nach bestimmten Mustern? Anhand der nachfolgenden Informationen soll zwar nicht der Anspruch erhoben werden, dass dies tatsächlich der Fall ist, dennoch gibt es einige interessante Indizien für die eine oder andere Möglichkeit, die man sich einmal vor Augen führen sollte.

Die Pariser Anschläge vom 13. November 2015

Im Zusammenhang mit den Terroranschlägen von Paris am 13. November 2015 gibt es einige interessante Querverbindungen zu anderen Daten und Ereignisse in der Geschichte, die in gewisser Weise auch mit den Terroranschlägen des 11. September 2001 zusammenhängen:

- **Odd Day**
  Aus mathematischer bzw. US-amerikanischer Sicht war der 13. November 2015 ein sogenannter *Odd Day*, denn nach der amerikanischen Schreibweise wird das Datum als „11/13/15" geschrieben, also eine direkt aufeinander folgende Reihe ungerader Zahlen. Pro Jahrhundert gibt es nur sechs Tage, an denen das Datum als eine solche Reihe von ungeraden Zahlen geschrieben wird. Der 13.11.15 markierte dabei zugleich den letzten *Odd Day* dieses Jahrhunderts. Interessanterweise war der letzte davor ein 11. September, nämlich des Jahres 2013 (09/11/13). Es fällt auf, dass sich

bereits hierdurch ein Zusammenhang mit dem 11. September 2001 ergibt bzw. die Zahl „13" erneut ins Spiel kommt.

- **Freitag, der 13.**
  Die Zahl 13 kann zwar manchmal auch als Glückszahl gelten (z.B. in Japan oder im Judentum), in der Regel wird sie jedoch als Unglückszahl aufgefasst, so z.B. im Tarot, wo die 13. Karte für den Tod steht. Im Volksmund wurde sie lange Zeit mit dem Teufel assoziiert, wobei sie auch als „Teufelsdutzend" bezeichnet wurde. Über die Gründe, warum das so ist, kann viel spekuliert werden, aber es hängt vermutlich zu einem großen Teil damit zusammen, dass die 12 in vielerlei Kontexten Vollkommenheit, Ordnung oder Harmonie symbolisiert, während Primzahlen wie die 11 oder 13 mit Disharmonie assoziiert werden, da sie nicht durch ganze Zahlen teilbar sind. Sie kann aber auch für das Verborgene, d.h. das Okkulte stehen, z.B. in Form des verborgenen 13. Tierkreiszeichens in Form des Schlangenträgers *Ophiuchus*, wobei die Schlange im Christentum für den Sündenfall verantwortlich gemacht und ebenfalls mit dem Teufel assoziiert wird.
  In diesem Zusammenhang ist auch besonders interessant, dass die Zahl 13 als „Verschwörungszahl" gilt, weil sie auf dem US-amerikanischen 1-Dollar-Schein, bei dem es vor Illuminati-Symbolik nur so wimmelt, 11 Mal vorkommt. Gleichzeitig symbolisiert die Zahl in diesem Kontext die 13 Gründerstaaten, wobei man sich aber fragen muss, ob es wirklich nur Zufall ist, dass die Anzahl der Gründerstaaten zuvor bereits auf 13 festgelegt wurde?
  Auch der Freitag gilt aus christlicher Sicht als Unglückstag, weil Jesus an einem Freitag durch die Kreuzigung gestorben sein soll (Karfreitag). Zum Mythos des Freitags als Unglückstag hat si-

Abb. 1: Tarotkarte „Tod"

cher auch beigetragen, dass an diesem Wochentag viele einflussreiche Persönlichkeiten wie Abraham Lincoln oder John F. Kennedy gestorben sind bzw. Opfer eines Anschlags wurden, wobei diese Symbolik durch die Verbindung mit der Zahl 13 noch gesteigert wird, weshalb besonders ein Freitag der 13. als Unglückstag gilt.
Dies geht vor allem auf Freitag, den 13. Oktober 1307 zurück, jenen Tag, an dem der französische König Philipp IV. die Mitglieder des Templerordens (einer militärischen Eliteeinheit) verhaften ließ und worauf am 22. März 1312 dessen endgültige Auflösung durch Papst Clemens V. erfolgte. Sie sollen aufgrund ihrer Einführung des Bankwesens große Reichtümer und einen sagenumwobenen Schatz besessen haben, den sie Gerüchten zufolge bis nach Amerika in Sicherheit gebracht haben. Außerdem gibt es viele Indizien dafür, dass aus den Tempelrittern die Freimaurer hervorgegangen sind, die bis heute einen großen politischen Einfluss ausüben, insbesondere in den USA.
In diesem Zusammenhang ist es interessant, dass der Freimaurer George Washington am 13. Oktober 1792 – fast auf den Tag genau 300 Jahre nach der „Entdeckung“ Amerikas durch Christoph Kolumbus – den Grundstein des Weißen Hauses legte.
Genau 600 Jahre nach der Verhaftung der Templer erschien in Amerika ein Buch mit dem Titel *Freitag, der 13.*, geschrieben von Thomas William Lawson, einem Börsenmillionär, der höchstwahrscheinlich ebenfalls Freimaurer war, und der mit dazu beitrug, dass sich das Datum seitdem fest in die Köpfe der Menschen eingebrannt hat. So spricht man seit dem 25. Oktober 1929, als der New Yorker Börsencrash die Weltwirtschaftskrise auslöste, in Anlehnung an Freitag den 13. auch vom „Schwarzen Freitag“. Tatsächlich wurde der Begriff aber schon wesentlich früher geprägt und er tauchte in den Medien auch im Zusammenhang mit den Pariser Terroranschlägen vom 13. November 2015 wieder auf.
Obwohl statistisch gesehen an einem Freitag dem 13. nicht mehr Unglücke passieren als an anderen Tagen, ist jedoch die Erwartungshaltung, dass an einem solchen Tag etwas Schlimmes passiert,

größer als sonst, und Unglücke, die dann geschehen, prägen sich auch stärker in das kollektive Gedächtnis ein. Dazu hat auch Hollywood nicht unwesentlich beigetragen, indem dort 1980 und 2009 zwei Spielfilme und eine ganze Filmreihe dieses Titels produziert wurden.

Auch die offiziell gescheiterte *Apollo-13*-Mission der *NASA* verstärkt den Mythos der Zahl 13, und angesichts der zahlreichen Indizien dafür, dass alle *Apollo*-Missionen möglicherweise inszeniert waren, könnte dies auch als Hinweis darauf zu verstehen sein, dass große Unglücke, wie etwa der New Yorker Börsencrash von 1929, nicht zufällig eingetreten sind, sondern bewusst lanciert wurden, jedoch mit dem Verweis auf das Datum einer „höheren Macht" zugeschrieben werden können.

- **November**

  Der Monat November beinhaltet gleichzeitig die Zahlen 9 und 11, denn obwohl er nach unserer Zählung des gregorianischen Kalenders als 11. Monat gilt, leitet sich sein Name davon ab, dass er ursprünglich als 9. Monat gezählt wurde (lat. novem = neun), d.h. der Monat entspricht 9/11. Außerdem gilt er nach christlicher Auffassung als Trauermonat, weil die Feiertage Allerheiligen, Allerseelen, Volkstrauertag, Totensonntag sowie Buß- und Bettag alle im November liegen.

  Die Zahl 11 kann auch stellvertretend für zwei Türme gesehen werden bzw. für die Säulen des Jerusalemer Tempels Jachin und Boas, welche auch im Kontext der Freimaurerei von großer Bedeutung sind.

- **Videospiel *Battlefield 3* (2011)**

  Einen möglichen Hinweis darauf, dass das Datum der Pariser Anschläge bereits im Vorfeld bekannt war, könnte das Videospiel *Battlefield 3* geben, in welchem an einem 13. November ein terroristischer Anschlag in Paris verhindert werden soll – allerdings im Jahre 2014.

- **Spielfilm *Team America: World Police* (2004)**
  Bemerkenswert ist die Synchronizität der Pariser Terroranschläge mit der Eröffnungssequenz des Films *Team America: World Police*, in welcher die Einwohner von Paris von islamistischen Terroristen mit Maschinengewehren angegriffen werden und die speziell mit den Ereignissen in der Konzerthalle *Bataclan* übereinstimmt.
  Zwar können die Terroristen durch die „Weltpolizei Team America" (d.h. die USA) zur Strecke gebracht werden, nicht jedoch, ohne große Verwüstungen in der Stadt anzurichten. Interessant ist auch, dass die Filmfiguren in Form von anachronistisch wirkenden Marionetten dargestellten wurden, was andeutet, dass nicht sie selbst die handelnden Figuren sind, sondern dass sie von anderen „gespielt werden", und somit alles nur eine Inszenierung ist.

- **Mögliches Vorwissen des 11. September 2001**
  Das Datum 11. September wird vor allen Dingen mit den Terroranschlägen von 2001 gleichgesetzt, erwähnenswert sind aber auch andere Ereignisse, die an diesem Datum geschehen sind, so z.B. die Entdeckung der Insel Manhattan im Jahre 1609, auf der das *World Trade Center* stand, oder die Rede von George Bush sen. im Jahre 1990, in der er eine „Neue Weltordnung" verkündete.
  Im Rahmen des 11. September 2001 gibt es eine große Anzahl an Indizien dafür, dass gewisse Kreise in der Politik in die bevorstehenden Terroranschläge eingeweiht sein müssen. Es gibt aber auch etliche Synchronizitäten, die entweder das Datum des 11. September vorwegnehmen, oder einen Terroranschlag auf die USA, der gewisse Parallelen zu den späteren, tatsächlich eintreffenden Ereignissen erkennen lässt:

  - **Spielfilm *Zurück in die Zukunft* (1985)**
    Es ist im ersten Teil der Spielfilmreihe ein Angriff muslimischer Terroristen zu sehen, der bei der *Twin Pines Mall* stattfindet, wobei die zwei Bäume für die Zwillingstürme des *World Trade Center* zu stehen scheinen. Die eingeblendete Uhrzeit zeigt „1:16" an, was umgedreht „91:1" bzw. „9/11" entspricht. Nach

dem Angriff ist auf dem Schild nur noch ein einzelner Baum zu sehen, d.h. die „Zwillinge" sind verschwunden und werden durch einen einzelnen Turm ersetzt, was auch dem neuen *One World Trade Center* entspricht. Der Doc zeigt zwei Digitaluhren, die die Ziffern „1:19" anzeigen und als Umkehrung von „9/11" aufgefasst werden können. In Teil 2 tauchen in einer Szene wieder die zwei Bäume auf, die in die Zwillingstürme des *World Trade Center* übergeblendet werden. In dieser Szene hängt der Doc kopfüber nach unten, und aus seiner Perspektive scheinen die Zwillingstürme zu fallen.

Abb. 2: Tarotkarte „Der Turm"

Im Film wird der Glockenturm vom Blitz getroffen, durch die brennenden Stromleitungen und das links im Bild zu sehende Werbeschild sind die Ziffern „911" zu erkennen.

Abb. 3: Szene aus „Zurück in die Zukunft II"

In einer Szene, in der vor dem Einschlag in den Turm gewarnt wird, ist im Hintergrund das allsehende Auge zu sehen, wie ein Hinweis, dass dieses die Ereignisse überwacht. Die Reise in die Zukunft ist auf Oktober 2015 festgelegt, und der um diese Zeit erschienene Film *The Walk* vom gleichen Regisseur Robert Zemeckis handelt von der wahren Begebenheit, als der französische Seiltänzer Philippe Petit am 7. August 1974, kurz nach Fertigstellung des *World Trade Centers*, auf einem Seil die Distanz zwischen beiden Türmen überquerte.

In *Zurück in die Zukunft* befestigt der Doc ein Drahtseil an der Turmuhr für die Reise in die Zukunft. Interessanterweise trägt der Hauptdarsteller Joseph Gordon-Levitt im Film *The Walk* Kleidung in der gleichen Farbe wie Michael J. Fox in der Szene, als er den aus der Zukunft zurückkehrenden Marty McFly darstellt, anstatt der Kleidung, die derjenigen ähnlich sieht, die der echte Philippe Petit trug; man kann daher sagen, dass er in diesem Film eigentlich Marty McFly aus *Zurück in die Zukunft* verkörpert.

- **Kartenspiel *Illuminati* – *New World Order* (1995)**

1995 erschien ein Kartenspiel, das erstaunliche Parallelen zu später eingetroffenen Ereignissen erkennen lässt. Auch in diesem Spiel taucht eine Turmuhr auf, die u.a. an jene aus dem Film *Zurück in die Zukunft* erinnert. Zwei der Karten passen eindeutig zum 11. September 2001, indem Angriffe auf das *World Trade Center* und das *Pentagon* zu sehen sind.

Abb. 4: Karte „Combined Disasters“ aus dem Spiel *Illuminati*

- **Fernsehserie *Die Simpsons* (1997)**
  In einer Folge der Fernsehserie *Die Simpsons* vom 21. September 1997 hält Bart die Broschüre eines Busunternehmens hoch, auf der der Preis von „9 Dollar“ neben dem *World Trade Center* abgebildet ist, was sich zusammen als „9/11“ lesen lässt. Bei dieser Serie gab es auch eine Reihe weiterer Szenen, die sich im Nachhinein als geradezu prophetisch herausgestellt haben.

Abb. 5: Szene aus „Die Simpsons“

- **Film *Matrix* (1999)**
  Im Film *Matrix* ist ab der 17. Minute eine Szene zu sehen, in der kurz der Pass von Neo auftaucht, auf dem als Ablaufdatum der 11. September 2001 zu erkennen ist.

Abb. 6: Szene aus dem Film „Matrix“

- **Album *Standing on the Shoulder of Giants* und Interview-Statement der Rockband *Oasis* (2000)**
  Das Album *Standing on the Shoulder of Giants* der britischen Rockband *Oasis* ist 2000 bei *Big Brother Records* erschienen und zeigt die Skyline von Manhattan in Richtung *World Trade Center*. Die erste und die letzte Seite des Booklets sollen nach Angaben des Autors Wolfgang Eggert eine Flamme zeigen. Als er bei einer Promo-Tour für das Album bei einem Interview in New York auf das Album-Cover angesprochen wurde, sagte Oasis-Sänger Liam Gallagher: *„I thought I'd pay my respects before they blow you up"* (dt.: *„Ich dachte, ich erweise meinen Respekt, bevor sie euch in die Luft jagen"*), kurz bevor er aus dem Fenster Richtung Times Square blickt, sich genau die Umgebung anschaut und ergänzt: *„I don't think you've got anything happening for you."* (dt.: *„Ich glaube nicht, dass euch [hier] etwas passiert"*).
  Angesichts dieser Aussagen ergibt auch der Titel des Albums einen tieferen Sinn. Er ist angelehnt an eine Metapher, die u.a. durch folgenden Spruch Isaac Newtons bekannt geworden ist: *„If I have seen further, it is by standing on ye sholders of Giants."* (dt.: *„Wenn ich weiter als andere sehe, so ist dies der Fall, weil ich auf den Schultern von Riesen stehe."*). Man kann dies daher so auffassen, dass er weiter sehen – d.h. mehr wissen – kann, weil er dies anderen verdankt, die größer – d.h. mächtiger – sind als er. Außerdem soll der Spruch Wolfgang Eggert zufolge auch von Albert Einstein verwendet worden sein, der im Rahmen des *Manhattan-Projekts* an der nahe gelegenen Universität Princeton an der Entwicklung der Atombombe arbeitete, was auf eine Explosion verweist.
  Bemerkenswert sind die Aussagen Gallaghers somit auch deshalb, weil er ausdrücklich die Formulierung „blow up", also „sprengen" benutzt, denn das ist schließlich genau das, was Zeugen immer wieder berichtet hatten: dass dem Einsturz des *World Trade Center* Sprengungen vorausgegangen sind und dass diese auch dafür ursächlich waren – und nicht die durch die

Flugzeuge verursachten Kerosinbrände. Demnach hätte Gallagher also nicht nur ein Vorwissen darüber besessen, was passieren sollte (die Zerstörung des *World Trade Centers*), sondern sogar auch mit welchen Mitteln (einer Sprengung)!

- **Album *Live Scenes from New York* der Rockband *Dream Theater* (2001)**
  Das Album *Live Scenes from New York* der US-Rockband *Dream Theater* wurde auf den Tag genau am 11. September 2001 veröffentlicht. Auffällig war daran nicht nur das Veröffentlichungsdatum, sondern vor allem das Cover, das stellvertretend für New York, das auch „Big Apple" genannt wird, einen brennenden Apfel sowie die Skyline von Manhattan mit *World Trade Center* zeigt. Aufgrund der Ähnlichkeit mit den tatsächlichen Ereignissen wurde das Cover später durch ein unverfänglicheres ersetzt. Erwähnenswert ist auch das *Dream-Theater*-Cover der Single *A Rite of Passage (dt.: Übergangsritual)*, das eindeutig Freimaurersymbolik ziert.

Abb. 7: Album „Live Scenes" von *Dream Theater*

- **Global Consciousness Project**

  Ausgerechnet an der zuvor erwähnten Universität Princeton wurde (unbeabsichtigt) der Nachweis erbracht, dass bereits eine geraume Anzahl von Menschen ein Vorwissen über die Terroranschläge gehabt zu haben scheint. Denn dort werden seit 1998 Zufallsgeneratoren eingesetzt, um mit deren Hilfe Hinweise auf ein „globales Bewusstsein“ festzustellen.

  So fand am 11. September 2001 laut Dr. Roger Nelson eine extrem hohe Abweichung vom üblichen Durchschnittswert statt, die in dieser Intensität weder davor noch danach je wieder erreicht wurde. In diesem Zusammenhang ist jedoch besonders interessant, dass die Abweichungen bereits Stunden vor dem Einschlag des ersten Flugzeuges ins *World Trade Center* um 8:46 Uhr begannen!

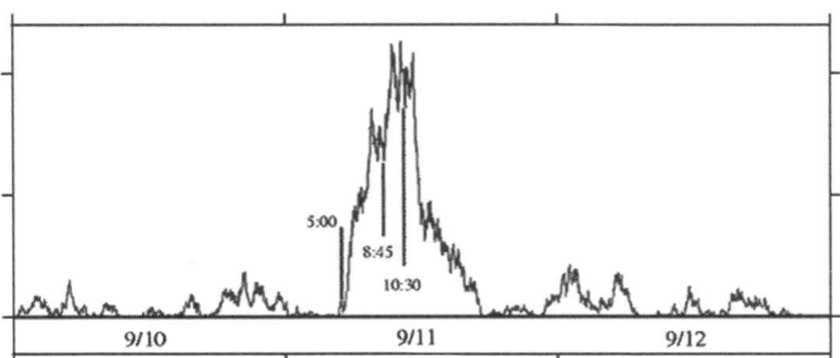

Abb. 8: Messung des Erdmagnetfeldes durch das „Global Consciousness Project“

  In der Dokumentation *The Voice* wird das *Global Consciousness Project* im Detail erwähnt, u.a. gab es auch hier weitere Ausschläge: Begräbnis von Lady Diana, Thailand-Tsunami, Fukushima-Katastrophe, Papst in Israel etc.

- **Heart Math Institute**

  Möglich ist aber auch, dass es sich dabei nicht um ein Vorwissen im rationalen Sinne handelt, sondern als emotionale oder intuitive Vorahnung zu verstehen ist, d.h. dass zuerst das menschliche Herz auf die Ereignisse reagiert hat und erst danach das Gehirn. Zu dieser Schlussfolgerung kommt zumindest das *Heart Math Institute* in Boulder Creek (Kalifornien), wo seit 1990 die „Intelligenz“ des menschlichen Herzens erforscht wird. Indem man dort Probanden per Zufallsgenerator entweder positive oder negative Bilder zeigte, konnte man feststellen, dass das Herz bereits reagierte, noch bevor das Bild überhaupt zu sehen war.

- **NASA**
  Auch die US-Raumfahrtbehörde *NASA* hat mit Hilfe zweier Satelliten (*GOES*) eine Anomalie im elektromagnetischen Feld der Erde gemessen, als am 11.9.2001 der Anschlag auf das *World Trade Center* geschah.

3. Die 40-tägige Opferzeit: Manipulation des kollektiven Bewusstseins mit Hilfe schwarzmagischer Rituale

Unsere Welt ist einer Flut an subtilen Einflüssen, Indoktrination, Einschüchterung, Zwang und Betrug ausgesetzt – die alle dazu dienen, dass wir uns machtlos fühlen und zu willigen Handlangern der globalen Elite werden. Wie viele bereits wissen, sind Anschläge unter falscher Flagge heutzutage gang und gäbe. Diese Angriffe mit Hilfe raffinierter Rituale, Inszenierung und Illusion zielen auf die Psyche der Leute ab, um die Bevölkerung hinters Licht zu führen, damit sie eine falsche Version der Realität akzeptiert. Sobald dies erreicht ist, wird ein Individuum zu einem willigen Erfüllungsgehilfen der alles kontrollierenden Matrix. Eigentlich sind die Leute verhext worden, indem sie zu Opfern schwarzer Magie gemacht wurden, und was immer einen Versuch darstellt, ein Individuum üblicherweise mit dessen Einverständnis zu zwingen, im Auftrag des Magiers zu handeln. Aber die gute Nachricht ist: mit Wissen kommt Macht und mit Einsicht kommt Immunität gegenüber Manipulation.

Die folgenden Kenntnisse sollen dazu dienen, dem Individuum Macht über sich selbst zurückzugeben und es gegen Betrug und Manipulation zu wappnen.

Was versteht man unter der Opferzeit?

Die Opferzeit ist eine 40-tägige Periode zwischen dem 19. März und dem 1. Mai. Dieser Name wurde von dunklen Okkultisten dieser Welt geprägt, die auch als *Geheimgesellschaften*, *Illuminati* oder *Neue Weltordnung* bekannt sind und die glauben, dass die Erde mit dem Blut Unschuldiger getränkt werden muss, um eine ertragreiche Ernte einzubringen und einen Archetyp destruktiver Kräfte des Universums heraufzubeschwören.

Historisch betrachtet gibt es eine große Anzahl an Schlachten, Kriegen und Angriffen unter falscher Flagge sowie tragischer Ereignisse, die während dieser 40-tägigen Zeit des Jahres passiert sind. Und in den meisten Fällen wurden die Leute bei diesen fabrizierten Ereignissen als

Schachfiguren benutzt, um die Agenda einer despotischen, unterwürfigen Elite voranzutreiben.

Um dies zu veranschaulichen, muss man sich vergegenwärtigen, dass Regierungen bereits mehr als 42 False-Flag-Attacken des vergangenen Jahrhunderts zugegeben haben. Die Opferzeit ist tief verbunden mit Astrotheologie und der heutigen – davon abgeleiteten – Astrologie, die auch als himmlische Mechanik bezeichnet wird. Obwohl der Begriff Astrologie innerhalb des Mainstreams jahrzehntelang verlacht wurde, hat die Elite diese Einflüsse im stillen Kämmerlein nicht nur anerkannt, sondern sie auch in die Entwicklung ihrer eigenen Agenda zur Beherrschung der Welt integriert.

Mark Passio ist ein ehemaliger satanistischer Priester und Insider, der vor einigen Jahren aufgrund seiner eigenen Erfahrungen zum Whistleblower geworden ist. Seit dieser Zeit häufte er eine atemberaubende Menge an Informationen bezüglich des Okkulten an, die er regelmäßig sowohl bei wöchentlichen Podcasts als auch auf Konferenzen präsentiert. Trotz der Tatsache, dass der Begriff „okkult" als synonym mit dem Bösen aufgefasst wird, stellt Passio klar, dass das Wort einfach nur „verborgen" bedeutet. Beim Folgenden handelt es sich sowohl um eine Darstellung der okkulten Grundlage hinter der Opferzeit als auch um einige historische Belege, die darauf hindeuten, dass diese Dinge in unserer Welt tatsächlich im Gange sind. Dies sind essenzielle Informationen zum Verständnis für diejenigen, die sich von den scheinbar nie enden wollenden Angriffen sozialer Programmierung und Indoktrination befreien wollen.

Die Masse wurde aufgrund ihrer weit verbreiteten Ignoranz als Schachfiguren benutzt. Wissen und Verständnis sind daher die besten Werkzeuge, um sich vor Manipulation zu schützen. Ist dies erreicht, können wir überall die Wahrheit verbreiten, um dafür zu sorgen, dass andere auch nicht hinters Licht geführt werden.

Die zwölf Tierkreiszeichen

Die Opferzeit basiert auf den zwölf Tierkreiszeichen. Der Tierkreis bzw. Zodiak ist ein Zeiteinteilungssystem, das von alten Kulturen als eine Methode genutzt wurde, um – ausgehend von unserem Planeten als Mittelpunkt – die Bewegung von Himmelskörpern im Lauf der Zeit zu verfolgen. Indem sich die Erde um die Sonne bewegt, verändert sich die Position der Planeten sowie unserer Sonne am Himmel, und dies kann anhand des Tierkreissystems nachvollzogen werden. Dieses System kann für kurze Zeitabschnitte wie ein Jahr benutzt werden oder viel größere Zeitspannen, wie einen großen Zyklus (ca. 26.000 Jahre). In jedem Fall bestimmt die Konstellation hinter der aufsteigenden Sonne, unter bzw. in welchem Tierkreiszeichen sich die Erde befindet. Zum Beispiel steigt die Sonne am 19. oder 20. März im Sternbild Widder auf, sodass jeder in diesem Zeichen Geborene bis zum 17. April damit ver-

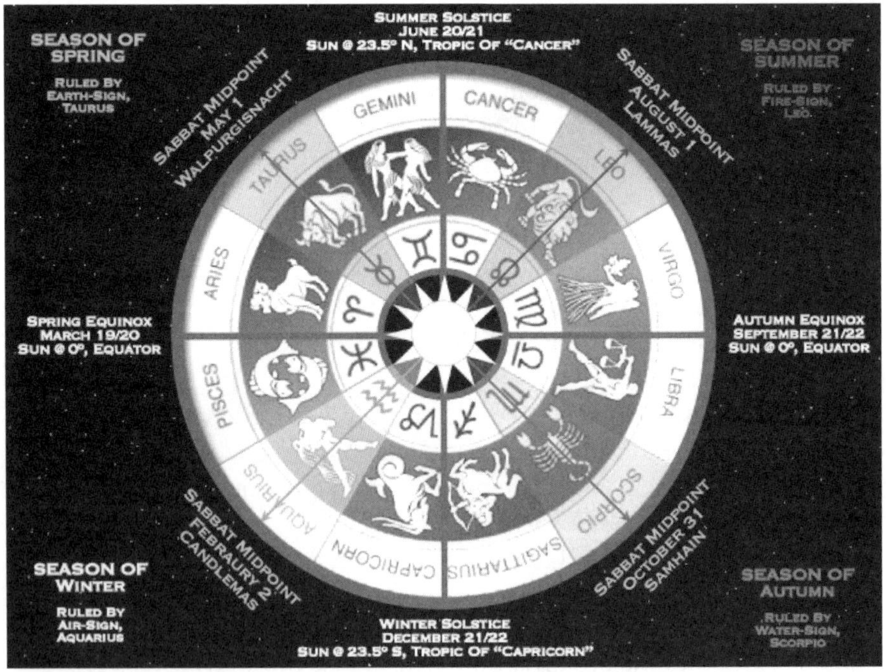

Abb. 9: Die 12 Tierkreiszeichen

knüpft wird, wenn die Sonne im Sternbild Stier aufgeht. Mit anderen Worten: Jeder Tag des Jahres ist einem mit dem Tierkreis verbundenen Sternbild zugeordnet, von dem die Alten (und die Eliten) glauben, dass es einen tief greifenden Einfluss auf das Leben eines Individuums als auch des Planeten als Ganzes hat.

Die Opferzeit beginnt ungefähr zur gleichen Zeit wie die Frühlingstagundnachtgleiche (Äquinoktium) am 21. März, wenn das Zeichen Fische in Widder übergeht. Der 1. Mai ist der Mittelpunkt des Zeichens Stier und markiert mit dem heidnischen Feiertag Walpurgisnacht das Ende der Opferzeit.

Die Jahreszeiten werden durch vertikale und horizontale Linien markiert

Der Tierkreis markiert auch die Jahreszeiten durch vertikale und horizontale Linien, die mit der Höhe des sich im Lauf des Jahres am Himmel bewegenden Zeichens korrespondieren. Der Begriff Äquinoktium (Equinox) bedeutet wörtlich „gleiche Nacht“. Der Winkel, den die Sonne während der Tagundnachtgleichen in Bezug auf den Erdäquator einnimmt, beträgt null Grad; diese zwei Punkte auf dem Tierkreis befinden sich auf jeder Seite der horizontalen Linie. Dies sind die beiden Male, wenn Tag und Nacht gleich lang sind und die auf die jahreszeitlichen Übergänge von Frühling und Herbst fallen. Wenn die Sonne den höchsten oder niedrigsten Punkt im Himmel erreicht, wird dies beim Tierkreis an den Enden der vertikalen Linie markiert und man spricht von den Jahreszeiten Winter und Sommer. Aus einer nördlichen Perspektive betrachtet, repräsentiert die tiefste Position der Sonne den niedrigsten Punkt des Tierkreises zwischen Schütze und Steinbock. Die höchste Position der Sonne wird repräsentiert durch den höchsten Punkt des Tierkreises zwischen Zwillinge und Krebs.

Auf einem Standard-Globus aus der Geografie sind die Linien zu finden, die die Wendekreise des Krebses und Steinbocks markieren. Diese repräsentieren die maximalen südlichen und nördlichen Punkte der im Verlauf des Jahres über den Himmel wandernden Sonne. Wenn die Sonne in Bezug auf den Äquator den Winkel von 23,5° Nord erreicht, beginnt die Sommersonnenwende, indem sie in das Zeichen Krebs eintritt; bei 23,5° Süd beginnt die Wintersonnenwende, wenn sie in das Zeichen Steinbock eintritt.

Das Jahr kann weiterhin aufgeteilt werden in die Jahreszeit des Lebens, markiert durch das Auftauchen der Sonne aus der südlichen Hemisphäre zur Zeit der Frühlingstagundnachtgleiche, und die durch die Rezession der Sonne in die südliche Hemisphäre markierte Jahreszeit des Todes zur Herbsttagundnachtgleiche. Innerhalb dieser zwei Jahreszeiten wird die archetypische Geschichte des Tierkreises als eine allegorische Fabel der symbolischen Kreaturen erzählt, die mit den zwölf Zeichen assoziiert sind. Die Progression des Tierkreises ist ein Symbol, das die Evolution des Bewusstseins repräsentiert, sowohl für ein Individuum als auch den ganzen Planeten.

Das kleine und das große Kreuz des Tierkreises

Das kleinere Kreuz des Tierkreises bildet die vier Quadranten, die durch den Beginn der vier Jahreszeiten markiert sind und vier Kreuz-Sektionen formieren:

- 21. März (Frühling)
- 21. Juni (Sommer)
- 21. September (Herbst)
- 21. Dezember (Winter)

Das große bzw. galaktische Kreuz wird durch vier Quadranten des Tierkreises markiert, die die Mittelpunkte der Jahreszeiten darstellen. Diese Zeiten waren jeweils markiert durch Sabbate bzw. die Zeit zum Abhalten heiliger Riten:

- **1. Mai** (Walpurgisnacht – repräsentiert Fruchtbarkeit, die Entstehung des Lebens und die Darbietung eines Opfers, um eine reichliche Ernte sicherzustellen)
- **1. August** (Lammas/Petri Kettenfeier – repräsentiert eine Zeit der Erkenntlichkeit, vorerntezeitlicher Dankbarkeit und eine Feier von Fülle und Leben)

- **31. Oktober** (Samhain/Allerheiligen – repräsentiert eine Zeit der inneren Einkehr und Selbstreflexion, Ehrung der Toten, Gedenken der Vergänglichkeit und des Todes und eine Zeit der Vorbereitung auf den Winter)
- **2. Februar** (Candlemas/Lichtmess – repräsentiert Prophezeiung, eine Zeit des Nach-vorne-Blickens, Zukunftsplanung, Fassen von Vorsätzen und die Zeit, wenn die dunkelste und kälteste Periode des Winters zu Ende geht)

Durch die Kombination des kleinen Kreuzpunktes des 19. März mit dem großen Kreuzpunkt des 1. Mai wird eine 40-tägige Periode zusammengefasst, die das Zeitfenster der Opferzeit definiert.

Die Bewegung der Sonne am Himmel produziert saisonale Schwankungen und die daraus resultierende Beeinflussung des Lebens. Diese Zyklen wurden von den Alten hoch geachtet und studiert, die große Bedeutung auf eine Harmonisierung des menschlichen Lebens mit ihnen legten. In moderner Zeit hat die Gesellschaft den Kontakt mit diesen allegorischen Systemen von Tod und Wiedergeburt verloren, die die Evolution des Bewusstseins innerhalb des Universums repräsentieren, aber die Elite weiß mit größter Gewissheit um diese Dinge – und wie sie sich diese zunutze macht.

Die freimaurerische Lehrtafel und der Tierkreis

Der Tierkreis und die freimaurerische Lehrtafel (Tracing Board) sind eng miteinander verknüpft. Beide sind ein symbolischer Ausdruck der Bewegungen und Transformation der Sonne, wie sie durch das Jahr hindurch voranschreitet. Die freimaurerische Lehrtafel kann trotz der negativen Konnotationen, die mit der Freimaurerei assoziiert werden, positiv interpretiert werden als Repräsentation der Evolution des Bewusstseins. Passio produzierte auch eine ausgedehnte Präsentation, in der er die Evolution des Bewusstseins diskutierte, wie sie im lichtvollen Okkultismus dargestellt wird.

Abb. 10: Freimaurerische Lehrtafel

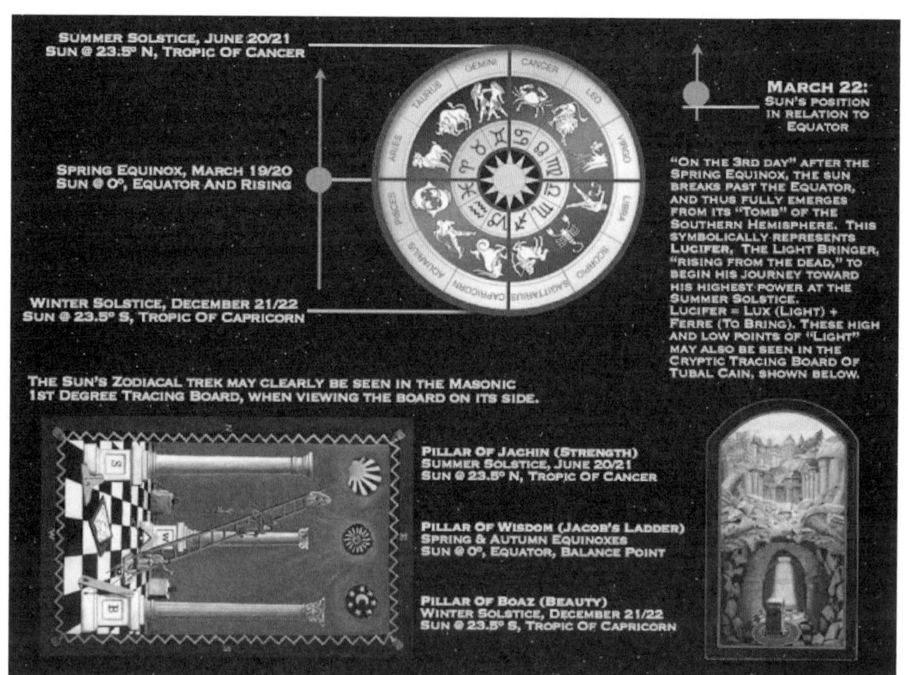

Abb. 11: Bildcollage über die freimaurerische Lehrtafel und ihren Bezug zur Sonnenposition

Man beachte, dass wenn man die freimaurerische Lehrtafel des ersten Grades (links unten) um 90° nach rechts dreht, jede der drei Säulen mit der Position der Sonne im Himmel im Lauf des Jahres korrespondiert. Wenn man die gedrehte Lehrtafel neben den Tierkreis platziert, wird die Intensität der Sonne in beiden Bildern mit der höchsten Position an der Spitze und dem Punkt der geringsten Intensität am Boden repräsentiert.

- Die obere Säule wird dargestellt durch die Sonne, die den längsten Tag des Jahres am 21. Juni repräsentiert.
- Die mittlere Säule wird dargestellt als das Horusauge, das die Tage der Tagundnachtgleiche (Balance bzw. Harmonie) am 21. März und 21. September repräsentiert.
- Die untere Säule wird dargestellt durch den von Sternen umgebenen Mond, der die längste Nacht des Jahres am 21. Dezember repräsentiert.

Sowohl der Tierkreis als auch die Freimaurer-Lehrtafel repräsentieren das Prinzip des Rhythmus oder Zyklus, das eines der sieben hermetischen Naturgesetze ist. In der Mathematik kann man die Intensität der Sonne als eine Sinuskurve darstellen, wenn das Jahr mit einer Tagundnachtgleiche beginnt, oder eine Kosinuskurve, wenn das Jahr mit einer Sonnenwende beginnt.

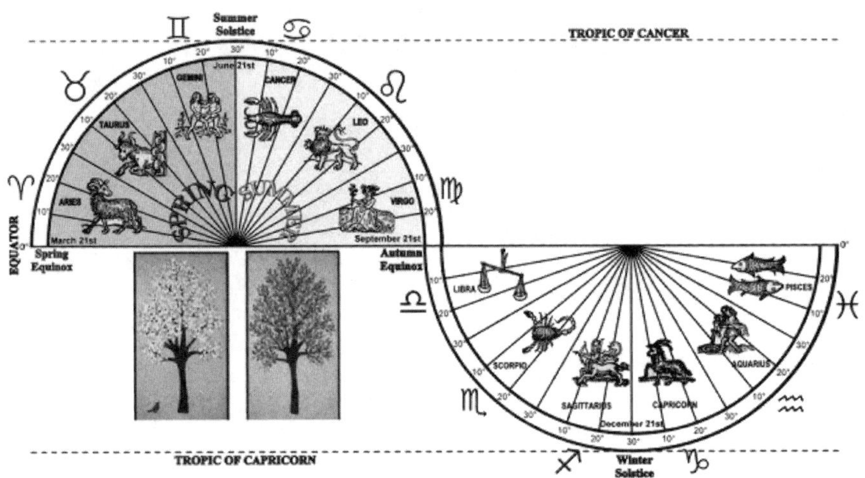

Abb. 12: Bildcollage über das Prinzip des Rhythmus

Die Sonne steigt aus dem Grab

Der 22. März ist ein Tag von besonderer Bedeutung, weil er den dritten Tag markiert, nachdem die Sonne am 19. März aus der südlichen Hemisphäre aufzusteigen beginnt. Dies steht symbolisch für die Wiederauferstehung von den Toten, welches ein astrotheologisches Thema vieler Weltreligionen ist und bis in die Antike zurückreicht. Im Christentum zum Beispiel soll Jesus am Kreuz gestorben und nach drei Tagen aus dem Grab auferstanden sein, was beschrieben wird als: der auferstandene Christus, das Licht der Welt, der Erlöser der Welt, die Lebenskraft des Frühlings, die an Orte gebracht wird, die vom Tod des Winters heimgesucht wurden. Wenn die Sonne am oder um den 19. März den

Äquator überquert und aus der südlichen Hemisphäre aufsteigt, kann man davon sprechen, dass sie aus dem Grab aufersteht. Am dritten Tag, nachdem dieser Prozess begonnen hat, und was durch den 22. März markiert wird, ist die Auferstehung komplett. Die Zahl 22 symbolisiert in der kabbalistischen Tradition auch die Wiedergeburt.

Um die Allegorie der dreitägigen Auferstehung weiter zu unterstreichen, können die zwölf Häuser des Tierkreises auch als zwölf große Tage des Kalenderjahres betrachtet werden. Wenn die Sonne am 21. Dezember am Kreuz stirbt, verweilt sie drei Monate nach der Wintersonnenwende drei [große] Tage im Grab. Der Sonnenaufgang am 22. März ist der erste Tag nach den drei großen Tagen des Tierkreiskalenders und stellt symbolisch die Zeit dar, wenn Christus aus dem Grab des Todes aufersteht oder aus der Jahreszeit des Todes.

Der 22. März und die Opferzeit

Der exakte Tag für den Beginn der Opferzeit ist unter Okkultismusforschern umstritten. Einige behaupten, dass der Beginn der Saison am 19. März sei, weil die Sonne dann ihren Aufstieg beginnt, wohingegen andere geltend machen, dass die Auferstehung drei Tage benötigt, weshalb sie am 22. März beginnen müsse. Wenn man unter Bezugnahme auf letztere Interpretation die neun verbleibenden Tage im März zu den 30 Tagen des April sowie den ersten Maitag addiert, wird eine Periode von 40 Tagen definiert – eine weitere Zahl von großer okkulter Bedeutung. Der 40-Tage-Zyklus steht symbolisch für die spirituelle Transformation, Manifestation und Initiation zu höherem Bewusstsein. Trotz der Tatsache, dass die Bezeichnung Luzifer synonym für den Teufel gebraucht wird, war die früheste Bedeutung dieses Wortes positiv. Wenn der Schöpfer überall ist, gleichermaßen in allen Dingen und Geschöpfen, dann wäre das Wesen, das den Schöpfer gegenüber allem Erschaffenen repräsentiert, ein Lichtträger – daher der Begriff Luzifer, der etymologisch lux = Licht und fer = tragen oder enthüllen bedeutet. Daher wird der Licht bringende als positiver Luzifer betrachtet, und der Dunkelheit bringende als negativer Luzifer. Dunkle Okkultisten verehren Letzteren, weil sie durch Unterstützung der menschlichen Ignoranz danach streben, Leid, Chaos und Sklaverei zu fördern. Das Ideal der dunklen Okkultisten wird symbolisch als Dunkelheit repräsentiert, daher das Symbol der Schwarzen Sonne.

Viele okkulte Gesellschaften haben im Laufe der Geschichte dieses Symbol benutzt, um auf dunklen Okkultismus zu verweisen. Innerhalb dunkler okkulter Zirkel ist diese 40-tägige Periode eine Zeit spezieller Bedeutung, weil der Archetyp des dunklen Luzifers „aus dem Grab aufersteht", so lange die korrekten Riten beschworen werden. Der Glaube besagt, dass irgendein dunkles magisches Werk oder Ritual während dieser Saison initiiert werden muss, damit sich die Agenda dunkler Okkultisten – die Diener des dunklen Luzifers – später im Jahr manifestieren wird.

Die *Dunkle* oder *Schwarze Sonne* ist die symbolische Repräsentation der Mächte, die der Schöpfung entgegenstehen. Wenn Jesus das Licht der Welt oder eine positive Darstellung Luzifers repräsentiert, dann repräsentiert Satan die Dunkelheit der Welt oder die negative Darstellung Luzifers. Die dunklen Okkultisten glauben, dass sie Opfer darbringen müssen, damit sich die Dunkelheit in der Welt manifestieren kann und der negative Archetyp Luzifers in irdischen Gefilden aktiv wird. Dies erklärt, warum so viele Angriffe unter falscher Flagge und inszenierte Ereignisse während dieser 40-tägigen Periode stattfinden.

Der *Orden des Todes* bzw. die Geheimgesellschaft *Skull and Bones* kann als Repräsentant der Schwarzen Sonne ebenfalls mit dem 22. März verknüpft werden (Englisch 3/22). Die Nummer 322 wird bei ihrem aus einem Schädel und Knochen bestehenden Symbol benutzt. Ihr Symbol repräsentiert das dunkle okkulte Bewusstsein des Intellekts und die von Mitgefühl getrennte Aktion. Dies wird symbolisch repräsentiert durch den Schädel (Intellekt) und

Abb. 13: *Skull and Bones*-Zeichen

die Armknochen (Aktion), wobei das Herz bei der Darstellung fehlt. Was im Skull and Bones-Symbol dargestellt wird, ist der Gebrauch von Wissen als Waffe oder Werkzeug, um andere zu versklaven und zu unterdrücken. Die Geheimpolizei Nazi-Deutschlands, Hitlers *SS*, benutzte ebenfalls dieses Symbol, was weiter die Vorstellung unterstreicht, dass die Ausführung der dunklen Pläne einen zum Gefolgsmann der Schwarzen Sonne oder negativen Luzifer macht, d.h. zu einem Erfüllungsgehilfen der Dunkelheit.

Der Sarg symbolisiert die Wiedergeburt

Die Symbolik des Sarges repräsentiert den Tod des früheren und die Wiedergeburt des erleuchteten Selbst. Anhand der Analyse des obigen Bildes innerhalb des lichtvollen Okkultismus ist Hiram Abiff als freimaurerischer Christus bekannt.

Abb. 14: Bildcollage über Hiram Abiff als „freimaurerischer Christus“

Anhand der Analyse von Abb. 14 innerhalb des lichtvollen Okkultismus ist Hiram Abiff als freimaurerischer Christus bekannt. Der obige Sarg repräsentiert (in Hiram Abiffs Fall) die Initiation eines sich im Zustand materiellen Bewusstseins oder Todes befindlichen Initiierten. Der Initiierte muss Dunkelheit oder Selbstbezogenheit (repräsentiert durch Schädel und Knochen) transzendieren, um als ein Vermittler des Lichts wiedergeboren zu werden. Er muss aus dem Grab des Todes auferstehen, um in das Christus-Bewusstsein wiedergeboren zu werden. Wenn dies passiert, stirbt das selbstsüchtige, abgesonderte Selbst – und das universelle Selbst, oder erwachte Christus-Bewusstsein, wird aktiv.

Innerhalb des dunklen Okkultismus symbolisiert der Sarg eine Initiation in das Bewusstsein der Spaltung, wodurch man zum Erfüllungsgehilfen dunkler Mächte wird. Anstatt sich von Selbstsüchtigkeit zu reinigen, streben dunkle Okkultisten danach, egozentrische Gedankenmuster zu vertiefen, was in der Psychologie als Psychopathie beschrieben wird. In diesem Fall besteht das Ziel darin, Mitgefühl (sein Herz) zu opfern oder sich darum zu kümmern, als ein „Skull-and-Bones-Mann" wiedergeboren zu werden – jemand, der so selbstsüchtig ist, dass er durch seinen Egoismus leicht manipuliert werden kann.

Bei verschiedenen heidnischen Riten war der 22. März traditionell die Zeit des Opfers, um das Blut von Tieren oder Menschen zur Sicherstellung einer ertragreichen Ernte zu vergießen – was immer zu Beginn der sechsmonatigen Saison des Lebens passierte. Diese Opfer wurden zu Ehren der Sonne und der Erde dargebracht. Aber selbst dies sind Verzerrungen des ursprünglichen Themas persönlicher Transformation und Evolution, wodurch man versuchte, Selbstsüchtigkeit und Ignoranz zu reinigen, um mit höher entwickeltem Bewusstsein wiedergeboren zu werden. In diesem Zusammenhang gilt der Fokus den dunklen Okkultisten, weil sie es sind, die im Wesentlichen die Welt in ihrem Würgegriff halten. In alter Zeit wurde ihre dunkle Opferzeit unverhohlen mit öffentlicher Zurschaustellung von menschlichem oder tierischem Gemetzel und Blutvergießen abgehalten. Heutzutage finden diese Riten im Geheimen statt, jedoch ist eine öffentliche Form des Opfers entstanden: der **Angriff unter falscher Flagge**.

False-Flag-Angriffe sind moderne schwarze Magie

Angriffe unter falscher Flagge und psychologische Kriegsführung sind heutzutage das moderne Äquivalent zu massenhaften schwarzmagischen Ritualen und Opferriten. Dunkle Okkultisten initiieren die Massen in einen Bewusstseinszustand, sodass sie bereitwillig an der Realisierung verwerflicher Ziele der Illuminaten teilnehmen. Im Allgemeinen basiert schwarze Magie immer auf einem gewissen Maß an Betrug. Rituale werden benutzt, um die Aufmerksamkeit eines Beobachters oder Opfers auf sich zu lenken, das dazu verleitet werden soll, das eine oder andere zu glauben, was die Pläne der dunklen Okkultisten unterstützt. Der Glaube ist letztendlich ein Betrug und das Ritual ist ein zeremonielles Werkzeug, um eine falsche Version der Realität akzeptabler erscheinen zu lassen.

Wahrscheinlich waren die False-Flag-Attacken des 11. September 2001 das beste Beispiel eines schwarzmagischen Rituals. Dieses Ritual geschah zur Erntesaison (um die Herbstzeit), wobei der Ritus vermutlich der Gipfelpunkt einer magischen Handlung war, die zur Opferzeit begann, obwohl zu dieser Zeit kein offensichtliches Ritual beobachtet wurde. Die Leute wurden in den falschen Glauben initiiert, dass 19 Entführer fünf kommerzielle Flugzeuge in ihre Gewalt gebracht hatten und sie gegen Ziele in den USA richteten. Und mit diesem falschen Glauben, der sich tief im Bewusstsein der Leute als Initiierte der Dunkelheit festgesetzt hat, riefen sie nach einem Krieg gegen den Terror, der bis heute überall auf der ganzen Welt wütet. Dies ist ein anschauliches Beispiel dafür, wie die Leute zu Erfüllungsgehilfen der Illuminaten gemacht wurden.

Um dies klarzustellen: Das Hauptziel schwarzmagischer Werke ist nicht spezifisch, den Leuten an und für sich zu schaden, sondern sie dazu zu bringen, Erfüllungsgehilfen finsterer Mächte zu werden. Jeder durch ein Ritual erschaffener Schaden, jedes Trauma oder jedes Chaos dient dem Hauptzweck, den Verstand zu manipulieren, um eine falsche Version der Realität zu akzeptieren, d.h. einen Betrug oder Schwindel. Durch die Akzeptanz eines für bare Münze gehaltenen Betrugs wird ein Individuum zu einem Initiierten der Dunkelheit und einer Schachfigur der Illuminaten. Nachdem einmal jemand auf den Schwindel hereingefallen ist, können sich alle Arten von Plänen manifestieren, einschließlich Depopulation, Angstmacherei und pandemisch um sich greifender, schädlicher Aktionen, die die Leute gegen sich selbst begehen.

Als kurz nach den Angriffen des 11. September 2001 der Krieg gegen den Terror ausgerufen wurde, wurde jede im Stillen zustimmende Person zu einem Handlanger finsterer Mächte, worin das Hauptziel der False-Flag-Attacken bzw. des schwarzmagischen Rituals bestand.

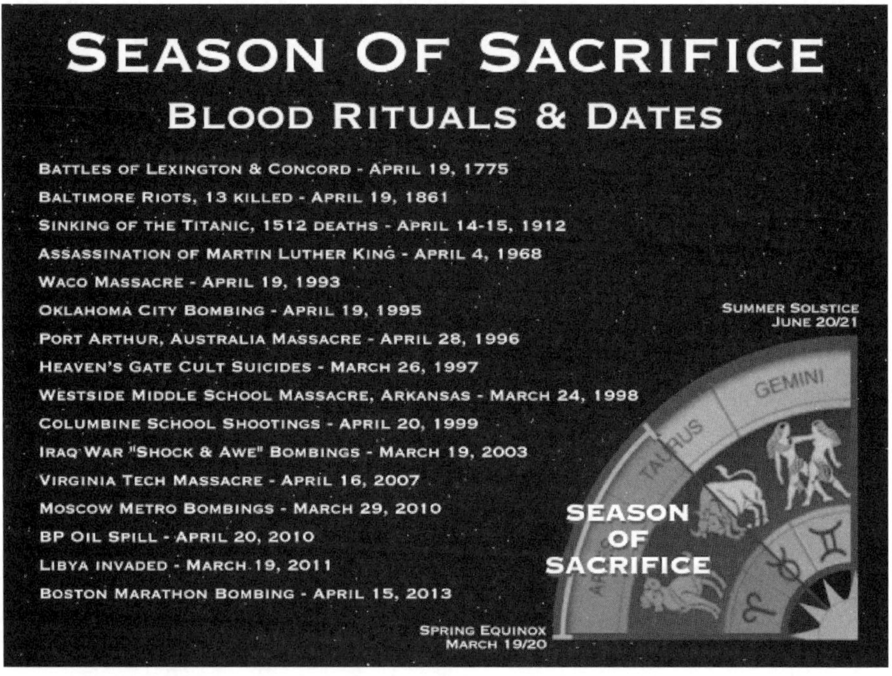

Abb. 15: Bildcollage über „Opferungen" im Frühjahr

Schlussfolgerung

Weil schwarze Magie auf Betrug basiert, wird unser Widerstand gegenüber Manipulation und unsere Selbstermächtigung umso stärker sein, je ausgeprägter unsere Fähigkeit ist, uns Wissen anzueignen. Dunkle Okkultisten rechnen mit unserer Angst und der daraus resultierenden Ignoranz, um ihre Pläne weiter zu verwirklichen. Und indem wir von dieser Opferzeit Kenntnis nehmen, können wir uns gegenüber jeglichen Versuchen wappnen, uns zu betrügen und zu Schachfiguren auf dem Spielbrett der Neuen Weltordnung zu machen.

Aber das Wichtigste ist, dass die unaufgeklärten, immer noch in der Dunkelheit verhafteten Massen, sehr anfällig gegenüber Manipulationen sind. Unsere Pflicht, die Wahrheit mit unseren Mitmenschen zu teilen, ist eine der größten Herausforderungen unseres Lebens, aber es ist ein ehrenvoller Akt der Nächstenliebe, der für uns alle Wahrheit, Freiheit und Wohlergehen fördert.

Die dunklen Okkultisten verlassen sich auf unsere Selbstzufriedenheit und Tatenlosigkeit. Das aktive Teilen der Wahrheit mit jenen um uns herum und in einer Art und Weise, die für sie akzeptabel ist, wird langsam das Gleichgewicht wiederherstellen. Schließlich wird die Geschichte auf diese Zeiten zurückblicken und sich fragen, wie die Leute es zulassen konnten, sich dermaßen hinters Licht führen zu lassen.

Zum jetzigen Zeitpunkt müssen diejenigen, die über das Wissen der Wahrheit verfügen, ein Fanal der Hoffnung werden, um das Licht der Wahrheit in jeden dunklen Winkel zu tragen.

4. War die Gotthard-Basistunnel-Eröffnungszeremonie ein Illuminati-Ritual zu Ehren Satans?

Abb. 16: Aufnahmen der Eröffnungszeremonie

Die Eröffnungszeremonie des Gotthard-Basistunnels in der Schweiz beinhaltete einen „Ziegenmann", der stirbt, wiederaufersteht, verehrt und als „König der Welt" gekrönt wird. Der „Ziegenmann", der bei dieser Performance eine solch entscheidende Rolle spielte, hatte eine auffällige Ähnlichkeit mit Baphomet, der in den letzten Jahrzehnten eines der Schlüsselsymbole in der Okkultismus-Szene geworden ist, um Satan zu repräsentieren. Könnte es also möglich sein, dass diese ganze Zeremonie eigentlich ein Illuminati-Ritual war, um Satan zu ehren?

Man sollte nicht vorschnell urteilen, bevor man die Videos dazu gesehen hat (Youtube: „Live World's longest tunnel to open in Gotthard massif)[(1)]

Abb. 17: Die 2015 enthüllte Baphomet-Statue des „Temple Of Satan“

Am Mittwoch den 1. Juni 2016 fand endlich die lange erwartete Eröffnungsfeier des Gotthard-Basistunnels in der Schweiz statt. Es handelt sich dabei um den längsten und tiefsten Eisenbahntunnel der Welt, und die Bauzeit betrug 17 Jahre. Er ist 57 Kilometer lang, an manchen Stellen über zwei Kilometer tief, und der Bau dieses beispiellosen Tunnels kostete einen Gesamtbetrag von über 11 Milliarden Euro. Daher war die Eröffnung des Tunnels eine ziemlich große Sache in mehreren europäischen Ländern. Prominente europäische Politiker wie Bundeskanzlerin Angela Merkel, der damalige italienische Premierminister Matteo Renzi sowie der französische Ex-Präsident François Hollande nahmen daran Teil, und ihnen wurde eine unglaublich bizarre Show vorgesetzt, deren Produktionskosten sich auf ungefähr acht Millionen Euro beliefen. Diese Eröffnungszeremonie wurde von der Schweiz aus weltweit übertragen und so wurden zahllose Menschen damit konfrontiert. Die Eröffnungszeremonie bestand aus zwei Teilen, und in beiden Teilen war die Hauptfigur ein „Ziegenmann“, der eine unheimliche Ähnlichkeit mit Baphomet aufweist. Für diejenigen, die nicht über Baphomet Bescheid wissen, nachfolgend einige Hintergrundinformationen aus einem *BBC*-Artikel über die gigantische Baphomet-Statue, die letztes Jahr in Detroit enthüllt wurde:

> *„Das bekannteste moderne Baphomet-Bild wurde vom französischen Okkultisten Eliphas Levi gezeichnet und erschien 1856 in seinem Buch ‚Transzendentale Magie. Dogma und Ritual der Hohen Magie‘. Er stellte sich einen geflügelten Hermaphroditen vor, mit einer Fackel zwischen den Hörnern und einem [auf der Spitze stehenden] Pentagramm auf der Stirn. Seine Arme trugen die lateinische Aufschrift SOLVE (lö-*

se) und COAGULA (verbinde) – die von Gott angeeigneten Kräfte. Levis Zeichnung war die Inspiration für das neue Monument des Satanic Temple.“

„Er beinhaltet all diese binären Gegensätze – oben und unten, teils Tier, teils Mensch, männlich und weiblich.“, sagt Lucien Greaves, Sprecher und Mitbegründer des *Satanic Temple*. *„Er verkörpert Gegensätze und zelebriert Kontraste.“*(2)

In moderner Zeit wird Baphomet als Repräsentation Satans bzw. menschliche Verkörperung Satans aufgefasst. Darum ist die Tatsache, dass dieser „Ziegenmann“ die Hauptfigur dieser Eröffnungszeremonie war, so verstörend. Der erste Teil der Zeremonie wurde unterirdisch abgehalten, und wie *TruNews* ausführlich beschrieben hat, starb der „Ziegenmann“, ist wiederauferstanden und wurde während dieses Teils der Performance verehrt:

„Die Performance begann mit einer Kohorte von Bergarbeitern in orangefarbenen Overalls, die wie Zombies zum Tunneleingang marschierten. Die Bergarbeiter wurden dann scheinbar dem Tunnel geopfert und tauchten als verschleierte Geister auf (repräsentiert durch Tänzer in Unterwäsche mit weißen Hochzeitsschleiern), und ein als Ziege verkleideter Schauspieler sprang heraus und begann sich mit den verschleierten Tänzern ritualistisch zu paaren. Während dieses Abschnitts wurde eine Kopfaufnahme des als Ziege verkleideten Schauspielers auf der Leinwand gezeigt, mit einem schwarzen und roten Hintergrund und einem die Aufmerksamkeit auf sich ziehenden Feuer, das um sein Gesicht herum lodert, während drei ägyptische Skarabäus-Käfer vor dem Bildschirm schwebten. Die nächste Szene verlagerte sich zu einer Druiden-Zeremonie, mit den nun in schwarze Kleider gehüllten Schauspielern und geschmückten Nestern, Pflanzen und Bäumen auf ihren Köpfen. Als der Ziegenmann auf dem Boden lag, wurde auf dem Bildschirm ein umgedrehter Baum gezeigt und die Schauspieler skandierten ein Lied in einer Mischung aus altertümlichem Deutsch und Italienisch. Die Zeremonie endet mit dem wiederauferstehenden Ziegenmann, der verehrt wird, während er mit Technologie, Industrie und moderner

Gesellschaft vertraut gemacht wird – wobei viele der Schauspieler als Transvestiten, Herumtreiber und Huren angezogen sind."[3]

Abb. 18: Szene aus der Eröffnungszeremonie (Bergarbeiter)

Abb. 19: Szene aus der Eröffnungszeremonie (Ziegenmann)

Der zweite Teil der Zeremonie wurde über der Erde abgehalten und abermals bildete der „Ziegenmann“ den Mittelpunkt des Geschehens:

- Drei Arbeiter hängen in der Luft, offensichtlich tot.
- Die Arbeiter werden durch drei unheimliche Geister ersetzt.
- Dann sehen wir sie vor einem gigantischen Allsehenden Auge schweben. Feiert die Elite Menschenopfer?
- Während der Ziegenmann wie ein Besessener schreiend um die Bühne herum läuft, zeigt die große Leinwand Bilder von einem extrem böse aussehenden Ziegenmann. Drei Skarabäus-Käfer schweben vor ihm.

Abb. 20: Szene aus der Eröffnungszeremonie (Bauarbeiter hängen)

Abb. 21: Szene aus der Eröffnungszeremonie (Geister)

Abb. 22: Szene aus der Eröffnungszeremonie (das Allsehende Auge)

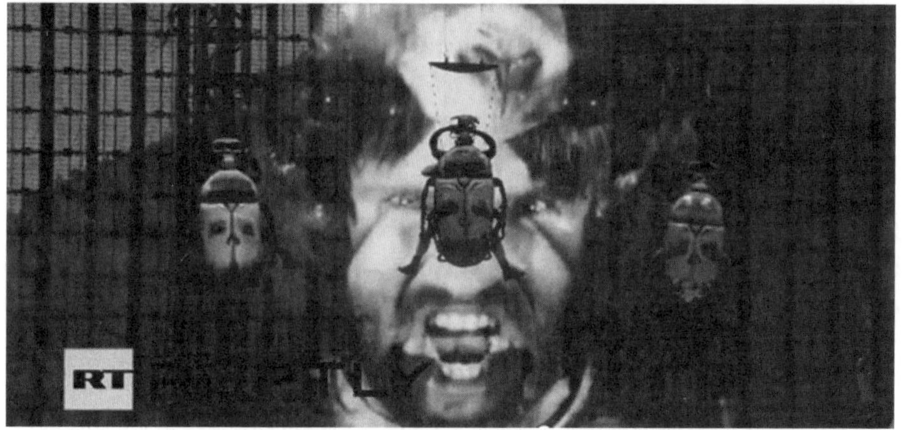

Abb. 23: Szene aus der Eröffnungszeremonie (drei Skarabäus-Käfer)

Bei den Skarabäus-Käfern scheint es sich um eine Anspielung auf die Philosophie des *Temple of Set* (ToS) zu handeln, einer Abspaltung der *Church of Satan*: Der *Temple of Set* lehrt einen „erleuchteten Individualismus“ und propagiert individuelle Selbstverwirklichungsstrategien, die mit dem hieroglyphischen Begriff *Kepher* (ähnlich wie das deutsche Wort „Käfer“) oder *Xeper* (in der Schreibweise des *ToS*) umschrieben werden. *Xeper* wird durch den Skarabäus symbolisiert. Ziel ist die „psychische Wiedergeburt" und die Erlangung der Unsterblichkeit innerhalb des *Temple of Set.* Als in weiß gekleidete Leute sich vor dem Ziegenmann verneigen, wacht ein aus Augen bestehender Kreis über sie, wie zur Bestätigung, dass dies eine große, unverhohlen satanistische Zeremonie war, präsentiert von der okkulten Elite.

Am Ende des zweiten Teils der Zeremonie drapiert eine Frau den „Ziegenmann" in weiß und sagt: *„Du bist nun der König der Welt."*

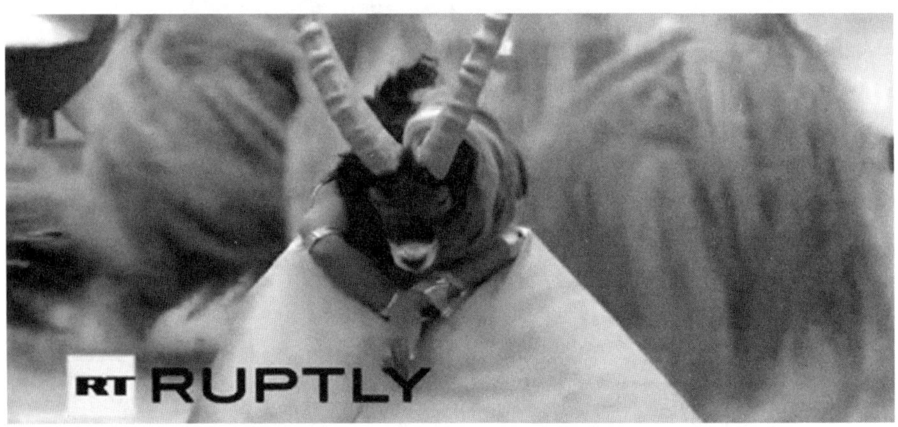

Abb. 24: Szene aus der Eröffnungszeremonie (Frau drapiert den Ziegenmann)

Wollen wir noch einmal die Faktenlage sortieren...

- Die zentrale Figur dieser Produktion war ein „Ziegenmann", der eine auffällige Ähnlichkeit mit Baphomet hat.
- In der okkulten Welt ist Baphomet oft ein Symbol Satans oder der menschlichen Verkörperung Satans.
- Während der Zeremonie stirbt der „Ziegenmann".
- Während der Zeremonie erholt sich der „Ziegenmann" von seinen schwerwiegenden Wunden.
- Während der Zeremonie wird der „Ziegenmann" von allen anderen verehrt.
- Während der Zeremonie wird der „Ziegenmann" als Herrscher der Welt gekrönt.

Klingt das nicht wie die Beschreibung desjenigen, der als „Antichrist“ bezeichnet wird? Für eine sehr lange Zeit haben globale Geheimgesellschaften ihre dunklen Rituale außerhalb des Blickfeldes der Öffentlichkeit abgehalten, aber wir scheinen in eine Zeit eingetreten zu sein, in der sie viel dreister werden.

Dieser Tage sehen wir diese Art von „Illuminati-Ritualen“ so ziemlich überall. Wir haben sie regelmäßig bei großen Shows gesehen, in Musikvideos, bei Fernsehsendungen und Filmen, und sogar beim *Super Bowl*. Also warum tauchen dieselben Themen immer wieder auf?

Eine dunkle Macht breitet sich aus, und sie hat nicht genug, bis sie vom ganzen Planeten Besitz ergriffen hat. Und an diesem Punkt ist die Elite so plakativ, dass sie es nicht einmal mehr für nötig hält, geheim zu halten, was sie mit uns vorhat.

5. Gefilmte (Schein-)hinrichtung bei CERN: Harmloser Streich oder okkultes Ritual zur Öffnung eines Portals in eine andere Dimension?

2016 machte wiedermal die *Europäische Organisation für Kernforschung* (CERN) von sich reden, als im Internet ein Video auftauchte (Youtube: „Leaked video of mock sacrifice performed at CERN")[(4)], das anscheinend ein okkultes Ritual einschließlich eines Menschenopfers zeigte. Ob das Ritual echt ist oder simuliert, daran scheiden sich die Geister, aber so oder so: Seltsam ist es allemal und CERN kommt in Erklärungsnot. Die CERN-Pressesprecherin am hohen Tempel der Teilchenphysik gibt sich ahnungslos und versucht mit der Erklärung, dass *„wissenschaftliche Teilnehmer"* an der Genfer Einrichtung durch die Inszenierung eines okkulten Rituals *„mit ihrem Humor über die Stränge geschlagen hätten"* die Wogen zu glätten. Aber ist das Thema wirklich so einfach aus der Welt zu schaffen?

Abb. 25: Statue der Hindu-Gottheit Shiva auf dem CERN-Gelände

Einiges spricht dafür, dass hinter der Fassade nüchterner wissenschaftlicher Forschung andere Dinge ablaufen, von denen nicht nur wir, sondern auch die Wissenschaftler selbst, kaum eine Ahnung haben, worauf sie sich da eigentlich einlassen. Gleichwohl scheinen einige Eingeweihte zumindest ziemlich genau darüber Bescheid zu wissen, dass hier etwas im Gange ist, was vielmehr mit Religion und Okkultismus zu tun hat und für uns nichts Gutes verheißt.

CERN-Sprecherin spricht von „Streich von Wissenschaftlern"

CERN hat eine Untersuchung über ein nachts gefilmtes Video auf seinem Gelände eingeleitet, bei dem ein menschliches Scheinritual dargestellt wird. Das Video, das im Internet kursierte, zeigt verschiedene Personen in schwarzen Umhängen, die sich auf dem Hauptplatz von Europas Top-Physiklabor bei etwas versammeln, was eine Nachstellung einer okkulten Zeremonie zu sein scheint. Das Video beinhaltet das inszenierte „Erstechen" einer Frau. Es wurde gefilmt aus der Perspektive eines heimlichen Beobachters, der aus einem Fenster darüber zuschaut, und der – als die Zeremonie ihren Höhepunkt erreicht – eine Schimpftirade loslässt und fluchtartig aufspringt, während die Kamera immer noch läuft. Die Zeremonie wurde offenbar vor der Statue der Hindu-Gottheit Shiva abgehalten, die an der Anlage dauerhaft ausgestellt wird, die den *Large Hadron Collider* beherbergt. *„Diese Szene wurde auf unserem Gelände gefilmt, aber ohne offizielle Erlaubnis oder Kenntnis."*, erklärte eine CERN-Sprecherin in einer E-Mail gegenüber *AFP*. *„CERN billigt diese Art Scherze nicht, die Anlass zu Missverständnissen über die wissenschaftliche Natur unserer Arbeit geben."* Die in die Wege geleitete „Untersuchung" war eine „interne Angelegenheit", sagte sie. Das Video hat Fragen über die Sicherheit auf dem CERN-Gelände aufgeworfen. Darum gebeten, genauer auf die Sicherheitsmaßnahmen einzugehen, die das Gelände umgeben, sagte die CERN-Sprecherin: *„Die Ausweise der CERN-Mitarbeiter werden systematisch bei jedem Betreten des CERN-Geländes überprüft, sowohl am Tag als auch in der Nacht."* Sie wies des Weiteren darauf hin, dass diejenigen, die für die Posse verantwortlich sind, Erkennungszeichen für den Zugang hatten.

„CERN heißt jedes Jahr tausende von wissenschaftlichen Teilnehmern aus der ganzen Welt willkommen, und manchmal gehen einige von ihnen mit ihrem Humor zu weit. Das war diesmal der Fall.“, hieß es in der E-Mail. Die Sprecherin stand für Kommentare über die mögliche Identität der Verantwortlichen nicht zur Verfügung. Die Genfer Polizei sagte zu *AFP*, dass sie wegen des Videos mit CERN in Kontakt stehe, aber nicht an einer offiziellen Untersuchung beteiligt sei.

Zehn Dinge, die wir über das Video wissen

Wenn dieses „okkulte Ritual“ tatsächlich eine Art „schlechter Witz“ war, was war die Motivation dahinter? Dieses Video setzt eine lange Reihe von bizarren Ereignissen fort, die mit CERN und dem *Large Hadron Collider* in Verbindung stehen. Erst einen Monat zuvor sorgten mysteriöse Wolken für Aufsehen, die sich während eines Experiments über CERN bildeten. Und der Forschungsdirektor von CERN, der Physiker Sergio Bertolucci, hat in der Vergangenheit öffentlich zugegeben, dass der Teilchenbeschleuniger eine „Tür“ zu einer anderen Dimension“ öffnen könnte. Es hat bereits so viele Spekulationen darüber gegeben, was dort wirklich vor sich geht, sodass das letzte Video umso unheimlicher erscheint.

Es gibt sehr viele unbeantwortete Fragen über dieses Video, aber hier sind zehn Dinge, die wir zu diesem Zeitpunkt wissen:

- An dieser (Schein)hinrichtung waren acht Personen in schwarzen Roben und eine Frau beteiligt. (Die Zahl „acht“ ist wichtig, wie im Video am Ende des Artikels erklärt wird.) Die Tatsache, dass die acht Personen in schwarze Gewänder gehüllt waren, bedeutet, dass jemand definitiv wollte, dass es wie ein okkultes Ritual aussah.
- Dieses Ritual wurde direkt neben der Statue der Hindu-Gottheit Shiva durchgeführt, die am Eingang von CERN steht. In hinduistischen Überlieferungen ist Shiva (Nataraja) die „Gottheit der Zerstörung“ (des Dämons der Unwissenheit), und dieser Ort wurde offenbar absichtlich ausgewählt.

- Während des Rituals geht eine Frau in die Mitte der Gruppe, zieht ihre Robe aus und legt sich bereitwillig auf den Boden.
- Anschließend zieht eine der Personen in schwarzen Roben etwas heraus, das wie ein Messer aussieht, und bringt es in einer schnellen Bewegung nach unten in Richtung der Frau, was wie ein Erstechen aussieht. Danach endet das Video abrupt.
- CERN nennt dieses Ritual offiziell „ein Werk der Fiktion" und sagt, dass es ohne seine Erlaubnis oder Wissen angefertigt wurde. Das Video, das aus einem Fenster eines nahegelegenen Gebäudes gedreht wurde, ist ein „Werk der Fiktion, das eine erfundene Szene darstellt", wie Bedienstete erklärten.
- Aufgrund der Aussage der Sprecherin, scheint es, dass CERN genau weiß, wer daran beteiligt war. Wenn das tatsächlich der Fall ist, warum wird ihre Identität geheim gehalten?
- Zuvor wurde am CERN mit vollem Wissen und der Erlaubnis seiner Betreiber ein bizarrer „Tanz der Zerstörung" gefilmt: Viele haben darauf hingewiesen, dass der „Tanz der Zerstörung" mindestens einige okkulte Elemente beinhaltet.
- Die Polizei in Genf ist über den Vorfall im Bilde, aber sie ist nicht in die Untersuchung involviert. Dass die Polizei in diesem Fall nicht ermittelt, wirft bereits Fragen auf, da niemand wissen kann, ob bei diesem Ritual nicht doch jemand zu Schaden gekommen ist oder sogar getötet wurde. Selbst wenn dies nicht der Fall ist, würde es sich zumindest nach deutschem Recht immer noch um die Vortäuschung einer Straftat handeln, was in sich bereits eine Straftat darstellt.
- Ein Argument, das dafür spricht, dass es sich hierbei um ein Scheinritual handelt, ist die Tatsache, dass das Video fast zu perfekt war. Die Figuren in schwarzen Roben gingen genau in dem Moment in den Hof, als das Video begann, und obwohl es Nacht war, entschieden sie sich für eine Stelle, die hell erleuchtet war, sodass die Person, die das Ritual gefilmt hat, gute Aufnahmen

machen konnte. Und das Video endet sehr abrupt, sodass wir niemals wissen werden, was mit der Frau passiert ist, die „erstochen“ wurde und zum Schluss blutet. Und so gibt es definitiv einige Gründe, die Motive und Authentizität dessen anzuzweifeln, was stattgefunden hat.

- Dieser Vorfall hat jedoch noch mehr Aufmerksamkeit auf CERN gelenkt und der Rummel, der den *Large Hadron Collider* umgibt, nimmt weiter zu. Tatsächlich tauchen Teilchenbeschleuniger, die „Türen“ oder „Stargates“ zu anderen Dimensionen öffnen, sogar beim Spielzeug für unsere Kinder auf: Eines der derzeit populärsten Kinderspielzeuge von *Lego* ist *Dimensions*, wo man einen Teilchenbeschleuniger im CERN-Stil aufbaut, der ein Portal in andere Dimensionen herstellen soll. Kann es sein, dass Ihr Kind gerade dabei ist, Kontakt mit Dämonen aus anderen Dimensionen zu simulieren?

Abb. 26: Lego „Dimensions“

Wahrscheinlich nehmen Sie an, dass Ihr Kind das nicht tut und dass das alles einfach nur lustig ist. Genau wie das Scheinritual. Aber andererseits besitzen Rituale Macht und es ist gefährlich, die Existenz dunkler Mächte zu verlachen sowie auf dreiste Weise zu Versuchen, negative Energien anzuziehen, von denen die Wissenschaft nur rudimentäre Vorstellungen hat, und vor denen uns Religionen und Kulturen gewarnt haben, sie nicht heraufzubeschwören.

In seinem Buch „The Rapture Verdict" setzt sich Michael Snyder mit der Düsternis auseinander, die sich überall auf der Welt ausbreitet, und diese Wissenschaftler könnten es mit Mächten zu tun bekommen, die sie einfach nicht verstehen oder kontrollieren können. Sie haben zugegeben, dass sie potenziell eine „Tür" zu einer anderen Dimension öffnen und dass sie „etwas" durch eine solche Tür schicken könnten, oder dass „etwas" aus einer solchen Tür herauskommen könnte. In einem anderen Artikel wird auch darauf hingewiesen, dass manche glauben, dass die geografische Position von CERN sogar eine Verbindung mit dem (biblischen) Buch der Offenbarung hat.

Abb. 27: Aufnahme aus dem gefilmten Ritual

Und bei all den Spekulationen darüber, was CERN-Wissenschaftler mit ihrem *Large Hadron Collider* bereits zu tun versuchen, kommen viele Beobachter auch nicht umhin festzustellen, dass die Stadt in Frankreich, wo CERN teilweise angesiedelt ist, „Saint-Genis-Pouilly" heißt. Der Name „Pouilly" kommt vom lateinischen „Appolliacum" und man glaubt, dass dort in römischer Zeit ein Tempel zu Ehren Apollos existierte, und die Leute, die dort lebten, glaubten, dass es ein Tor zur Unterwelt sei. Es ist interessant zu wissen, dass CERN an genau dieser Stelle gebaut wurde.

Religiöse Führer – immer argwöhnisch gegenüber den Zielen der wissenschaftlichen Welt – zogen eine Verbindung zu einem Vers aus der Offenbarung (9, 1-2, 11), der auf den Namen *Apollyon* verweist. Der Vers besagt: *„[...] und ihm ward der Schlüssel zum Brunnen des Abgrunds gegeben. [...] Und hatten über sich einen König, den Engel des Abgrunds, des Name heißt auf Hebräisch Abaddon, und auf Griechisch hat er den Namen Apollyon."*

Letztendlich ist es gut möglich, dass das okkulte Ritual, das gerade am CERN gefilmt wurde, wahrscheinlich ein Fake ist. Aber das ändert nichts an der Tatsache, dass dort ziemlich unheimliche Dinge vor sich gehen und dass eines Tages die „Tür" geöffnet werden könnte, was möglicherweise ernste Konsequenzen für uns alle hätte.

6. Geheimarchiv: Jack the Ripper war ein Freimaurer, der rituelle Morde beging

Die Veröffentlichung eines Geheimarchivs enthüllt, dass die britische Elite in überwältigendem Maße freimaurerisch war und dass Jack the Ripper durch freimaurerische Polizeikräfte gedeckt wurde. *Ancestry* machte kürzlich ein Geheimarchiv öffentlich, das die Namen von über zwei Millionen britischen Freimaurern von 1733 bis 1923 enthält. Die Liste *„enthüllt das Ausmaß des freimaurerischen Einflusses in den oberen Rängen der Gesellschaft auf dem Höhepunkt von Großbritanniens imperialer Größe"*. Es beinhaltet auch den Namen desjenigen, der für Jack the Ripper gehalten wird. Laut neuen Aufzeichnungen war Jack the Ripper ein obskurer Sänger, dessen Identität durch andere Freimaurer gedeckt wurde. Seine Morde waren sorgfältig geplante freimaurerische Rituale.

> *„Im Buch ‚They All Love Jack: Busting the Ripper', argumentiert Robinson, dass allen Ripper-Morden der Stempel freimaurerischer Rituale aufgedrückt wurde; das Symbol eines Zirkels, das in das Gesicht von Catherine Eddowes eingekerbt war, die Entfernung von Metallknöpfen und Münzen von den Körpern von Eddowes und Annie Chapman, und das kryptische Graffiti, das auf eine Mauer in der Goulson Street geschmiert worden war, von dem er sagt, dass es ‚der offenkundigste Anhaltspunkt von allen' sei. Die neuen Archive beweisen zum ersten Mal, dass sowohl der Sänger Maybrick als auch sein Bruder James Freimaurer waren."*[(5)]

Diese neue Information beweist, was okkulte Forscher seit Jahrzehnten behauptet haben: Jack the Rippers Morde waren freimaurerische Blutrituale.

> *„Vier von fünf der Kehlen der weiblichen Ripper-Opfer wurden ganz von links nach rechts aufgeschnitten, in Übereinstimmung mit dem freimaurerischen ‚Bestrafungszeichen' des Lehrlings [engl.: (Entered) Apprentice]. In manchen Fällen waren ihre Eingeweide abgetrennt, aus dem Körper genommen und über die linke Schulter des armen Opfers*

gelegt worden. In einem freimaurerischen Ritual werden die drei ‚Juwes' Jubela, Jubelo und Jubelum getötet, indem ihre Körper aufgeschlitzt und die Eingeweide über ihre linke Schulter geworfen werden. Das Mordritual des Rippers betrifft auch die Bedeutung des Ortes beim freimaurerischen Opfer. Catherine Eddowes Körper wurde am Mitre Square in London abgelegt. Die Mitre Tavern am Eingang zum Platz war der Treffpunkt der freimaurerischen Joppa-Loge. Laut freimaurerischer Mythologie war es an der Küste von Joppa, wo die drei ‚Juwes' gefangengenommen wurden. Auch sind Gehrmaß (mitre) und Winkel (square) die grundlegenden Werkzeuge der Maurer. Eddowes blutverschmierte Schürze wurde auf der Goulston Street im Korridor eines Gebäudes gefunden. Über der blutigen Schürze wurde mit Kreide eine Botschaft an die Wand geschrieben: ‚The Juwes are the men that will not be blamed for nothing.' [dt.: ‚Die Juwes sind [nicht] die Menschen, die nicht grundlos beschuldigt werden.']
Der doppelte negative Verweis gilt nicht dem jüdischen Volk, sondern den drei zuvor erwähnten Lehrlingen der freimaurerischen Mythologie, die sowohl rituell ermordet wurden als auch selbst rituelle Mörder waren. Die Botschaft wurde von Sir Charles Warren entfernt, dem leitenden Polizeikommissar, der zugleich einer der hochrangigsten Freimaurer in Großbritannien war. Warren notierte sich nichtsdestotrotz die Botschaft, die in den Unterlagen des Staatsarchives zu finden ist, im Abschnitt ‚Private Letter Book of the Metropolitan Police' [dt.: Buch der Privatbriefe der Stadtpolizei].(6)

Wie es bei vielen rituellen „ungelösten" Rätseln der Fall ist, wurde die wahre Identität von Jack the Ripper durch eine in überwältigendem Maße freimaurerische Polizei und Regierung gedeckt.

„Und sie enthüllen, dass Freimaurer in führenden Positionen bei der Nachforschung durch Scotland Yard waren, einschließlich des städtischen Polizeikommissars Sir Charles Warren sowie des Kollegen, den er in dem Fall dazu ernannte, seine ‚Augen und Ohren' zu sein, Oberinspektor Donald Swanson. Zwei Gerichtsmediziner, die über die Morde

entschieden, Wynne Baxter und Henry Crawford, und mindestens drei der Polizeiärzte, die die Leichen untersuchten, waren ebenfalls Angehörige der Freimaurerei. Maybrick, der dem Supreme Grand Council of Freemasons angehörte, reiste als Künstler durch das Land. Sein Eintrag in den sorgfältig von Hand geschriebenen Aufzeichnungen, beschreibt ihn als einen ‚Sänger' und erklärt, dass er von 1863 bis 1887 ein Mitglied der St Andrew's Lodge war – was bedeutet, dass er erst ein Jahr vor der neunwöchigen Periode im Jahre 1888 wegging, als fünf Frauen im Londoner East End ermordet wurden, bei einem der größten ungelösten Verbrechen in der britischen Geschichte. Sir Charles Warren soll ein hochrangiges Mitglied der freimaurerischen Gesellschaft gewesen sein. Er war ein Gründungsmitglied der Quatuor Coronati Lodge und eine Autorität über freimaurerische Geschichte und Rituale. Robinson sagte zu The Telegraph: ‚Es war typisch für die Art, wie England sich selbst führt. Zu der Zeit von Jack the Ripper gab es etwa 360 Unterhausabgeordnete der Tory-Partei, von denen ich 330 als Freimaurer identifizieren kann.'“[(7)]

„Die ganze herrschende Klasse war freimaurerisch, vom Thronerben bis nach unten. Es war ein Teil davon, zum Club dazuzugehören.“[(8)]

„Teil der ganzen Ethik der Freimaurerei ist es, dass gleichgültig, worum es auch immer geht und wie es auch getan wird, man die Bruderschaft beschützt – und das ist genau das, was passiert ist.“[(9)]

„Sie beschützten nicht Jack the Ripper, sie beschützten das System, für das Jack the Ripper eine Bedrohung war. Und um das System zu beschützen, mussten sie ihn beschützen. Und der Ripper wusste es.“[(10)]

Die freimaurerische Elite

Das Archiv enthüllt auch das Ausmaß des freimaurerischen Einflusses auf allen Gebieten der Gesellschaft, einschließlich der Monarchen Eduard VII., Eduard VIII. und Georg VI.

> *„Während die individuellen freimaurerischen Verbindungen mancher derjenigen, die dazu gehörten – so wie von Sir Winston Churchill und Eduard VIII. – gut bekannt sind, bieten die Aufzeichnungen von 1733 bis 1923 den ersten umfassenden Blick über den Einflussbereich der Freimaurerei über das imperiale Zeitalter. Auf militärischem Gebiet reichen die Aufgelisteten vom Duke of Wellington bis hin zu Lord Kitchener. In den Künsten umfasst sie solche Schriftsteller wie Oscar Wilde und Rudyard Kipling sowie den Schauspieler Sir Henry Irving, während zu den Namen aus der Musikwelt sowohl die von Gilbert als auch Sullivan gehören. Die Entdecker Ernest Shackleton und Kapitän Robert Falcon Scott kommen ebenfalls darin vor, während die aufgelisteten Wissenschaftler von Edward Jenner, dem Pionier der Impfstoffe, bis hin zu Sir Alexander Fleming reichen, dem Entdecker des Penicillin.*
>
> *In der Welt der Wohltätigkeit und sozialen Reformen ist Dr. Thomas Barnardo unter denjenigen, die aufgelistet werden, während Harry Selfridge zu den Geschäftsmännern gehört und Thomas Telford eine Liste von tausenden von Ingenieuren anführt, die Großbritanniens industrielle Dominanz sicherstellten. Zusätzlich zu Eduard VIII. gehören Eduard VII. und Georg VI. zu den enthaltenen Monarchen.*
>
> *Während die meisten der Einträge einfach nur Namen, Logen und Aufnahmedaten beinhalten, gibt es unter der kleineren Anzahl, bei denen Berufe angegeben sind, 5.500 Polizeibeamte verschiedener Art, tausende weitere Persönlichkeiten des Militärs, 170 Richter, 169 Abgeordnete, 16 Bischöfe und mindestens einen indischen Prinz.*“[(11)]

Obwohl die Daten dieses Archivs bei 1923 aufhören, haben sich die Dinge nicht geändert. Die okkulte Elite ist, mehr denn je, eine *verborgene* Elite.

7. Religiöse Hintergründe von Kindesmissbrauch, Ritualmord, Transgender-Ideologie und „heiliger" Homosexualität

Seit dem belgischen Dutroux-Skandal im Jahre 1996 und dem Missbrauchsskandal in der katholischen Kirche von 2009/2010 sind immer mehr solcher Fälle bekannt geworden, während die Aufklärung kaum Fortschritte zu machen scheint. Stattdessen wird offenbar von oben sehr viel unternommen, um die bekannt gewordenen Fälle zu vertuschen, was darauf hindeutet, dass das Problem in besonderem Maße politische und religiöse Eliten betrifft.

Auch wenn es sich dabei nicht nur um ein Problem der katholischen Kirche handelt – man denke z.B. auch an ähnliche Fälle an der Odenwaldschule oder bei den Berliner Grünen – scheint hier das Problem wohl doch am ausgeprägten zu sein, weshalb sich die Frage stellt, inwiefern das Problem institutionell bedingt ist. Üblicherweise wird der Kindesmissbrauch auf die zölibatäre Lebensweise katholischer Priester zurückgeführt. Hiergegen spricht jedoch bereits die Tatsache, dass ähnliche Missbrauchsfälle auch von nicht (zwangsweise) zölibatär lebenden protestantischen Priestern begangen werden – wenn auch sicher nicht in einer Größenordnung wie bei katholischen Priestern. Außerdem erklärt eine zölibatäre Lebensweise noch nicht, weshalb sich die Priester mit besonderer Vorliebe speziell an kleinen Jungen vergreifen. Die Missbrauchsfälle sind daher nicht nur durch eine „pädophile" Neigung der Priester gekennzeichnet, sondern zugleich auch durch eine homosexuelle Komponente, die sich auch dann offenbart, wenn sexuelle Kontakte katholischer Priester untereinander mehr oder weniger einvernehmlich stattfinden. Inwiefern dies zumal bei Priesteranwärtern mit dem Zölibat zusammenhängen soll, erschließt sich ebenfalls nicht ohne Weiteres.

Wie im Folgenden gezeigt wird, sind pädophile und homosexuelle religiöse Handlungen jedoch wesentlich älter als die katholische Kirche selbst, und sie waren und sind oft in einen Kontext von Opferhandlungen eingebunden, die bis hin zu Blutopfern und Ritualmorden reichen. Gleichzeitig lässt sich feststellen, dass auch die heute allgegenwärtige Transgender-Ideologie eine kultisch-religiöse Komponente besitzt und ebenfalls aus bestimmten machtpolitischen Erwägungen heraus von den Eliten vorangetrieben zu werden scheint, wofür sie sich prominenter Aushängeschilder wie z.B. Angelina Jolie bedient.

Beim Zölibat handelt es sich um eine direkte Fortsetzung der Rituale und Zeremonien in Bezug auf die Verehrung einer Muttergottheit, der Königin des Himmels und „Mutter Gottes", die unter verschiedenen Namen als Inanna, Athene, Kybele und Maria bekannt ist. Diese Rituale gehen mindestens zurück auf die Zeit um 1500 v.Chr. bzw. 204 v.Chr., als Kybele in Form der „Magna Mater" zum Vatikanischen Hügel nach Rom gebracht wurde und mit ihr die Rituale des heiligen Zölibats, wovon das klerikale Zölibat katholischer Priester direkt abgeleitet ist. So entstand um 204 v.Chr. auf dem *mons Vaticanus* ein Heiligtum des Kybele- und Attis-Kultes, der sich von dort aus auch an andere Orte des römischen Reiches verbreitete, so auch nach Köln, Trier und Mainz. Charakteristisch hierfür ist ein Grottenheiligtum, das an den aus vulkanischem Tuffstein bestehenden Vatikanischen Hügel angelehnt ist und in Form von Mariengrotten eine Anknüpfung an die Zeit des römischen Kybele- bzw. Bellona-Kultes darstellt.

Man kann daher festhalten, dass der Kybele-Kult aufs Engste mit dem Vatikan verknüpft ist und dass das Zölibat der katholischen Priester ursprünglich nichts mit den frühen Kirchenvätern, ihren Regeln oder dem Verhalten der Apostel zu tun hatte. Frühe Kirchenväter wurden als verheiratet anerkannt, genauso wie die Apostel. Sogar als das Zölibat den Priestern der katholischen Kirche seit Mitte des 12. Jahrhunderts durch Päpste des römischen Kultes aufgezwungen wurden, galt es nur für Kleriker von niedrigerem Rang anstatt für die Bischöfe. Bischöfe, Kardinäle und Päpste waren weiterhin noch bis ins 17. Jahrhundert häufig Väter illegitimer Kinder. Es war nur der niedere Klerus, der allmählich gezwungen wurde, die extremen Praktiken der heidnischen Gottheit Kybele und ihres Eunuchensohnes Attis anzunehmen.

Der Ursprung des Zölibats

Das Wort „Zölibat“ wurde erstmals im 17. Jahrhundert als „celibacy“ in die englische Sprache aufgenommen und es wird behauptet, dass es sich von den lateinischen Wörtern „caelebs“ (unverheiratet) und „caelibatus“ („Status des unverheiratet seins“) aus dem 12. Jahrhundert herleitet. Jedoch existierte das viel ältere lateinische Wort „coeleb“ mit der Bedeutung „Junggeselle“ bereits vor der Erschaffung dieser Formen aus dem 12. Jahrhundert, was stark darauf hindeutet, dass die wahrscheinliche Herleitung für „Zölibat“ absichtlich unter den Teppich gekehrt wurde. Stattdessen wird das Wort vielmehr aus der Kombination der zwei lateinischen Begriffe „celo“ („verstecken, verbergen, geheim halten“) und „liber“ („Kind, Nachkomme“, wobei später auch die Bedeutung „Buch“ hinzukam) gebildet. Daher ist die wahre wörtliche Bedeutung von „Zölibat“, wie sie zuerst vom römischen Kult geformt wurde: *„Kinder und Nachkommen verstecken, verbergen und geheim halten“*.

Dies ist von entscheidender Bedeutung, indem es darauf hindeutet, dass bereits im 12. Jahrhundert, als der römische Kult erstmals die Kybele-Praxis des Nicht-Heiratens von Priestern einführte, nicht von ihnen verlangte, dass sie zum modernen Äquivalent von Eunuchen werden, sondern als permanente Junggesellen nur ihre Nachkommen „verstecken“.

Der Kybele- und Attis-Kult: die Staatsreligion des römischen Imperiums

Dieser Kult geht zurück auf einen griechischen Mythos: Kybele liebte den schönen Schafhirten Attis und machte ihn zu ihrem eigenen Priester, unter der Bedingung, dass er seine Keuschheit unberührt bewahren und nur Kybele verehren sollte. Attis brach den Schwur mit einer Nymphe, der Tochter des Flussgottes Sangarius, und wurde von der Göttin in einen Zustand der Raserei versetzt, in dem er sich selbst unter einer Pinie entmannte, wodurch er verblutete. Nach einer anderen Darstellung wurde Attis von Kybele in einen Tannenbaum verwandelt, als er sich nach seiner Entmannung das Leben nehmen wollte. Daraufhin befahl Kybele, dass ihre Priester in Zukunft Eunuchen sein sollten, woraus die Ehelosigkeit in der katholischen Kirche hervorging bzw. die Beschneidung von Juden und Muslimen.

Der christliche Polemiker Prudentius (348 bis ca. 410) schreibt über das *Dendrophoria-Fest* der Kybele und das Übergangsritual ihrer kultischen Diener, den Galloi, die sich selbst kastrieren und für heilige rituelle Sodomie als „Hunde-Priester" zur Verfügung stellen:

„Es gibt Riten, bei denen man selbst seine Körper verstümmelt, um den Schmerz als Opfer darzubringen. Ein besessener Anbeter stößt das Messer in seine Arme und schneidet sich, um die Muttergottheit zu besänftigen. Man betrachtet Raserei und wildes Herumwirbeln bei ihren Mysterien als die Regel. Die Hand, die nicht schneidet, wird für pflichtvergessen gehalten, und es ist die Grausamkeit der Wunde, die den Himmel verdient. Ein anderer opfert seine Genitalien, um die Göttin zu beschwichtigen, indem er seine Lenden verstümmelt; er entmannt sich und bietet ihr ein schändliches Geschenk dar; der Ursprung vom Samen des Mannes wird hinweg gerissen, um sie zu nähren, was durch das Fließen von Blut vermehrt wird. Beide Geschlechter erregen das Missfallen ihrer Heiligkeit, und so bevorzugt sie ein mittleres Geschlecht zwischen den beiden, indem man aufhört ein Mann zu sein, ohne eine Frau zu werden."[(12)]

„Was ist profan, wenn denn nicht diese Riten? Oder was ist Unreinheit, wenn dies eine Reinwaschung ist?"[(13)]

Der Kybele-Kult wurde durch den römischen Senat sanktioniert und schließlich zur Staatsreligion des römischen Imperiums. Kybele war bekannt als die *Große Mutter* oder *Magna Mater – Maria, die Mutter von Jesus –*, während die Griechen sie mit der *Göttin Rhea* (Mutter der Olympier) und *Demeter* (Göttin der Ernte) identifizierten.

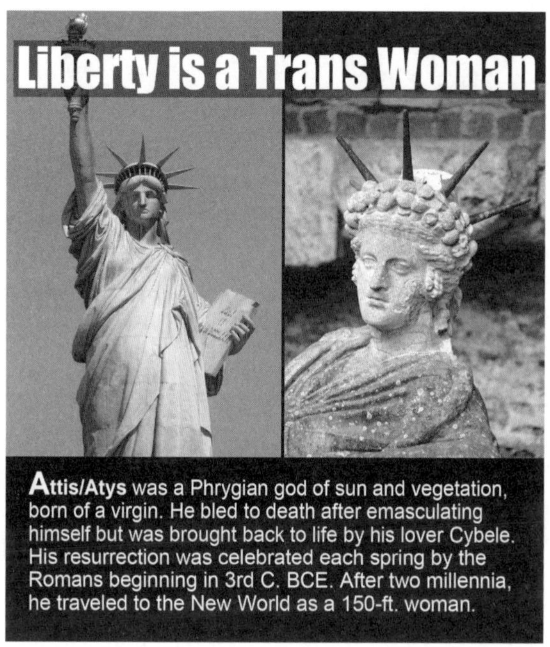

Abb. 28: Freiheitsstatue (li.) und Attis (re.)

Die homosexuellen Eunuchenpriester des Kybele-Kultes

Die Attis-Feierlichkeiten um den „Tag des Blutes" waren auch eine signifikante Zeit, in der neue Eingeweihte der Priesterschaft Kybeles ihre äußerste Hingabe an Kybele dadurch demonstrierten, dass sie in einer Art feierlichem Blutrausch ihre Genitalien abschnitten.

Die Galloi (auch „Galla" oder „Galli") waren die Priester von niedrigstem Rang im Orden des priesterlichen Dienstes für die Magna Mater auf dem Vatikanischen Hügel. Am höchsten stand die Hohepriesterin und dann später unter Kaiser Claudius der Hohepriester. Dem untergeordnet waren die „Erzgalloi" (die später die Rolle von Bischöfen und Kardinälen übernahmen), gefolgt von den Priesterinnen, den heiligen Prostituierten, die die „Bräute des Attis" waren. Die niedrigsten waren die gewöhnlichen Galloi. Am Tag des Blutes (lat.: „dies sanguinis") legte der neu Eingeweihte für immer seine männliche Kleidung ab;

von nun an trug er ein langes Gewand (Stola), meistens gelb oder vielfarbig mit langen Ärmeln und einem Gürtel. Auf ihren Köpfen trugen diese Priester (wie die späteren Päpste) eine Mitra, eine Art Turban, oder eine Tiara, eine Kappe mit langen Bändern, die unterhalb des Kinns zusammengebunden werden konnten. Wenn die Gottheit in sie eindrang und sie von der göttlichen Macht besessen waren, peitschten sie sich selbst, bis das Blut zum Vorschein kam.

Während üblicherweise das Verhalten der Galloi mit der extremen Hingabe bei der Nachahmung des Gottes Attis verknüpft wird, indem sie ihre Genitalien abschnitten und zu „Frauen" wurden, existierte eine viel ältere und tiefere Funktion. Dies hängt zusammen mit geheimen Mysterien und Kräften, die man den Priestern zuschrieb, wenn sie für immer die Ablenkung durch den männlichen Sexualtrieb ablegen könnten.

In sumerisch-akkadischen Mythen waren die Galla Dämonen der Unterwelt, die die Leichen der Toten beseitigten. Sie waren buchstäblich die Diener von Ereškigal, der Göttin der Unterwelt. Als Inannas Vater Enki hörte, dass Inanna in die Unterwelt hinabgestiegen war und nicht zurückkehrte, formte er dem Mythos zufolge aus dem Schmutz unter seinen Fingernägeln Kurgarra und Galatur und schickte sie in die Unterwelt, wo ihnen Inannas Leiche übergeben wurde. Dort sprenkelten sie „die Speise des Lebens" auf die Leiche Inannas, wodurch sie in die Lage versetzt wurde, wieder auferstehen zu können. Aber die Richter der Unterwelt (Annaua) sagten, dass wenn sie aus der Unterwelt zurück ins Leben kehren wolle, jemand ihre Stelle einnehmen müsse. Inanna stimmte zu und so folgten ihr der große und kleine Galla zur Oberwelt, wo sie ihnen ihren untreuen Ehemann Dumuzi mitgab, um ihren Platz einzunehmen. Die Galla waren somit die Dämonen des Todes und es scheint, dass die kastrierten Galloi-Priester von Attis großteils dasselbe Ritual durchführten, den kastrierten Adonis-Atti-Dumuzi in die Unterwelt zu führen.

Der andere wichtigste Aspekt der Galloi, der katholischen Priester und der Fortsetzung der Verehrung der Kybele ist die Unterscheidung zwischen Zölibat und der Abstinenz von Sex. Ursprünglich schnitten die Galloi ihre Genitalien ab, damit sie nicht länger als Männer sexuell aktiv sein konnten. Dies schloss sie jedoch nicht davon aus, an sexuellen Handlungen beteiligt zu sein – ganz im Gegenteil: Es ermöglichte heilige homosexuelle Handlungen, bei denen die Galla während verschiedenen Ritualen und Zeremonien sodomiert wurden.

Solche Homosexualität wurde als so heilig erachtet, dass die Förderung von Homosexualität außerhalb eines religiösen Kontextes bei den Priestern und Anhängern Kybeles verpönt war. Offene Homosexualität wurde als ein Affront gegen seine heilige und althergebrachte Natur betrachtet. Diese Richtlinie gegen offene Homosexualität hat sich bis heute in der römisch-katholischen Kirche fortgesetzt, während heilige Homosexualität zwischen ihren Klerikern so stark blieb, wie sie seit den Tagen der Galloi war.

Homosexualität soll übrigens auch bei der Bruderschaft der Tempelritter praktiziert worden sein, wobei sie nicht nur ein Pferd, sondern auch ein Bett miteinander geteilt haben sollen.

Der Moloch-Kult

Der Kybele- und der Moloch-Kult stehen in Verbindung mit geheimen antiken römisch-venezianischen, satanischen Bruderschaften bzw. Todeskulten. Das Ritual der Eucharistiefeier beinhaltet alte geheime satanische, kannibalistische Riten, wobei man unter Kannibalismus in diesem Zusammenhang weniger den Konsum von Fleisch und Blut eines Opfers zur Nahrungsaufnahme versteht, als vielmehr die Aufnahme von dessen Geist und Essenz.

Die Rituale von Menschenopfern zum Vergießen ihres Blutes, einschließlich von Ritualen, die mit Selbstverletzungen einhergehen, waren für fast 10.000 Jahre vorrangig mit der Verehrung der Muttergottheit Kybele verbunden, die bis heute in äußerster Geheimhaltung überlebt hat. Einige Rituale der katholischen Kirche sind immer noch eng verwoben mit alten römischen Blutritualen des Kybele-Kults. Die Verehrung von Attis oder Adonis (der in der antiken Welt als guter Hirte und Sohn Kybeles bekannt war), war immer verwoben mit der Verehrung seiner Mutter, der Königin des Himmels.

Hinter der Maske des Jesus verbirgt sich somit in Wirklichkeit Attis, so wie sich hinter Maria insgeheim Kybele verbirgt, und hinter „Gott" die antiken Götter Dagan, Baal und Moloch. Von all den Zeremonien und Feierlichkeiten, die mit Attis in Verbindung stehen, ist der wichtigste als Schwarzer Freitag oder „dies sanguinis" (Tag des Blutes) bekannt, der um den 25. März, und somit 9 Monate vor der Wintersonnenwendfeier stattfand, dem Fest seiner Geburt am 25. Dezember. So wie Jesus erstand Attis auf, wenn „die Sonne zum ersten Mal den Tag länger macht als die Nacht". Während der Zeremonien von Attis' Tag des Blutes kastrierten sich neue Eingeweihte der Priesterschaft der Kybele als Nachahmung des kastrierten Gottes und präsentierten der Gottheit ihre abgetrennten Genitalien zusammen mit denen des kastrierten Bullen, der am Taurobolium geopfert wurde.

Abb. 29: Attis als „Sonnenjüngling" mit wallendem Haupthaar

Der venezianische Moloch-Kult wurde um 1198 durch Papst Innozenz III. eingeführt. Im Unterschied zu vorherigen Mitgliedern des Todeskultes verehrte Innozenz III. nicht die Magna Mater (Kybele) und die antiken dämonischen Götter des Vatikans, sondern stattdessen führte er eine neue, auf Moloch basierende Religion ein, die auf das älteste und geheimste Wissen der sadduzäischen Hohepriester zurückgeht, die mehr als 1.800 Jahre zuvor über solche Tempel wie in Baalbek und Jerusalem herrschten. Anstatt Kybele zu verehren, verehrten Mitglieder des venezianischen Kultes den Kinder verzehrenden Moloch und die Dämonen der Unterwelt. Der Sohn von Innozenz III., Honorius III., war dabei behilflich, durch sein *Grand Grimoire* – das erste echte Buch westlicher Philosophie über Zauberei – eine komplett neue Liturgie einzuführen. Tatsächlich ist Honorius der Vater der Hexerei, des modernen Wicca und der Inquisition.

Vor der Liturgie des Honorius und der Erfindung der Inquisition hatten die Europäer im Großen und Ganzen nie etwas von Hexen, Zauberei oder irgendeinem der „fremden“ Konzepte der Verdammung von menschlichen Seelen gehört. Die Inquisition war auf brillante Weise dazu angelegt, die Leute in den schwarzen Künsten, Dämonen, Pentagrammen und anderen Symbolen zu „erziehen“, während sie behaupteten, nach Hexen Ausschau zu halten. Und so fand im Hintergrund ein Kampf zwischen den Religionen von Kybele/Attis und von Baal/Moloch statt – zwischen der östlichen Orthodoxie Griechenlands/Russlands und dem katholischen Rom, zwischen Israel und dem Islam. Und so griff Napoleon Russland an, es ereignete sich die russische Revolution, der Erste Weltkrieg, Zweite Weltkrieg, Deutschland kämpfte gegen Russland, der Staat Israel wurde geschaffen, und heute arbeiten die Ukraine, EU und NATO erneut gegen Russland.

Kindesmissbrauch und Ritualmord

Kindesmissbrauch (engl.: „child molestation“) ist seit dem 14. Jahrhundert eines der ältesten und „heiligsten“ Rituale des römischen Kultes und sabbatäischer Okkultisten. Das engl. Wort „molestation“ leitet sich ab aus dem religiösen Begriff des 14. Jahrhunderts „mollista“, das aus „moll“ (von lat. „mollis“ = weich, schwach) und „ista“ (lat. Endung, die auf eine bestimmte Doktrin oder Sitte verweist) gebildet wird. Trotz absichtlicher Bemühungen, sowohl den Ursprung als auch die zentrale ursprüngliche religiöse Bedeutung des englischen Verbes „to molest“ zu verschleiern, gibt es starke Indizien für eine zweite wichtige Bedeutung des Wortes ab dem 14. Jahrhundert in Bezug auf die gemeinsame Bedeutung des Wortes „moll“. In England wurde das Wort „moll“ ab dem 16. Jahrhundert ein üblicher Euphemismus für „kriminell“, und Prostituierte waren allgemein bekannt als „molls“. Bevor jedoch das Wort „moll“ offen mit der Vorstellung von Kriminellen verknüpft wurde, scheint das Wort mindestens vom 13. Jahrhundert an als eine verkürzte Form des Wortes „Moloch“ benutzt worden zu sein. Dies vermittelt uns somit die zweite wichtige und glaubwürdige religiöse Bedeutung, die im Westen mit dem Wort „to molest“ verknüpft ist, nämlich „die

Befolgung von Doktrinen und Sitten (des römischen Kultes) in Bezug auf die Opferung von weichen, schwachen und jungen Kindern/Jungen für Moloch". Der Begriff „Pädophilie" hingegen, wurde erstmals 1951 dokumentiert und ist somit ein moderner Begriff, der von den griechischen Wörtern („paidos" = Kind und „philos" = liebend) abgeleitet ist.

Entgegen landläufiger Meinung hat der Begriff „Pädophilie" somit unpassenderweise die wörtliche Bedeutung „Kinder liebend", anstatt treffend die kriminellen Handlungen des Kindesmissbrauchs zu beschreiben. Während das Wort „Pädophilie" absolut keinen religiösen Hintergrund aufweist, wird heute der Begriff benutzt, um Kindesmissbrauch zu beschreiben, was irreführend ist, da das Wort impliziert, dass diejenigen, die als „Pädophile" bezeichnet werden, irgendwelche Gefühle für die Opfer (oder gar Mitgefühl) haben.

Der römische Kult, der seit dem 14. und 15. Jahrhundert mit den Netzwerken der Sabbatäer und geheimen satanischen Organisationen verbunden ist, ist das einzige Beispiel in der Geschichte der Zivilisation, dass eine „heilige" religiöse Zeremonie zur systematischen und weit verbreiteten Ermutigung seines Klerus zum Missbrauch von Kindern etabliert wurde.

Abb. 30: Klassische Moloch-Illustration vom Anfang des 18. Jh. (Johann Lund: die alten jüdischen Heiligthümer)

Die Kulte von Mithras, Baphomet und Saturn

Es lässt sich feststellen, dass die katholische Kirche nicht aus Nachfolgern von Jesus Christus besteht. Der Katholizismus ist nicht und wird niemals christlich sein, denn seine Wurzeln liegen im Mithraismus. Während der Zeit des Römischen Imperiums wurden die Christen getötet und zur Unterhaltung des Pöbels den Löwen zum Fraß vorgeworfen. Der Papst ist ein Nachfolger des römischen Cäsars. Die katholische Kirche ist das Römische Imperium unter dem Deckmantel des Christentums. Die katholische Kirche verehrt Jupiter, der auch unter den Namen Zeus bzw. Peter/Petrus bekannt ist, während die Päpste offiziell als Nachfolger des heiligen Petrus gelten, der Jupiter repräsentiert. Die Tempelritter hingegen verehrten den zweigeschlechtlichen Baphomet, dessen Name laut des Okkultisten Aleister Crowley eine Verballhornung von „Bafomithr" („Vater Mithras'") darstellt. Ein Zusammenhang zwischen Mithras und Baphomet ergibt sich auch aus der entsprechenden Armhaltung und Fackelsymbolik, die im Mithras-Kult durch das Zwillingsbrüderpaar „Cautes und Cautopates" dargestellt wird, den personifizierten knabenhaften Sinnbildern von Morgen und Abend, Leben und Tod, mit erhobener bzw. gesenkter Fackel.

In Analogie dazu, dass sich Baphomet als Vater von Mithras interpretieren lässt, ist Zeus/Jupiter das einzige Kind von Kronos/Saturn, das von ihm nicht gefressen wurde. Ein ebenfalls im alten Rom verbreiteter Kult war der Saturn-Kult, dessen Hauptfest auch um die Zeit der Wintersonnenwende (am 17.12.) begann und bis zum 23.12. (später bis zum 30.12.) stattfand – was somit auch eine Parallele zum Attis-Kult darstellt. Die römischen Saturnalien gingen zurück auf die griechischen Kronia, ein attisches Erntefest zu Ehren des Kronos. Die Satur-

Abb. 31: Der kinderfressende Gott Saturn (l.) und magna Mater (2.v.l.)

nalien stellten eine Umkehrung der bestehenden Ordnung dar, indem z.B. die Herrschenden die Sklaven bedienten. Sie stehen daher in Verbindung mit satanischen Ritualen, die ebenfalls auf dem gegenteiligen Prinzip basieren, indem z.B. eine heilige Messe zur schwarzen Messe gemacht wird. Ebenso wurde ein „König" der Saturnalien ausgewählt, der in Wirklichkeit ein Martyrium durchlebte, indem er als Sündenbock behandelt, gefoltert und getötet wurde. Dies steht auch in Zusammenhang mit der Rolle von Jesus Christus als Opferlamm bzw. seiner Verspottung als „König der Juden" durch die Römer, indem sie ihm eine Dornenkrone aufsetzten.

Kultischer Hintergrund der Transgender-Ideologie

Der Kybele/Attis-Kult und die Baphomet-Verehrung der Tempelritter weisen die Gemeinsamkeit auf, dass durch sie eine Verwischung der Geschlechterdifferenz stattfindet, obwohl sie sich zugleich dadurch unterscheiden, dass bei Baphomet sowohl männliche als auch weibliche Merkmale zu sehen sind bzw. angedeutet werden, während es beim Kybele/Attis-Kult umgekehrt darum ging, beide Geschlechter zu neutralisieren.

Abb. 32: Baphomet-Darstellung (l.) und Conchita Wurst (r.)

Die Priester und Priesterinnen des Attis- und Kybele-Kults kastrierten sich, schnitten sich Penisse und Brüste ab und praktizierten Hysterektomie (Entfernung der Gebärmutter), um den göttlichen Hermaphroditen zu erschaffen: Dies erinnert auch daran, dass sich die US-Schauspielerin und *UNO*-Sondergesandte Angelina Jolie in den letzten Jahren mit großer medialer Aufmerksamkeit „prophylaktisch" einer Mastektomie (Entfernung der Brüste) sowie Entfernung der Eierstöcke und Eileiter unterzogen haben soll. Nach eigenen Angaben hat sie bereits in ihrer Jugend eine Phase autoaggressiven Verhaltens erlebt, die sie später mit folgenden Worten beschrieb:

> *„Ich sammelte Messer und hatte immer bestimmte Dinge um mich. Aus irgendeinem Grund war das Ritual, mich selbst zu schneiden und die Schmerzen zu spüren, vielleicht sich lebendig zu fühlen und ein Gefühl der Befreiung zu verspüren, irgendwie therapeutisch für mich."*[(82)]

Handelt es sich somit bei der Entfernung ihrer Geschlechtsorgane wirklich nur um eine medizinische Prophylaxe-Maßnahme, oder steckt vielleicht mehr dahinter? Soll die mediale Berichterstattung dafür sorgen, dass viele Frauen es ihr gleich tun und dadurch möglicherweise (ohne sich dessen bewusst zu sein) einer uralten kultischen Handlung zu folgen bzw. die Transgender-Ideologie voranzutreiben?

Abb. 33: Angelina Jolie als Baphomet-ähnliche „dunkle Fee" im Disney-Film „Maleficient" und ihre Tochter Shiloh

Auffällig ist in diesem Zusammenhang auch, dass ihre leibliche Tochter „Shiloh" oft wie ein Junge angezogen und frisiert ist. Zwar könnte man annehmen, dass Shiloh sich einfach als Junge fühlt und dass ihre Mutter lediglich ihren Wunsch respektiert, als Junge behandelt zu werden. Seltsam ist allerdings, dass Angelina Jolie ihre Tochter ausgerechnet „Shiloh" genannt hat, was nicht nur ein männlicher Name ist, sondern dazu noch einen interessanten religiösen Hintergrund aufweist. So war „Shiloh" auch der Name des für den 24. Dezember 1814 erwarteten achten Messias der englischen Sabbatianer, den die englische Offenbarungschristin und Okkultistin Joanna Southcott (die sich selbst als „Sonnenweib" bezeichnete) an diesem Tag gebären wollte, und zudem erklärte, ihr Sohn Shiloh sei dazu auserkoren, *„die Nationen mit eiserner Rute zu beherrschen"*.

Zwar ist nicht ganz klar, warum die Eliten und ihre Marionetten dermaßen massiv die Transgender-Ideologie fördern, aber aufgrund des historischen, religiösen Hintergrundes kann man stark davon ausgehen, dass es ihnen a) sehr wichtig sein muss und b) sie dabei nichts Gutes im Schilde führen.

8. Ein ehemaliger Elite-Banker berichtet, wie er Kinder bei einer Illuminati-Party opfern sollte

Mit dem Dutroux-Skandal wurden die ekelhaften Praktiken von sexuellem Missbrauch an Kindern zum ersten Mal richtig publik, sodass eine breite Öffentlichkeit weltweit schockiert war. Selbst in der heutigen Zeit berichten Menschen aus der Nordeifel, oder warnt die lokale Presse, dass immer wieder Autos und Lieferwagen mit belgischen Kennzeichen vor Kindergärten gesehen werden, was wiederum dem von den Mainstream-Medien gängigen Klischee vom Einzeltäter widerspricht. Wer ist dort auf Kinderjagd? In wessen Auftrag? Sind es die gleichen dunklen Kräfte im Hintergrund, die Dutroux als „Kinder-Lieferservice" instrumentalisiert haben?

Im Sommer 2017 ging ein virales Video im Internet durch die Decke, mit einem ehemaligen niederländischen Elite-Banker namens Ronald Bernard, welches vom holländischen Kanal *DVM-TV* aufzeichnet worden ist, in welchem Bernard sein Schweigen bricht, nachdem er aus Kreisen ausgestiegen war, in denen er zu einem rituellen Mord an einem Kind gezwungen wurde.

„Ich wurde gewarnt, als ich da hineinkam: ‚Mach das erst, wenn Du zu 100% kein Gewissen mehr hast.' Als ich das hörte, lachte ich damals darüber, aber es war nicht als Scherz gemeint. Ich wurde trainiert, um ein Psychopath zu werden und versagte.", so Bernard über eine Situation auf einer Party. Dort sollten die Mitglieder eben jener Kreise nach einer langsamen Einführung in die Gebräuche und Sitten der Gruppierung getestet werden, um letztendlich erpressbar zu sein und niemals auch nur einen Gedanken daran zu verschwenden, auszusteigen. Er führt weiter aus, wie er als Banker darin verwickelt war, Teile der italienischen Wirtschaft zu zerstören, bis hin zu Insolvenzen von ganzen Unternehmen, was wiederum in den betroffenen Unternehmen zu Entlassungen und Selbstmorden führte. Das eiskalte Gewissen der Initiatoren dieser Zerstörungswut, ja Geilheit, wurde selbstverständlich ausgiebig gefeiert und löste Gelächter aus, dass einer der bankrotten Unternehmer, der im Suizid endete, eine Familie hinterließ.

„Wir sahen auf die Menschen herab und verspotteten sie. Alles war nur ein Produkt, Müll, alles war wertloser Abfall … Die Natur, der Planet, alles konnte verbrennen und zusammenbrechen. Menschen waren nur nutzlose Parasiten, solange wir unsere Ziele erreichten und solange wir als Unternehmen wachsen konnten."

Mit zunehmender Zeit befand er sich tiefer im Zirkel der Macht, der Illuminati, doch er kam an einen Punkt, an dem sein scheinbar eingefrorenes Gewissen sich doch regte, dann nämlich, als er einen lebenslangen Vertrag mit den skrupellosen Kreisen unterzeichnen sollte.

„Um es vorsichtig auszudrücken, folgten die meisten Leute dieser Kreise nicht gerade einer der üblichen Religionen. Die meisten dieser Leute waren Luziferianer. Anfangs fand ich das lustig und hielt es für ein Märchen, und dachte, nichts davon ist wahr. Aber für diese Leute ist es die Wahrheit und die Realität. Sie dienen etwas Immateriellem, das sie ‚Luzifer' nennen."

Sie nahmen Bernard an geheime, abgelegen Orte mit, sie nannten sie die „Kirchen Satans", dort wurden Orgien, rituelle Messen – in deren Augen heilige Messen – abgehalten, es wurden nackte Frauen, Unmengen Alkohol und Drogen konsumiert, sehr zum Gefallen und Amüsement von Bernard, auch wenn er an deren Dinge nicht glaubte, denn in seinen Augen waren die rituellen Handlungen nicht wirksam auf die Realität, denn schließlich sei das Böse und die Dunkelheit den Menschen innewohnend – doch er hatte (noch) nicht die Tragweite deren satanischer Riten erkannt.

Bernard weiter im Interview: *„Ich war also Gast in diesen Zirkeln und es gefiel mir sehr, alle diese nackten Frauen zu sehen. Das war ein gutes Leben. Aber es kam schließlich der Punkt, als ich zur Teilnahme an Opferungen im Ausland eingeladen wurde. Das ist es, warum ich Ihnen das alles erzähle."*[(83)]

Ronald musste fast anfangen zu weinen und hatte große Probleme, weiterzuerzählen. *„Das war für mich der Bruch … Es waren Kinder!"*

Die Interviewerin Irma Schiffers will ihn kurz unterbrechen, doch er will weiter die Situation beschreiben, in der er ein Kind rituell ermorden sollte: *„Ich begann danach langsam zusammenzubrechen. Ich hatte selbst eine schwere Kindheit und hatte viel durchgemacht. Das traf mich sehr und veränderte alles für mich ... Das war die Welt, in der ich mich wiederfand. Ich begann dann damit, gewisse Aufgaben zu verweigern. Ich konnte meinen Job nicht mehr machen. Das machte mich zu einer Gefahr."*

Sein Herz hatte doch noch Regung gezeigt, er konnte so nicht weitermachen, konnte nicht mehr gewissenlos funktionieren oder Leben zerstören.

> *„Der Grund für alles, was in der Welt passiert ist, dass SIE jeden in der Tasche haben. Man muss manipulierbar und erpressbar sein, und mich zu erpressen, fiel ihnen sehr schwer. Sie versuchten das also über diese Kinder zu tun, und das hat mich gebrochen."*

Die immerwährende Taktik wird seit Jahrhunderten angewandt: Verwickle die nützlichen Idioten in einen Skandal und mache sie zu deinen erpressbaren Handlangern – kalt, herzlos und unterwürfig.

> *„Ich studierte früher Theologie, und sogar in der Bibel findet man Hinweise über diese Praktiken bei den Israeliten. Der Grund, warum die ersten zehn Stämme Israels aus Babylon vertrieben wurden, waren diese Ritualmorde mit Kindern. Sie opferten Kinder, das weiß man. Das machte mich zu einem Gläubigen. Weil ich nun realisierte, dass es mehr im Leben gibt als nur das, was man wahrnehmen kann. Es gibt eine unsichtbare Welt. Das ist real!"*

Bernard merkt weiter an, dass ihm ab dieser Erkenntnis bewusst wurde, dass es tatsächlich für die Dunkelmächte eine Art Manifestation des Lichtes gibt und er nun konsequent daran glaubt, was über die Illuminati berichtet wird.

> *„Das Dunkle ist eine echte Wesenheit. Ich fand heraus, was in der Bibel geschrieben steht. Aber so etwas steht nicht nur in der Bibel, man kann es in vielen Büchern finden."*

Die Manipulation per Ritual – ob in Babylon, dem Alten Reich in Ägypten oder später mit der Einführung der biblischen Geschichte durch das Römische Reich – ist allgegenwärtig.

„Es gab wirklich einen Moment der Trennung von der Manifestation des Lichts, wo eine Gruppe ihren eigenen Weg ging und Zorn und starken Hass mit sich nahm. Nur wenige erkennen das ernsthaft. Es ist eine zerstörende Kraft, die unsere Werte und unsere Courage hasst. Diese Kraft hasst die Schöpfung und das Leben. Sie wird alles tun, um uns komplett zu zerstören. Der Weg, das zu erreichen, ist die Menschheit zu spalten. Teile und herrsche ist ihre Wahrheit… Die Menschheit ist eine Manifestation des Lichts, das ist echte Schöpfung. So lange man sie mit politischen Parteien oder Hautfarbe spaltet, kann man von einem luziferischen Standpunkt aus ihre volle Macht unterdrücken. Daher können sie nicht selbst aufstehen, denn wenn sie das tun würden, dann würden die Luziferianer verlieren. Dieses gierige Monster würde verschwinden.“

Zum Abschluss seines Interviews sagte er noch Folgendes:
„Ich erzähle immer von einem alten amerikanischen General, der einmal einen ganzen Raum voller Leute verdunkelte. Die Augen gewöhnen sich an die Dunkelheit. Aber man kann dennoch nichts sehen. Der General sagte kein Wort und entzündete plötzlich ein Feuerzeug. Dieses kleine Licht genügte, um die Erfahrung zu machen, dass bereits eine kleine Manifestation des Lichts ausreichte, damit sich alle wieder gegenseitig sehen konnten. Dann sagte der General, dass DAS die Kraft UNSERES Lichtes ist.“[(83)]

Ronald Bernard hat aber auch schöne und versöhnliche Worte zum Abschluss des Gespräches gefunden, denn je mehr Menschen aufwachen und erkennen, welche dunklen Spiele um uns herum ausgeführt werden, wir gemeinsam diese demaskieren, uns zusammenschließen und dem entgegenstellen, werden diese schändlich-abartigen Handlungen für immer beendet sein![(83)]

Kapitel II: Pädophilie

1. Die pädophilen Machenschaften der Eliten in Europa

Beim nachfolgenden Text handelt es sich um eine Neufassung des ursprünglichen Artikels „Kindesmissbrauch, Kindesfolter, Kindermord – das Hobby der Elite in Europa“, der bereits über 230.000 Mal aufgerufen wurde, jedoch aufgrund einer Verwarnung von *Google* an *Pravda TV* entfernt werden musste, und dessen Inhalt nun um neue Informationen zum Thema ergänzt wurde.

Kindesmissbrauch durch Eliten ist für jeden, der sich damit beschäftigt und öffentlich dazu äußert, ein riskantes Unterfangen, das nicht selten zum Karriereende der betreffenden Person führt, wenn nicht gar Schlimmeres droht – Staatsanwälte oder Polizisten inbegriffen. Wir sprechen hier nicht nur von sexuellem Missbrauch von Kindern, sondern auch von deren Folterung bis hin zu ihrer Ermordung. Von den abscheulichen Verbrechen gelangt nur selten Bildmaterial an die Öffentlichkeit, und jeder der es wagt, sich mit den Tätern anzulegen, ist oft auf sich allein gestellt, da von Seiten der Ermittlungsbehörden kaum Hilfe zu erwarten ist.

Während etwa der belgische Fall Marc Dutroux – dem bis heute auch ganze 27 Zeugen zum Opfer gefallen sind, zu denen auch Staatsanwälte und Polizisten gehören – auch hierzulande für Schlagzeilen sorgte, sind viele Fälle kaum öffentlich bekannt geworden, wie etwa der eines kleinen Mädchens, dessen Eltern das Kind nur aus dem Grund auf die Welt brachten, um es als „Ware“ an die Eliten verkaufen zu können und dadurch Einlass in „höchste Kreise“ zu bekommen. Auch wenn ein solches Verhalten für die meisten von uns kaum vorstellbar ist und solche Berichte mit einer entsprechenden Portion Skepsis aufgenommen werden, ist jedoch allgemein bekannt, wie weit zu gehen manche Zeitgenossen bereit sind, wenn am Ende die Kasse stimmt. Dass viele solcher Fälle aufgrund (verständlicherweise) ungenannter Quellen kaum nachprüfbar sind, sollte jedoch nicht per se gegen ihre Glaubwürdigkeit sprechen, denn bei näherer Betrachtung sind auch unsere „Qualitätsmedien“ voll von Pseudo-Quellenangaben wie etwa Verweisen auf sogenannte „gut unterrichtete Kreise“.

Das eigentliche Problem ist jedoch, dass vielen Hinweisen einfach nicht nachgegangen wird, die darauf hindeuten, dass Dutroux im Rahmen eines internationalen Netzwerks agierte, indem zum Beispiel eine der Spuren zu Gernot U. nach Berlin führte. Es gibt eben bestimmte Orte, von denen man seine Kinder besser fernhält, und es gibt bestimmte Leute, mit denen man sich besser nicht anlegt, wenn einem sein Leben lieb ist – und das gilt eben auch für die Polizei. So musste manch einer der Zeugen die ernüchternde Erfahrung machen, dass ihm die Polizei „unter vier Augen“ dazu riet, sich besser aus der Sache rauszuhalten, da die Polizei gar nicht daran denke, an bestimmten Orten nach dem Rechten zu sehen, wo sich die Elite (ähnlich wie in Stanley Kubricks Film *Eyes Wide Shut [dt.: Die Augen weit geschlossen]* dargestellt) im Verborgenen für ihre Orgien trifft, oder auch schon mal Freimaurerlogen in Table-Dance-Bars umfunktioniert werden. Bilder davon gelangen zwar selten an die Öffentlichkeit, aber sie vermitteln uns einen kleinen Eindruck davon, was sich hinter verschlossenen Türen gewisser Machtzirkel mitunter tatsächlich abspielt.

Belgien

Ein Ort der besonders düsteren Art befindet sich z.B. auch mitten in Europa, direkt an der deutsch-belgischen Grenze, an dem nicht nur schreckliche Dinge geschehen sollen, sondern mindestens genauso schrecklich ist es auch, dass niemand etwas dagegen unternehmen kann oder will, da die dort ein- und ausgehenden Herrschaften offenbar allesamt sakrosankt sind. Und dass das keine „abstruse Verschwörungstheorie“ ist, belegte bereits 1996 ein Artikel im *Spiegel* über die dort stattfindenden „rosa Ballette“:

> *„Ins Blickfeld der Ermittler von Neufchâteau geraten jetzt auch wieder die ‚rosa Ballette‘ – Sexfeste der gehobenen Stände, auf denen sich Ärzte, Advokaten, Politiker, Staatsschützer und hohe Justizbeamte mit Edelnutten oder freizügigen Damen der Gesellschaft vergnügten. Die Orgien waren Anfang der achtziger Jahre gerichtskundig geworden,*

nachdem eine Frau auf mysteriöse Weise umgekommen war – sie hatte auf einer der Partouzes damit gedroht, über die Teilnahme Minderjähriger auszupacken."[(14)]

Ähnlich wie im Fall Marc Dutroux, der ebenfalls im *Spiegel*-Artikel aufgegriffen wird, sind auch im Zusammenhang mit den seit den 1970er-Jahren stattfindenden rosa Balletten Zeugen ermordet worden – in diesem Fall sechs Opfer, die auf das Konto der „Bande von Nivelles" gehen, die auch für den Tod von 20 weiteren Menschen verantwortlich ist und bislang ebenfalls ungeschoren davon kam.

Hier ein weiteres Zitat aus dem besagten Artikel:
„*Wann immer in den letzten Jahren in Belgien Kinder verschwanden, gingen auf Dutroux-Konten Beträge zwischen 40.000 und 60.000 Mark ein. Noch ist nicht bekannt, von wem das Geld kam. Mehr als ein halbes Dutzend Häuser und Baracken nennt der Sozialhilfeempfänger sein eigen, er besitzt Aktien, eine Wohnung im Steuerparadies Panama und verfügt über rund 200.000 Mark Erspartes, wie die Ermittler herausfanden.*"[(14)]

Das spätestens seit den Anschlägen des 11. September 2001 altbekannte Motto „Follow the money" (Folge der Spur des Geldes) könnte schnell für Aufklärung darüber sorgen, wer die eigentlichen Hintermänner Dutrouxs waren, doch offenbar traut sich niemand, dem sein eigenes Leben lieb und teuer ist, diese Spur zu verfolgen, da solcherlei Ermittlungen „von ganz oben" bereits im Keim erstickt werden, indem der Rechtsstaat in seine Schranken verwiesen wird – wenn hochrangige Richter nicht gar selber im Zentrum des Verbrechens stehen (wie wir noch gleich sehen werden).

Dass sich solche Verbrechen nicht nur um einen sexuellen Lustgewinn drehen, geht ebenfalls aus der Mainstream-Presse hervor, wie etwa aus einem Artikel der *Zeit* von 2004, in dem es heißt:

„*Regina Louf schildert Einzelheiten der Morde, Folterinstrumente aus Metall und Fesseln aus Stromkabeln. Einige Beschreibungen werden später von den Ermittlungen bestätigt.*"[(15)]

Solche Aussagen werden natürlich von der Justiz in Zweifel gezogen, denn es kann nun einmal nicht sein, was nicht sein darf, damit weiter der Anschein eines funktionierenden, auf dem Prinzip der Gewaltenteilung basierenden, demokratischen Rechtsstaats gewahrt bleiben kann. Was bleibt den Betroffenen da anderes übrig, als sich selbst um ihre Sicherheit zu kümmern, etwa indem sich die Eltern gegenseitig warnen, wenn an der deutsch-belgischen Grenze wieder einmal ein belgisches Auto vor einem Kindergarten oder einer Grundschule gesehen wurde. Es heißt, dass ein Kind für 30.000 Euro gehandelt wird – kein Wunder also, dass für solch eine Summe manch einer ein Auge auf die Kinder geworfen hat.

Eine weitere Betroffene pädophiler Machenschaften in Belgien ist auch Anneke Lucas, die als Kind hunderte Stunden lang missbraucht wurde und ebenfalls davon berichtet, dass dies systematisch durch Pädophilie-Ringe geschehen sei, an denen auch Personen aus elitären Kreisen beteiligt sind. Anneke kam als leicht geistig behindertes Mädchen in Westflandern zur Welt. Im Alter von acht Jahren ging sie in die Sonderschule St. Idesbald der karitativen Ordensgemeinschaft *Broeders van Liefde (Brüder der Liebe)* in Roeselare. Nachdem ihre Mutter im November 1995 bei Anneke ein auffälliges Verhalten bemerkte, vertraute sie sich ihrer Mutter an und identifizierte bei einem Gang über den Schulhof den 78-jährigen Broeder Emiel Ceustermans als Täter. Dieser war ein langjähriges Mitglied der Ordensgemeinschaft und als Erzieher in den Sonderschulen der *Broeders van Liefde* tätig.

Als die Mutter mit dem Schuldirektor, Broeder Herman, Kontakt aufgenommen hatte, reagierte dieser abweisend, indem er die Anschuldigungen mit den Worten herunterzuspielen versuchte: *„Liebe Frau, Kinder fantasieren und die Eltern fantasieren mit.“* Die Mutter ließ sich davon jedoch nicht beirren und wandte sich daraufhin an die Polizei. Die Kriminalpolizei stieß bei ihren Ermittlungen beinahe sofort auf Indizien über intensive Fälle von Kindesmissbrauch, Vertuschungsversuchen und Drangsalierung der Opfer im Zusammenhang mit drei Ordensbrüdern, die daraufhin in andere Einrichtungen versetzt wurden.

Einen Tag, nachdem Annekes Mutter am 15. April 1996 Anzeige gegen Broeder Emiel Ceustermans erstattet hatte, erhielt der Kriminalpolizist Geert van Fleeteren einen protokollierten Telefonanruf des Provinzialoberen der *Broeders van Liefde* für Westflandern, Fr. René Stockman, indem dieser fragte, ob eine Untersuchung des Falles überhaupt nötig sei und ob es denn nicht möglich wäre, die Sache unter Verschluss zu halten, da er es nicht für „opportun" halte, einen so alten Mann zu befragen. Außerdem behauptete er, dass mit der Mutter besprochen worden sei, die Angelegenheit durch eine finanzielle Entschädigung aus der Welt zu schaffen, weswegen das Einschalten der Kriminalpolizei gegen diese Abmachung verstoße. Allerdings war diese Behauptung gelogen, und auch der Kriminalpolizist war aufgrund der Dreistigkeit der versuchten Einflussnahme auf die Ermittlungen perplex. Die Ordensgemeinschaft erhob im Mai 1998 sogar Klage gegen die Kriminalpolizei – *„in verzögernder Absicht"*, wie sich der Oberstaatsanwalt dazu äußerte. Daneben erhielt die Mutter zur Einschüchterung und Vertuschung der Angelegenheit Drohbriefe von den *Broeders van Liefde* und sie wurde auch von anderen Katholiken kontaktiert, die sie davor warnten, sich mit der Ordensgemeinschaft anzulegen. Schließlich verurteilte das Strafgericht Kortrijk am 11. Oktober 1999 den inzwischen 83-jährigen Broeder Emiel Ceustermans zu vier Jahren Gefängnis, davon zwei Jahre ohne Bewährung, während zwei andere Brüder freigesprochen wurden.

Im Gerichtsurteil heißt es dazu:
„Aus den Akten geht hervor, dass durch den Direktor des Orthopädagogisch-pädiatrischen Zentrums St. Idesbald nach der Klageerhebung der Mutter des Opfers sehr unwirsch reagiert wurde; und dass danach nicht wenige Versammlungen stattgefunden haben mit Führungs- und Unterrichtspersonal; hier wurde deutlich Druck ausgeübt in Bezug auf die abzugebenden Erklärungen. Dies wurde auch durch mehrere Befragte erklärt und in der weiteren Untersuchung durch die Erklärungen und Auskünfte der protokollierenden Beamten bestätigt."[(16)]

Kurz danach starb Broeder Emiel Ceustermans, doch die *Broeders van Liefde* gaben sich noch nicht geschlagen und gingen in Berufung, woraufhin der Berufungsrichter Francis Desterbeck den Broeder Emiel Ceustermans in Gent am 30. November 2000 mit der Begründung freisprach: „*...dass, was das behinderte Mädchen erklärt, doch alles sehr unwahrscheinlich klingt...*"

Weiterhin erklärte der Gerichtspsychiater Deberdt: „*Es ist unwahrscheinlich, dass er [Ceustermans] auf seine 80. Lebensjahre mit Pädophilie anfängt.*" Allerdings gab es schon seit den 1960er-Jahren Hinweise auf seine pädophilen Neigungen, denen aber offenbar nie nachgegangen worden war. Der Staatsanwalt Willaert aus Kortrijk erklärte dazu: „*Wir dürfen keine Kritik an unseren hierarchischen Vorgesetzten äußern.*"

Der Fall „Anneke" sorgte in Belgien für Aufsehen, während zur gleichen Zeit nicht nur die Dutroux-Affäre (Kindesentführung, Kindesmissbrauch, Mord an Kindern und ein gewaltiges Netzwerk mit vielfältigen politischen und finanzwirtschaftlichen Verbindungen) hinzukam, sondern in Flandern auch der „Roeach3-Skandal" (über ein Buch für den Religionsunterricht mit zur Pädophilie anstiftenden Abbildungen) sowie ein Brüsseler Pädophilieskandal um Roger Borremans (bei dem Kardinal Danneels schwer unter Beschuss geriet, sich jedoch aus der Affäre zog, indem er den Weihbischof Lanneau als Sündenbock opferte). Kardinal Danneels geriet 1998 bis 2002 selbst unter den Verdacht der Mitwisserschaft und Vertuschung von Pädophiliefällen durch Priester (Vanderlijn und Borremans), weshalb seitdem in Belgien sein Ansehen – und das der ganzen katholischen Kirche – stark gelitten hat.

Insgesamt wurden in Belgien von 1.000 Fällen 500 vor Gericht verhandelt, während es in 300 Fällen zu außergerichtlichen Einigungen zwischen Opfern und kirchlichen Institutionen gekommen ist. Wie nahe sich Kardinal Danneels und Papst Franziskus stehen, ist bereits daran zu erkennen, dass er 2013 zu den wenigen Personen gehörte, die direkt nach der Wahl des neuen Papstes auf der Loggia des Petersdomes bei ihm waren. Ein Jahr später hat der Bischof von Brügge und langjährige frühere Weihbischof und enge Freund von Kardinal Danneels, Jozef De Kezel, versucht, einen mehrfach rückfälligen pädophilen Priester wieder in die Seelsorge einzuschleusen (Fall Flavez), während in den nächsten Wochen wieder fünf neue Fälle im Bistum Brügge ans Licht gekommen sind. Ungeachtet dessen ernannte Papst Franziskus Josef De Kezel 2016 zum Erzbischof von Mecheln-Brüssel.

Am 28. Juni 2016 posierten Papst Franziskus, der frischgebackene Kardinal De Kesel, Broeder René Stockman (Generaloberer der *Broeders van Liefde* sowie „höchster Belgier im Vatikan und guter Freund von Papst Franziskus“) und der belgische Botschafter beim Heiligen Stuhl gemeinsam für die Kameras. Es ist nicht bekannt, ob Anneke je eine Entschädigung bekommen hat. Aber selbst wenn, kann dies all die unvorstellbaren Unmenschlichkeiten, die ihr angetan wurden, nicht wiedergutmachen.

Italien/Vatikan

Auch in Italien sorgte ein Fall für Aufsehen, in den offenbar sogar der Vatikan selbst verstrickt ist und über den viele Medien berichteten, einschließlich des britischen *The Telegraph*. So verschwand am 22. Juni 1983 die damals 15-jährige Emanuela Orlandi spurlos im Vatikan, nachdem sie nachmittags nach Rom zu einer Musikschule gefahren, abends aber nicht nach Hause gekommen war. Seitdem fehlt von ihr jede Spur, nachdem ein Wachpolizist nach eigenen Angaben gegen 17 Uhr gesehen hatte, wie sie sich mit einem Mann unterhielt. Nur wenige Tage danach sagte der damalige Papst Johannes Paul II., dass er das Leid der Familie teile und auf die Menschlichkeit der Person hoffe, die für den Fall verantwortlich sei. Dies machte Emanuelas Bruder Pietro stutzig, weil zu diesem frühen Zeitpunkt niemand wissen konnte, ob überhaupt eine andere Person für ihr Verschwinden verantwortlich war, weshalb er seitdem nach Antworten sucht.

Wie der *Stern* berichtete, sprach Pietro 2013 den aktuellen Papst Franziskus auf das Verschwinden seiner Schwester an, als dieser zu ihm sagte, dass Manuela im Himmel sei und woraufhin sich Pietro fragt, woher er die Gewissheit habe, dass Manuela nicht mehr am Leben ist. Obwohl die Familie Orlandi bereits seit Jahrhunderten im Dienst des Papstes steht, ist es ihm in den vier Jahren danach nicht mehr gelungen, den Papst wieder zu treffen. Aus diesem Grund hat er sich zu einem ungewöhnlichen Schritt entschlossen, indem er einen offenen Brief schrieb und den Papst für seine Haltung kritisierte: „*Wer schweigt, macht sich zum Komplizen.*“ Emanuelas Bruder ist nach wie vor davon überzeugt, dass es im Vatikan jemand geben muss, der weiß, was mit seiner Schwester passiert ist.

Die Petition zur Aufklärung des Falles wurde bisher bereits über 38.000 Mal unterschrieben und Pietro will weiterkämpfen, bis der Vatikan endlich sein Schweigen bricht und die Wahrheit ans Licht kommt. 2016 wurde die Geschichte verfilmt und kam unter dem Titel *La verita sta in cielo (Die Wahrheit liegt im Himmel)* in die italienischen Kinos.

Seit Emanuelas Verschwinden gibt es immer wieder neue Theorien darüber, was wirklich dahintersteckt. Und so sind auch viele Bücher darüber geschrieben worden, weil in kaum einer Geschichte so viele hochrangige Persönlichkeiten aus Kirche, Staat, Geheimdiensten und kriminellen Organisationen verwickelt sind. Eine mögliche Spur sahen die Medien zwischen dem Verschwinden des Mädchens und dem zwei Jahre zuvor ausgeführten Attentat auf Johannes Paul II., indem spekuliert wurde, dass Emanuela zum Austausch gegen die Freilassung des türkischen Attentäters Ali Agca entführt worden sein könnte, was jedoch vom ehemaligen Stasi-Agenten Günter Bohnsack dementiert wurde. Einige Jahre später gab es auch Hinweise auf eine Beteiligung des amerikanischen Geistlichen Kardinal Paul Marcinkus, dem langjährigen Vorsitzenden der umstrittenen Vatikanbank *IOR*, von dem zumindest einige der Anrufe an die Familie Orlandi stammen sollen. Es wäre zumindest theoretisch möglich gewesen, mit der Entführung Emanuelas ihren im Vatikan arbeitenden Vater oder gewisse Teile der Kirchenhierarchie unter Druck zu setzen, die Marcinkus und seine Verbindungen zur italienischen Mafia hätten gefährlich werden können.

Eine andere Spur ging auf einen Anrufer in einer Fernsehsendung zurück, indem er sagte: „*Um die Lösung für den Fall zu finden, sehen Sie nach, wer in der Krypta der Basilika von St. Apollinare begraben ist.*“ Damit deutete er an, dass Emanuela aus sexuellen Motiven für Kardinal Ugo Poletti entführt worden ist, was auf das Konto von Mafia-Boss

Enrico De Pedis gehen soll, indem dieser Kardinälen Jugendliche zwecks sexueller Ausbeutung beschafft haben soll. Kurioserweise wurde De Pedis in einem mit Diamanten besetzten Grab in der zentralen römischen Basilika *St. Apollinare* neben der *Opus-Dei-Universität des Heiligen Kreuzes* beigesetzt, wo am 14. Mai 2012 im Rahmen einer offiziellen Exhumierung in einem nahegelegenen Beinhaus in der Nähe der Krypta hunderte von Knochen gefunden wurden.

Manche gehen sogar davon aus, dass Kardinal Poletti der Vater des Mafia-Bosses De Pedis war, des Vikars von Rom, der zugleich dem ehemaligen italienischen Ministerpräsidenten Giulio Andreotti nahestand. De Pedis wiederum war laut Berichten auch in Form der *Operation Gladio* der *CIA* an der Durchführung von Terroranschlägen in Italien beteiligt.

Nach dieser Spur also soll Emanuela Orlandi in Sexorgien mit hohen Geistlichen hineingezogen worden sein, wodurch sie entweder bei einem Unfall starb oder absichtlich ermordet wurde, um etwas zu vertuschen. Es wird sogar vermutet, dass der Rücktritt von Papst Benedikt etwas mit dem Fall zu tun hatte, indem er versucht haben könnte, den Missbrauchsfall aufzuklären, was ihm aber nicht gelungen ist. So behauptet etwa die italienische Zeitung *La Repubblica*, Benedikts Rücktritt sei auf ein homosexuelles „Netzwerk" im Vatikan zurückzuführen, von dem einige Außenstehende erpresst würden.

Auch der italienische Enthüllungsjournalist Gianluigi Nuzzi hält die Begründung, dass Papst Benedikt XVI. nur aus Altersgründen sein Amt aufgegeben habe, für ein Märchen. Laut Nuzzi gibt es im Vatikan verschiedene Machtgruppen und Interessen, die sich gegenseitig bekämpfen. Der Vatikan ist laut Nuzzi *„eine stumme Welt, in der die Leute große Furcht haben zu sprechen. Es ist eine bedrückende Atmosphäre, alles wird kontrolliert"*.

Deutschland

Ein bekannter Missbrauchsskandal in Deutschland betraf das Internat des bayerischen Klosters Ettal, wo sich jahrzehntelang Missbrauchsfälle abgespielt haben, die laut einer Studie als „systematisch" bewertet wurden. Demnach habe die Pädagogik in der katholischen Einrichtung laut der Studie darin bestanden, *„ein System der Unterdrückung aufzubauen und zu bewahren, mit dem der Wille der Schüler gebrochen werden und deren Anpassung an die vorgegebenen Regeln erreicht werden sollten"*.

Doch sexueller Missbrauch von Kindern findet natürlich nicht nur in katholischen bzw. christlichen Einrichtungen statt: Hinter vorgehaltener Hand geben etwa manche Sozialarbeiter, die sich um Straßenkinder kümmern, zu, dass einige dieser Kinder auf den Partys der Reichen missbraucht werden, aber niemand wagt es, sich öffentlich dazu zu äußern, denn durch die Ereignisse in Belgien wurde auch den Deutschen bewusst gemacht, was mit einem passieren kann, wenn man sich mit den Hintermännern solcher Machenschaften anlegt.

Wer sich, gerade als Opfer, doch dagegen mit juristischen Mitteln zu wehren versucht, dem kann es ergehen wie Mandy Kopp, die mit 16 Jahren zur Prostitution gezwungen wurde und die Welt nicht mehr verstand, als vor Gericht ausgerechnet einer ihrer Freier auf dem Richterstuhl Platz genommen hatte.

Der *Spiegel* schreibt dazu:

„Sie wurde als Minderjährige zur Prostitution gezwungen, eingesperrt und misshandelt. Zwanzig Jahre später geht Mandy Kopp mit ihrer Geschichte an die Öffentlichkeit. Unterlagen zeigen, dass Teile der Justiz ihr keine Hilfe waren – im Gegenteil: Sie wurde als Prostituierte stigmatisiert... Für SPD-Obmann Karl Nolle ist der eigentliche Sumpf der Umgang mit den Zeugen. ‚Der ‚Sachsensumpf' ist in der Tat inzwischen der rechtsstaatsferne vordemokratische Umgang mit der Sache, mit Zeugen, mit Journalisten, Abgeordneten und Mitarbeitern des Landesamtes für Verfassungsschutz durch Teile der Justiz und Staatsregierung, die das Thema auf Teufel komm raus plattzumachen hatten und haben', sagt er. Das sei alles aktueller denn je."[(17)]

Und wer trug damals als Sächsischer Staatsminister der Justiz bzw. des Inneren die politische Verantwortung für den Skandal, musste nicht zurücktreten und hat sogar weiter bis in die höchsten Staatsämter Karriere gemacht? Niemand Geringeres als der spätere Bundesverteidigungs- und Innenminister Thomas de Maizière (CDU). Von „Gewaltenteilung" also keine Spur – die Böcke werden zu Gärtnern gemacht und sogar noch mit immer größeren Gärten belohnt. Laut Aussage von Rechtsanwalt König hat de Maizière in seiner Zeit als sächsischer Innenminister Kriminelle weiter gewähren lassen, indem er hochbrisante Informationen über mafiöse Strukturen innerhalb der sächsischen Verwaltung unter den Tisch fallen ließ, anstatt diese seiner Dienst- und Amtspflicht gemäß an die zuständigen Behörden weiterzugeben. Zu diesen Informationen gehörten u.a. auch geheimdienstliche Erkenntnisse einer Verstrickung der Justiz in Menschenhandel und Kindesmissbrauch, wodurch die freiheitlich-demokratische Grundordnung in Gefahr gebracht wurde.

Großbritannien

In Großbritannien sieht die Situation auch nicht besser aus – ganz im Gegenteil: Laut *Spiegel* stehen dort *„ein Premierminister, 261 einflussreiche Persönlichkeiten des öffentlichen Lebens, darunter 76 Politiker"* unter Pädophilie-Verdacht. Dort soll sogar schon jedes 20. Kind mindestens einmal missbraucht worden sein, was fast einer Million missbrauchter Kinder entspricht. Ob nun im Fußballverein (wie der ehemalige englische Nationalspieler Paul Stewart berichtet) oder beim Star-Fotografen David Hamilton (der kurz nach Bekanntwerden der Vorwürfe praktischerweise tot aufgefunden wurde) – Kindesmissbrauch scheint in Großbritannien nicht nur eine Art „Volkssport" zu sein, sondern sogar so verbreitet, dass die Polizei künftig nicht mehr alle Pädophile verhaften will, da es schlichtweg „zu viele" seien.

Das Stichwort „zu viel" trifft womöglich auch auf den Tod der ehemaligen *BBC*-Reporterin Liz MacKean zu, welche am 18. August 2017 laut britischen Medien an einem Schlaganfall gestorben sein soll. MacKean arbeitete 20 Jahre lang für die *BBC* und interviewte im Rahmen der von Meirion Jones produzierten Sendung *Newsnight* einige Missbrauchsopfer zwischen 4 und 17 Jahren, geschändet vom 2011 verstorbenen *BBC*-Modertor Jimmy Savile, der jahrelang als Exzentriker und

Philanthrop galt, unter anderem mit Prinz Charles befreundet war und sich jahrzehntelang an Minderjährigen vergangen hatte, was erst nach seinem Tod ans Tageslicht kam. Die brisante Sendung wurde von der *BBC* zunächst nicht gesendet, stattdessen zeigte die *BBC* Gedenk- und Erinnerungssendungen über Savile, was der *BBC* heftige Kritik und den Vorwurf der Vertuschung einbrachte. MacKean erhielt für ihre Enthüllungsstory vom *London Press Club* den Preis *Scoop Of The Year.* Im Jahr 2016 sendete die *BBC* dann doch noch eine 90-minütige Dokumentation über die Savile-Opfer.

Im Oktober 2016 schrieb MacKean dazu:

„Der Grund für das Fallenlassen der Newsnight-Geschichte wurde nie erklärt, auch nicht durch die mehrere Millionen Pfund schwere unabhängige Untersuchung, die später befand, dass die Geschichte hätte gesendet werden sollen. Meirion [Jones] und ich waren isoliert, wenn nicht gar Aussätzige geworden, und die BBC, während meiner Karriere immer ein wohlwollender Arbeitgeber, fühlte sich wie eine feindliche Umgebung an“[(18)]

MacKean hatte unter anderem Journalismus-Preise bekommen für ihre Enthüllungen über geheime Giftmüll-Deponien in Westafrika (2010) und gewalttätige Banden in Russland, die gezielt homosexuelle Menschen jagen (2014). Wer zu viele Fragen stellt und Reportagen schreibt, lebt gefährlich in diesem Metier!

Vielleicht hat die neue Taktik aber weniger damit zu tun, dass sie nicht alle verhaften kann, als vielmehr damit, dass sie nicht alle verhaften darf, wie z.B. im englischen Rotherham (wie die *FAZ* berichtet):

„Ein Besuch im englischen Rotherham: 1400 Mädchen wurden hier von pakistanischen Banden missbraucht. Die örtliche Labour-Regierung vertuschte dies jahrelang.“[(19)]

Seltsam ist, dass die pakistanischen Banden von der Lokalregierung gedeckt wurden, was auf eine Komplizenschaft der Regierung mit den Banden schließen lässt. Zwar kann man nur spekulieren, dass diese

Banden eine ähnliche Rolle für die britischen Eliten spielen wie Dutroux für die belgischen, aber dies scheint durchaus möglich zu sein. Laut *Augsburger Allgemeine* wurden in London bereits in den 1970er-Jahren Pädophilenringe durch die Polizei geschützt, woran auch ersichtlich wird, dass Rotherham auch in Großbritannien kein Einzelfall ist, und dass das Problem mindestens schon seit einigen Jahrzehnten bekannt ist.

Norwegen

Ende 2016 ist auch in Norwegen ein riesiger Pädophilenring aufgeflogen, wobei 20 Männer festgenommen wurden und gegen 30 weitere noch ermittelt wird. Dem Ring gehörten laut der Ermittlungsleiterin *„ehrenwerte Mitglieder der Gesellschaft"* und *„hochgebildete Herren"* an, also Politiker, Lehrer, Anwälte und Polizisten.

Die *Welt* berichtet von kaum zu überbietenden Perversionen, die diesen Herrschaften vorgeworfen werden, indem sie nicht nur Kinder missbrauchten, sondern diese auch zwangen, sich gegenseitig zu missbrauchen oder sich von Tieren missbrauchen zu lassen. Vergewaltigungen von Kindern wurden auch live übertragen und einer der Beteiligten habe sogar die Vergewaltigung seines eigenen, noch ungeborenen Kindes fantasiert!

Portugal

Ein weiteres europäisches Land, das in dieser Liste nicht fehlen darf, ist Portugal (siehe *Zeit Online*):

> *„In Lissabon wurden sechs Männer und eine Frau schuldig gesprochen, die jahrelang Waisenkinder missbraucht hatten. Unter den Tätern sind ein TV-Moderator und ein Politiker."*[(20)]

Auch hier ist also wieder ein Politiker involviert, aber auch ein Vertreter der Medien als „vierter Säule der Demokratie", die genau wie die anderen drei Säulen immer mehr in sich zusammenbricht.

Ukraine

In der Ukraine hatten die Anführer des *Tornado-Bataillons* ein minderjähriges Mädchen in einem „Folter- und Sexkeller" im Donbass missbraucht und den Missbrauch gefilmt. In einem Bericht von *RT Deutsch* heißt es dazu:

> *„Die Militärstaatsanwaltschaft wirft dem Innenminister der Ukraine Mitverantwortung für die Taten vor, da der Kommandant zuvor zum ‚Helden der Ukraine' ernannt worden war und unter Befehl seines Ministeriums stand."*[(21)]

Die im Oktober 2014 gegründete und 150 Mann umfassende *Tornado-Einheit* sollte in der Ostukraine auf Seiten der Kiewer Regierung kämpfen und unterstand offiziell der Polizei. Der Kommandant des Bataillons, Ruslan Onischenko, war mehrmals vorbestraft, bevor er zum „Helden der Ukraine" erklärt wurde und wegen seiner Verbrechen anschließend wieder im Gefängnis landete.

Türkei

In der Türkei, die immer noch als EU-Beitrittskandidat gehandelt wird, ist nun Sex mit Kindern gar offiziell erlaubt, indem das Verfassungsgericht ein Missbrauchsgesetz annulliert hat. Zuvor hatte das Verfassungsgericht bereits ein Gesetz annulliert, das für Kindesvergewaltigung eine Mindeststrafe von 16 Jahren Haft vorsah.

Fazit

Es heißt zwar von offizieller Seite immer, dass es sich bei Kindesmissbrauch nur um Einzelfälle handele und dass die Täter einfach nur „Pädophile“ seien, dabei ist jedoch weder das eine noch das andere richtig. Wenn wir von Machtausübung, Menschenraub, Folter, Vergewaltigung und Mord sprechen, kann dabei von „Einfühlungsvermögen“, wie es der *Tagesspiegel* Pädophilen trotz allem zuschreibt, nun wirklich keine Rede sein. Mit anderen Worten: Es geht hier nicht darum, dass einzelne Erwachsene bei ihrer Zuneigung zu Kindern unbeabsichtigt und ausnahmsweise etwas zu weit gegangen sind (was durchaus vorkommen mag), sondern um vorsätzlich begangene Verbrechen im großen Stil.

Es sei auch daran erinnert, dass im Rahmen der aktuellen Flüchtlingswelle ca. 5.000 Kinder allein in Deutschland spurlos verschwunden sind. Europaweit sollen laut der europäischen Polizeibehörde *Europol* sogar mehr als 10.000 Flüchtlingskinder vermisst sein, die in den letzten zwei Jahren ohne Begleitung ihrer Eltern nach Europa gekommen waren.

Wie die Nachrichtenagentur *AFP* schreibt, könnten viele dieser Kinder in die Fänge verbrecherischer Organisationen geraten und sexuell ausgebeutet worden sein.

2. Die pädophilen Machenschaften der Eliten in Deutschland

Am 20.9.2015 berichtete *Focus Online* von folgender Beobachtung aus Norddeutschland:

> *„Mit Katzenbabys, Lollis und Lügengeschichten sollen in den vergangenen Wochen verschiedene Männer in Norddeutschland versucht haben, Kinder in ihre Autos zu locken. Auch, wenn bisher nichts passierte, die Eltern vor Ort sind in Angst.“*[22]

Auch an diesem Beispiel ist ersichtlich, dass das Thema in Deutschland immer noch aktuell ist und zugleich eines der größten Tabus unserer Gesellschaft. Obwohl hin und wieder von verschwundenen Kindern berichtet wird, verleitet dies zu der fälschlichen Annahme, dass in Deutschland jährlich vielleicht nur 1-2 Kinder im Alter von unter 15 Jahren verschwinden, die dann sofort gesucht und gefunden werden. Dies täuscht jedoch über das wahre Ausmaß des Problems hinweg, da in Wirklichkeit jedes Jahr rund 100.000 Kinder verschwinden, von denen dann zwar 99.000 wieder auftauchen, man aber nicht weiß, was in der Zwischenzeit mit ihnen passiert ist. Vor allem bedeutet das aber, dass ca. 1.000 Kinder spurlos verschwinden und nie wieder auftauchen. Dadurch wird der Öffentlichkeit das trügerische Gefühl vermittelt, dass im Wesentlichen alles unter Kontrolle sei und dass der Staat alles in seiner Macht stehende für das Kindeswohl tue. Dabei sprechen jedoch bereits die niedrigen Regelsätze für Kinder, Arbeitslose und Frührentner eine andere Sprache.

Immerhin gibt es einen Verein namens *Initiative Vermisste Kinder*, der sich des Problems angenommen hat, wenn auch mit bescheidenem Erfolg. Dort wird ein weiterer beachtenswerter Fall genannt:

> *„Im Fall des seit dem 8.07.2015 vermissten 6-jährigen Elias aus Potsdam (Brandenburg) gibt es womöglich eine erste Spur. Gesucht würden der Fahrer und mögliche Mitfahrer eines dunklen Kombis, der von Zeugen in dem Wohngebiet gesehen worden sei, teilte die Polizei heute mit. Es handle sich um ein schwarzes oder dunkelblaues Fahrzeug mit abgedunkelten Seiten- und Heckscheiben.“*[23]

Würde man das Problem wirklich ernst nehmen, müssten die Zeitungen täglich Meldungen über Fälle von verschwundenen Kindern berichten. Alleine im April 2015 waren rund 600 Kinder und 2.600 Jugendliche verschwunden, wie die *Bild*-Zeitung berichtete. Das Problem wird zusätzlich dadurch verharmlost, weil es in den Nachrichten unter „Pädophilie" eingeordnet wird – einem Begriff, der suggeriert, dass das Problem irgendetwas mit „Liebe" zu tun haben soll und nach wissenschaftlicher Darstellung vor allem in sogenannten „bildungsfernen Schichten" der Gesellschaft grassiert, wie wir etwa aus dem *Tagesspiegel* erfahren:

> *„Bildung und Intelligenz der Pädophilen sei leicht verringert, aber noch im normalen Bereich, sagte Krüger. Das deckt sich weitgehend mit früheren Befunden, in denen Pädophile einen um durchschnittlich zehn Punkte niedrigeren Intelligenzquotienten hatten."*[(24)]

Solche Aussagen suggerieren das stereotype Bild vom betrunkenen Hartz-IV-Empfänger, der als Sündenbock für allerlei Missstände in unserer Gesellschaft herhalten muss, dabei weiß schon der Volksmund, dass der Fisch vom Kopf her stinkt, und nicht anders herum.

Aussagen wie folgende, die von einer Person stammt, die aus verständlichen Gründen ihren Namen nicht preisgeben will, strafen jedoch die vorherige Lügen:

> *„Ich habe 13 Jahre in einer forensischen Psychiatrie gearbeitet. Somit konnte ich mir einen Einblick in die dunkelsten und widerwärtigsten Ecken und Winkel der menschlichen Seele verschaffen. Ich habe etliche Gerichtsverfahren mitbekommen und viele Akten der persönlichkeitsgestörten Narzissten gelesen, habe Gruppentherapien mit diesen Patienten mitgemacht und viele Gespräche mit selbigen geführt. Es lief immer auf dasselbe hinaus: Eine perverse Gier nach Macht!*
> *Mit Sexualität hat das kaum noch etwas zu tun … die Macht, ein menschliches Wesen zu quälen, zu foltern … das Leiden in den Augen des Opfers zu erkennen … die Macht zu haben, dieses gequälte Opfer erst dann zu ‚erlösen', wann es dem Perversen genehm ist … das veranlasst diese, man mag mir das Wort nachsehen, diese ‚Monster' zu diesen*

sadistischen Taten! Jedoch sind diese Monster absolut empathielos, andernfalls könnten sie solch abscheuliche Verbrechen ja auch nicht ausüben. Zu einer Einsicht, Reue kommt es nie!!!!
Ich befasse mich seit langem mit dem Thema Narzissmus und muss ehrlich sagen: Es gibt einfach Menschen, denen das Böse schlicht innewohnt. Therapien sind fast nie möglich, denn das würde eine Einsicht voraussetzen. Seltsamerweise sind fast alle dieser Täter aus den sogenannten höheren Kreisen und nicht, wie häufig vermutet, in den unteren Schichten zu finden. Schauergeschichten wie diese findet man sonst nur in Psychothrillern und man sollte meinen, dass der Autor eine blühende und schon fast perverse Phantasie haben muss ... aber leider weit gefehlt..."[(25)]

Doch das ist beileibe keine Einzelmeinung, denn auch in einem 2013 im deutschen Fernsehen ausgestrahlten Film wurde diese Sichtweise bestätigt, wie aus der *TAZ* hervorgeht:

„*Das Thema ist hochaktuell wie nie, und der Film ist so gut wie wenige im Fernsehen. Es geht um organisierte Kriminalität, um die sogenannten Spitzen der Gesellschaft, um Politiker und Richter, die sich in luxuriösen Etablissements einfinden, um dort Orgien mit verschleppten Kindern zu feiern. ‚Operation Zucker' basiere auf einer wahren Geschichte, heißt es im Presseheft.*"[(26)]

Wie kaum anders zu erwarten, hatte dies jedoch keinerlei Konsequenzen, denn Kanzlerin Merkel zufolge geht es Deutschland gut und es ist ein Land, „*in dem wir gut und gerne leben*". Fragt sich nur, wer mit „wir" gemeint ist? Etwa die Eliten? Die verschwundenen und geschundenen Kinder jedenfalls bestimmt nicht.

Doch es gibt auch Wissenschaftler, die sich offener dem Thema widmen, wie etwa die erste Vorsitzende der *Deutschen Gesellschaft für Trauma und Dissoziation,* Michaela Huber (www.michaela-huber.com), die 2013 darüber einen Vortrag hielt, in welchem sie auf Folgendes hinwies:

- Laut einer Umfrage unter niedergelassenen Kassenpsychotherapeuten haben 10-13% mit dem Thema rituelle Gewalt zu tun.
- Die Kinderpornografie ist eine Industrie mit einem Umsatz von bis zu 35 Milliarden Euro, womit sie sogar noch den des internationalen Waffenhandels übertrifft. Von dieser Form der sexualisierten Gewalt sind zwei Millionen Kinder betroffen, die immer jünger werden. Ihre Quälereien dauern bis zu zwei Stunden und die Täter gehen dabei immer grausamer vor.
- 80% der im Internet chattenden Kinder werden zur Zielscheibe von pädophilen Straftätern.
- Der Vertrieb und Gebrauch von Foltervideos erreicht täglich bis zu 50.000 Konsumenten und macht in Deutschland 15% aller Straftaten aus.
- Kinder werden auch nicht mehr nur in speziellen Kinderbordellen angeboten, sondern zunehmend auch „frei Haus" geliefert.

Anhand der statistischen Zahlen lässt sich erkennen, dass die Industrie vor allem von zahlungskräftigen Personen lebt. Somit verwundert es nicht, wenn zu den überführten Straftätern laut *Merkur* Personen aus angesehenen Berufsgruppen gehören: Bundestagsabgeordnete, Lehrer, IT-Spezialisten, Pfarrer, Polizisten, Heilpraktiker und Jugendbetreuer.

Wie „gut" es in Bezug auf Kindesmissbrauch und missbrauchte Kinder wirklich um Deutschland bestellt ist, geht aus einem Bericht des *Stern* hervor:

> *„Schätzungsweise 8,5% der jungen Erwachsenen in Deutschland sind einer Studie zufolge als Kinder missbraucht worden. Das ist ein Ergebnis des Forschungsprojekts ‚MiKADO' der Universität Regensburg, das am Donnerstag veröffentlicht wurde. Bei ihrer ersten Missbrauchserfahrung waren die Betroffenen im Durchschnitt demnach 9,5 Jahre alt. Betroffene Kinder und Jugendliche, die vom Hilfesystem erfasst wurden, zeigten demnach deutliche Belastungssymptome. 60% erfüllten die Kriterien einer psychischen Störung, vor allem Störungen des Sozialverhaltens, Aufmerksamkeitsdefizit-Hyperaktivitätsstörungen, Posttraumatische Belastungsstörungen und Depressionen."*[(27)]

Anstatt sich nun um die Opfer zu kümmern und das Problem an der Wurzel anzugehen, werden stattdessen Versuche unternommen, die Täter zu Opfern ihrer selbst umzudeklarieren und mit falschen Vorstellungen aufzuräumen, indem Kindesmissbrauch nichts anderes als fehlgeleitete Liebe zu Kindern sei. Doch in Wirklichkeit geht es natürlich nicht um Liebe und noch nicht einmal vorrangig um Sexualität, sondern um Macht. Zu dieser Schlussfolgerung gelangte jedenfalls der anonyme Zeuge, der von einer Gruppe in Norddeutschland weiß, die sich an der Machtdemonstration ergötzt, die zuerst aus der Vergewaltigung von Frauen resultiert und dann systematisch bei Kindern fortgesetzt wird. Es geht ihnen somit nicht um zufällig wahrgenommene Schlüsselreize, die bei den Tätern zu einer „Kurzschlussreaktion" führen, sondern um eine systematische Ausdehnung eigener Machtgelüste. Wie der Zeuge durchblicken ließ, geht es dabei eben nicht nur um die Macht der Ausübung sexueller und körperlicher Gewalt, sondern auch um die Macht, sich einer gerechten Bestrafung für die begangenen Verbrechen zu entziehen, indem er sagte, dass sich die Täter immer die teuersten Anwälte leisten könnten.

Dass es beim Kindesmissbrauch nicht vorrangig um sexuelle Neigungen geht, mag zwar überraschen, wird aber auch dadurch statistisch belegt, dass 80-88% der Täter gar nicht „pädophil" sind, sondern Kinder aus anderen Gründen missbrauchen, wie aus *Wikipedia* hervorgeht:

„Studien zeigen auch, dass der Anteil pädophiler Täter mit 12 bis 20% nicht den Hauptteil am sexuellen Kindesmissbrauch darstellt."

Zudem geht es beim Verschwinden der Kinder ja nicht nur um sexuellen Missbrauch, sondern es hat auch damit zu tun, dass manche von ihnen offenbar auch rituell geopfert werden, was mit einem alten Glauben innerhalb von europäischen Adelskreisen zu tun hat, dass dies dem eigenen Wohlstand dienlich sei, wozu sich auch ein Arzt in einem vertraulichen Brief geäußert hat.

Sicherheitshalber sei noch erwähnt, dass obwohl das Thema Kindesmissbrauch auch mit kabbalistischen Ritualen in Verbindung gebracht wird, die Kabbala der Erlangung der Erkenntnis vom Wesen

Gottes dient und jenseits nationalsozialistischer Propaganda keinerlei rituellen Inhalte aufweist.

Außerdem ist sie nur bedingt „jüdisch“, da sie nur eine Minderheit von Angehörigen des Judentums betrifft, die sich auf Techniken des Denkens und Visualisierens beschränken. Zudem wird die Kabbala seit dem Mittelalter auch bei Christen und Heiden weiterentwickelt.

Es ist vielmehr offensichtlich so, dass Praktiken der Aristokratie den Juden unterstellt wurden und dass eine ausführliche Untersuchung des Kabbalismus keine Anhaltspunkte für eine Opferung von Jungfrauen zur Erlangung einer speziellen Medizin zu erkennen gibt. Ganz im Gegensatz übrigens zum in Europa verbreiteten Satanismus, zu dessen Anhängern elitäre Gruppen wie Richter, Staatsanwälte und Ärzte gehören, die im Namen einer Anti-Religion abstoßendste Kindesfolterungen praktizieren.

3. Kanadas düstere Vergangenheit: Misshandlung und Tod tausender Kinder bis heute nicht aufgearbeitet

Verwicklung von Kirche, Staat und Justiz: Über die wahren Ausmaße systematischer Misshandlung von Kindern bis hin zu deren Ermordung sind trotz aller Vertuschungsversuche von Seiten der Verantwortlichen in den letzten Jahren immer mehr schockierende Details ans Licht gekommen. Dass es sich hierbei um ein Phänomen handelt, das vor allem bis in die höchsten Kreise der Gesellschaft reicht, ist spätestens seit den 1990er-Jahren durch den Fall Dutroux in Belgien einer breiteren Öffentlichkeit bekannt und sorgte zuletzt durch spektakuläre Fälle in Großbritannien für Schlagzeilen. Weil die Hauptschuldigen aus eben jenen Kreisen stammen, die eigentlich für den Schutz der Opfer zuständig sein sollten, ist es besonders schwierig, die Verbrechen umfassend aufzuarbeiten. Stattdessen werden die Täter von der Kirche, vom Staat, der Justiz und den Polizeibehörden gedeckt, indem sie de facto Immunität genießen.

Obwohl all diese Institutionen für sich beanspruchen, unverzichtbare Stützen eines modernen Rechtsstaates zu sein, darf man jedoch nicht vergessen, dass sie bereits im Laufe ihrer langen Geschichte federführend dabei waren, andernorts Völkermorde an Ureinwohnern zu verüben und die Überlebenden zu assimilieren, indem sie sie ihrer eigenen Kultur und Identität beraubten, wobei sich hierbei nicht zuletzt auch die katholische Kirche in besonderer Weise hervorgetan hat.

Neben dem Vatikan ist das britische Königshaus einer der Hauptverantwortlichen für an Ureinwohnern verübte Verbrechen – und dies gilt nicht zuletzt für Kanada, den zweitgrößten Flächenstaat der Welt, dessen offizielles Staatsoberhaupt Königin Elisabeth II. immer noch ist, und die laut Zeugenaussagen höchstpersönlich für das spurlose Verschwinden einiger kanadischer Ureinwohner-Kinder verantwortlich sein soll, das bis heute nicht aufgeklärt wurde.

Die psychiatrische Misshandlung der Duplessis-Waisen in der Provinz Quebec

Als „Duplessis-Waisen" werden die rund 20.000 Waisenkinder bezeichnet, die von der Regierung der kanadischen Provinz Quebec fälschlicherweise als psychisch gestört eingestuft und in psychiatrische Anstalten eingesperrt wurden. Die katholische Kirche hat bis heute alle Anschuldigungen abgestritten und liegt mit jenen Betroffenen im Streit, die von ihr Entschädigungszahlungen hierfür einfordern.

Die 40er- und 50er-Jahre des 20. Jahrhunderts waren in Quebec eine Zeit grassierender Armut mit nur wenigen sozialen Einrichtungen, und so spielte die katholische Kirche eine wichtige Rolle auf sozialem Gebiet, bevor in den 60er-Jahren die „Stille Revolution" einsetzte. Neben den schwierigen finanziellen Verhältnissen vieler Eltern trugen auch konservative katholische Moralvorstellungen und die Tatsache, dass die leiblichen Eltern oft unverheiratet waren, mit dazu bei, dass neben echten Waisen auch viele uneheliche Kinder in die Waisenhäuser gebracht wurden. Der damalige Regierungschef Quebecs, Maurice Duplessis, war ein strenger Katholik und unterstellte die Schulen, Waisen- und Krankenhäuser religiösen Ordensgemeinschaften, denen er nach eigener Aussage *„voll und ganz vertraue"*. Im Zuge dessen wurden auch Waisenhäuser in Krankenhäuser umgewandelt, um hierfür höhere föderale Subventionen erhalten zu können, da Waisenhäuser weit weniger Fördermittel bekamen.

In den psychiatrischen Einrichtungen wurden bei den Kindern, unabhängig von ihrem tatsächlichen Geisteszustand, alle möglichen psychischen Krankheiten diagnostiziert, wodurch aus Waisen und unehelichen Kindern kurzerhand „geistig gestörte" Kinder gemacht wurden. Sie wurden deswegen nicht mehr unterrichtet und stattdessen zu Gefangenen geschlossener Anstalten, wo sie in die Obhut von unqualifizierten Aufsehern und Nonnen gerieten, von denen sie sexuell, physisch und psychisch missbraucht wurden.

Anfang der 1960er-Jahre kam eine Untersuchungskommission zu dem Ergebnis, dass ein Drittel der 22.000 Patienten in den psychiatrischen Einrichtungen überhaupt nicht dorthin gehörte, woraufhin viele der inzwischen erwachsen gewordenen „Waisen“ die Einrichtungen verlassen durften. Erst viele Jahre später, lange nachdem diese Einrichtungen bereits geschlossen waren, begannen die Kinder von einst über die brutalen Misshandlungen und die sexuellen Missbräuche zu sprechen, die sie in der Hand einiger Angehöriger der Institutionen und des medizinischen Personals erdulden mussten.

Bei einer psychiatrischen Untersuchung, die von einem der beteiligten Krankenhäuser veröffentlicht wurde, berichteten die ehemaligen Duplessis-Waisen von mehr physischen und psychischen Beeinträchtigungen als die Kontrollgruppe. Zusätzlich waren sie durchschnittlich seltener verheiratet und genossen seltener ein ausgeglichenes Sozialleben. 80% von ihnen berichteten, dass sie im Alter von 7 bis 18 Jahren traumatische Erlebnisse hatten. Über 50% sagten, dass sie physischem, psychischem oder sexuellem Missbrauch ausgesetzt waren. Ungefähr 78% berichteten von sozialen oder emotionalen Schwierigkeiten in ihrem Erwachsenenalter.

In den 1990er-Jahren waren noch etwa 3.000 Überlebende verblieben, die eine Gruppierung bildeten und eine Kampagne zur Aufarbeitung der Vorfälle auf den Weg brachten. Zusätzlich zur Verantwortung von Regierung und Kirche geriet auch das Ärztekollegium Quebecs ins Kreuzfeuer der Kritik, nachdem einige der Waisen Kopien von gefälschten Krankenakten gefunden hatten. Indem sie als geistig minderbemittelt abgestempelt wurden, mussten sich viele dieser Kinder Elektroschock-Behandlungen, einer Vielzahl an Medikamententests und anderen medizinischen Experimenten unterziehen. Obwohl sie beim Erreichen des gesetzlichen Erwachsenenalters freigelassen wurden, waren sie ungebildet und schlecht vorbereitet, um mit dem Leben als Erwachsene zurechtzukommen.

Zuerst ließ sie die Regierung Quebecs abblitzen, aber nachdem sie ab März 1999 immer größere öffentliche Aufmerksamkeit bekamen, setzte die Regierung ein Zeichen, indem sie jedem Opfer ungefähr 15.000 Dollar als Kompensation anbot. Das Angebot wurde zurückgewiesen und die Regierung wurde von der Öffentlichkeit scharf kritisiert: Sogar der Ombudsmann der Provinz Quebec, Daniel Jacoby, sagte, dass der Umgang der Regierung mit der Situation den Missbrauch der Opfer bagatellisiere. Nichtsdestotrotz weigerte sich die Regierung immer noch, eine Untersuchung in Auftrag zu geben. 2001 erhielten die Kläger ein weiteres Angebot der Regierung Quebecs in Form einer pauschalen Zahlung von 10.000 Dollar pro Person plus zusätzlichen 1.000 Dollar für jedes Jahr ungerechtfertigter Zwangsunterbringung in einer psychiatrischen Einrichtung. Das Angebot belief sich auf ungefähr 15.000 Dollar pro Person, jedoch beschränkte es sich auf die überlebenden 1.100 Waisen, die die Regierung als psychisch gestört eingestuft hatte, aber sie sah keine Entschädigung für die Opfer von sexuellem Missbrauch oder Misshandlung vor. Die Regierung Quebecs lehnte auch eine Strafverfolgung ab. Gegner dieser Entscheidung machten jedoch geltend, dass die Bürokraten, die die Anträge auf Wiedergutmachung bearbeiteten, in vielen Fällen 1.000 Dollar pro Arbeitstag (!) erhielten, wohingegen die Waisen den gleichen Betrag dafür erhielten, dass sie ein ganzes Jahr ihrer Kindheit illegal in eine Irrenanstalt eingesperrt wurden.

Die katholische Kirche erklärte öffentlich, dass sie nicht für die Situation der Waisen verantwortlich sei und verweigerte es, sich zu entschuldigen. Die Repräsentantin der sieben beteiligten Ordensgemeinschaften, Schwester Gisele Fortier, nannte die Anschuldigungen „*verstörend*", „*stark aufgebauscht*", und dass sie „*im Kontext betrachtet werden*" müssten.

Kardinal Jean-Claude Turcotte, der damalige Erzbischof von Montreal, beteuerte, dass die religiösen Ordensgemeinschaften „*unseren Respekt verdienen und ein Anrecht auf einen guten Ruf haben*", was viele der Duplessis-Waisen zusätzlich verletzte. 2006 sagte dazu einer der Waisen, Martin Lécuyer: „*Es ist wichtig für mich, dass die Kirche, die Priester, dass sie ihre Verantwortung für den sexuellen Missbrauch und die Gewalttätigkeit anerkennen. Die Regierung setzt sich nicht dafür ein, den Streit gütlich beizulegen … Es ist ein Affront und es ist der beste Beweis dafür, dass die Regierung ein Komplize der Kirche ist.*"[28]

1999 veröffentlichten die Forscher Léo-Paul Lauzon und Martin Poirer einen Bericht, in welchem sie behaupteten, dass die Regierung Quebecs und die römisch-katholische Kirche beträchtliche Gewinne erzielten, indem sie in den 1940er- und 1950er-Jahren bescheinigten, dass die Waisenkinder geistig krank seien. Nach vorsichtigen Schätzungen der Autoren erhielten die religiösen Gemeinschaften 70 Millionen Dollar an Zuschüssen, indem sie behaupteten, dass die Kinder „psychisch gestört" seien, während die Regierung 37 Millionen Dollar nur aufgrund der Tatsache sparte, dass sie eines ihrer Waisenhäuser von einer Erziehungseinrichtung in eine psychiatrische Klinik umdeklarierte. Ein Stellvertreter einer der beteiligten religiösen Gemeinden beschuldigte daraufhin die Autoren, falsche Behauptungen aufzustellen.

2004 baten Mitglieder der Duplessis-Waisen die Regierung Quebecs, auf einem verlassenen Friedhof am östlichen Rand Montreals Exhumierungen zu erlauben, da sie annahmen, dass sich dort die Überreste von Waisen befinden, die medizinischen Experimenten unterzogen worden waren. Nach Zeugenaussagen von Personen, die sich in der Irrenanstalt *Cité de St-Jean-de-Dieu* befanden, wurden mit den Waisen routinemäßig Experimente durchgeführt und viele starben daran. Die Gruppe verlangt von der Regierung daher eine Exhumierung der Leichen, um Autopsien vornehmen zu lassen.

Systematische Misshandlung und kulturelle Entwurzelung von Ureinwohner-Kindern

Laut des erschreckenden Untersuchungsberichts einer kanadischen Kommission wurden auch Kanadas Ureinwohner in Internaten systematisch misshandelt. Viele von ihnen wurden als Kinder jahrzehntelang vom Staat in spezielle Indianer-Internate zwangseingewiesen, wo sie systematisch erniedrigt und so schlimm misshandelt wurden, dass 6.000 von ihnen dies nicht überlebten. Dass es ausgerechnet Nonnen waren, die den unschuldigen Kindern das Leben zur Hölle machten, ist dabei umso skandalöser. Anstatt christliche Nächstenliebe zu praktizieren und den Kindern ein menschenwürdiges Leben zu ermöglichen, ging es ihnen und dem Staat nur darum, die Kinder mit allen Mitteln ihrer Kultur und Religion zu berauben, um sie an die von Weißen dominierte kanadische Gesellschaft zu assimilieren.

Die skandalösen Vorgänge in kanadischen Internaten wurden von der *Wahrheits- und Versöhnungskommission* untersucht, die über einen Zeitraum von sechs Jahren über 6.000 Interviews mit den Opfern führte, um die Wahrheit ans Licht zu bringen. Demnach wurden zwischen 1883 und 1996 über 150.000 Ureinwohner-Kinder gezwungen, solche Internate zu besuchen, die die Kirche im Auftrag und mit finanzieller Ausstattung des Staates unterhielt.

Das Ausmaß der Misshandlungen ist nach Ansicht des Vorsitzenden der Untersuchungskommission sowie der obersten Richterin Kanadas ein *„kultureller Völkermord"*, indem ihnen zufolge die kanadische Politik darauf ausgerichtet sei, *„den Indianer im Kind"* zu töten und so das *„Indianer-Problem"* für alle Zeiten zu beseitigen.

Was dies in der Praxis bedeutete, schildert der Bericht wie folgt: In der Schule war das Sprechen der Ureinwohner-Sprachen sowie das Feiern kultureller Bräuche verboten und Kontakt zu den Eltern oder anderen Familienmitgliedern waren unerwünscht. Besuch war den meisten Kindern nur bis zu dreimal monatlich gestattet, wobei viele von ihnen komplett ohne Kontakt zu ihrer eigenen Familie aufwuchsen. Neben physischer Gewalt waren die Kinder in den Internaten auch häufig Opfer von sexuellem Missbrauch. Obwohl es dadurch zu Körperverletzungen kam, wurde den Kindern manchmal sogar medizinische Behandlung verweigert, damit die Misshandlungen nicht an die Öffentlichkeit dringen konnten. Viele Todesfälle sind aber auch darauf zurückzuführen, dass die Opfer aus Scham Selbstmord begingen.

Immerhin hatte sich die kanadische Regierung vor sieben Jahren im Rahmen einer offiziellen Erklärung für die Vorfälle entschuldigt und dazu bereit erklärt, endlich die Verantwortung dafür zu übernehmen und die Opfer zu entschädigen. So hat die Regierung in 32.000 Fällen insgesamt bereits knapp drei Milliarden Dollar ausgezahlt, während 6.000 Fälle noch bearbeitet werden. Dies bedeutet allerdings, dass nicht einmal ein Drittel aller Fälle entschädigt werden wird, wobei diese Geldzahlungen das geschehene Unrecht sowieso nicht ungeschehen machen können – vom unwiederbringlichen kulturellen Verlust der Ureinwohner ganz zu schweigen. Ungeachtet dessen vermied es die kanadische Regierung unter dem damaligen Premierminister Stephen Harper von einem „kulturellen Völkermord" zu sprechen, indem er es vorzog, die Geschehnisse als „kulturelle Zerstörung" zu bezeichnen. Außerdem wollte er sich nicht auf Einzelheiten festlegen lassen, wie seine Regierung auf den Bericht reagiert, um eine Aussöhnung mit den kanadischen Ureinwohnern weiter voranzubringen.

Dazu legte der Chef der Untersuchungskommission eine lange Liste mit ca. 100 Empfehlungen vor, wovon ein Vorschlag darin besteht, dass Königin Elisabeth II. eine Erklärung abgeben solle, dass den „First Nations" – wie in Kanada der offizielle Obergriff für die Ureinwohner lautet – auch politisch der Status als eigenständige Nationen innerhalb Kanadas gewährt werden soll.

Abb. 34: William Combes

Ungeklärte Todesumstände des letzten Augenzeugen einer Kindesentführung in British Columbia durch Königin Elisabeth II. im Jahre 1964

Dass es allerdings äußerst unwahrscheinlich ist, dass Königin Elisabeth II. auf diese Empfehlung zur Aussöhnung mit den kanadischen Ureinwohnern eingehen wird, ergibt sich nicht zuletzt aus der Tatsache, dass sie selbst nebst ihrem Gemahl Prinz Philip beschuldigt wird, an der Entführung von zehn Kindern eines Zwangsinternats im Jahre 1964 beteiligt gewesen zu sein. Einer der Augenzeugen dieser Tat, ein Ureinwohner namens William Combes, war bereit, hierzu vor Gericht auszusagen, als er im Jahre 2011 plötzlich und unerwartet im katholischen *St. Paul's Hospital* in Vancouver im Alter von 59 Jahren starb. Er soll nach Aussage von Freunden bei guter Gesundheit gewesen sein, als er nach London geladen wurde, um am 12. September 2011 als Hauptzeuge bei der Eröffnungssitzung des *Internationalen Tribunals für Verbrechen der Kirche und des Staates (ITCCS)* auszusagen. Laut seiner Partnerin Mae sei seine Gesundheit stabil gewesen, als ihm im Krankenhaus ein neuer Arzt zugeteilt und er daraufhin zur Teilnahme an irgendwelchen „Tests" verpflichtet wurde. Daraufhin begann sich sofort sein Gesundheitszustand dramatisch zu verschlechtern und er verstarb plötzlich an einer geheim gehaltenen Ursache. Das gerichtsmedizinische Büro in Vancouver, das eigentlich für die Untersuchung unnatürlicher Todesarten zuständig ist, weigerte sich, zum Tod von William Combes Stellung zu nehmen. Combes war der letzte Überlebende einer Gruppe von drei Ureinwohner-Kindern, die von sich behaupteten, die Entführung von zehn anderen Kindern während des Besuchs von Königin Elisabeth II. und Prinz Philips im Internat von Kamloops Mitte Oktober 1964 bezeugen zu können. „*Sie brachten diese zehn Kinder weg und niemand hat sie jemals wiedergesehen*", sagte er mehrfach öffentlich aus, so z.B. bei einer Rundfunksendung in Vancouver als auch im Rahmen der folgenden, unterschriebenen und bezeugten Erklärung am 3. Februar 2010:

> *„Ich bin ein Interior-Salish-Geistertänzer und 58 Jahre alt. Ich lebe in Vancouver, Kanada. Ich bin ein Überlebender der Kamloops- und Mission-Indian-Internate, beide geführt von der römisch-katholischen*

Kirche. Ich ertrug dort schreckliche Foltern, besonders durch die Hände des Bruders Murphy, der mindestens zwei Kinder tötete. Ich beobachtete ihn, wie er ein Kind von einem Balkon im dritten Stock in den Tod stürzte. Er fixierte mich im Kamloop-Schulkeller auf ein Gestell und brach mir einige Knochen, nachdem ich versucht hatte, davonzulaufen. Ich sah ihn und einen anderen Priester auch eines Nachts ein Kind im schulischen Obstgarten begraben.
Im Oktober 1964, als ich 12 Jahre alt war, war ich ein Gefangener in der Kamloops-Schule und wir wurden von der Königin Englands und von Prinz Philip besucht. Ich erinnere mich, dass es sonderbar war, weil sie alleine, ohne großes Brimborium oder irgendetwas kamen. Aber ich erkannte sie, und auch der Schulrektor sagte uns, dass es die Königin war, und wir alle bekamen an dem Tag bevor sie ankamen zum ersten Mal nach Monaten neue Kleidung und gutes Essen.
Am Tag des königlichen Besuchs unserer Schule war ich Teil einer Gruppe von Kindern, die auf ein Picknick mit ihr und ihrem Mann und einigen Priestern unten auf eine Wiese am nahen ‚Bach des Toten Mannes' geladen waren. Ich erinnere mich, dass es unheimlich war, weil wir uns alle niederbeugen und ihren Fuß, einen weißen Schnürstiefel, küssen mussten. Nach einer Weile sah ich, wie die Königin das Picknick mit zehn Kindern unserer Schule verließ. Jene Kinder kehrten nie zurück. Wir hörten nie mehr irgendetwas über sie und trafen sie nie wieder, selbst als wir älter waren. Sie waren alle aus der Gegend, aber sie alle verschwanden. Die verschwundene Gruppe bestand aus sieben Jungen und drei Mädchen im Alter von sechs bis vierzehn Jahren. Sie gehörten alle zu den Klügsten in der Klasse. Zwei der Jungen waren Brüder und sie waren Metis und Quesnel. Ihr Nachname war Arnuse oder Arnold. Ich erinnere mich nicht an die anderen, nur an einige Vornamen wie Cecilia und Edward. Was geschah, wurde auch von meinem Freund George Adolph bezeugt, der damals 11 Jahre alt und dort auch ein Schüler war. Aber er ist jetzt tot."[29]

Freunde von William Combes glauben, dass man ihn ermordet hatte und dass der Mord von denjenigen in Auftrag gegeben wurde, die durch seine Aussagen, dass er die Kindesentführungen und andere Verbrechen wie Mord und Folter in katholischen Internaten bezeugen könne, arg in Bedrängnis hätte bringen können. Bereits 2009 wurde ein weiterer Ureinwohner-Aktivist an vorderster Front, Johnny Bingo Dawson, in Vancouver von der Polizei getötet.

Abb. 35: Betroffene bei der Schlusszeremonie der Wahrheitskommission

Youtube-Zensur von Beweisvideos über Kindermorde elitärer Clubs an der kanadischen Westküste

Youtube entfernt kritisches Video-Beweismaterial des ITCCS mit Enthüllungen über die Komplizenschaft von Ex-Premier Harpers Minister Denis Lebel bei den Kindermorden des elitären Vancouver-Clubs. Die Videos lieferten Beweise aus erster Hand, die aus Interviews mit Kevin Annett stammen. Die Beweise beinhalten prominente Namen aus Kirche, Justiz und Regierung, die Mitglieder des *9. Zirkels* in Kanada sind, sowie eines Kinderhandels- und Opferkultes an der Westküste Kanadas namens *12 Mile Club*.

Außer dem kanadischen Kabinettsmitglied Denis Lebel sowie Kardinal Gerald Lacroix aus Quebec gehören hierzu auch der ehemalige höchste Richter des Provinzgerichts British Columbias, Hugh Stansfield, die Richter William Esson und Terrance Warren des obersten Gerichtshofs British Columbias sowie Gary Paterson, Brian Thorpe und Jon Jessiman von der vereinten Kirche.

„*Offensichtlich befinden wir uns auf dem richtigen Kurs*“, sagte dazu Kevin Annett. „*Jemand sah sich gezwungen, diese Informationen schnell zu beseitigen. Es ist das erste Mal seit Jahren, dass eine oder mehrere unserer Youtube-Posts beseitigt wurden. Ähnlich wie schon bei den Rücktritten von Papst Benedikt und Jesuitengeneral Adolfo Pachon, nachdem wir deren Verbrechen veröffentlichten, ist diese Aktion eine definitive Bestätigung der Schuld der genannten Kindermörder.*“[30]

4. Pädophilie- und Missbrauchsvorwürfe gegen tausende UN-Mitarbeiter und Blauhelmsoldaten vertuscht

Gegen Mitarbeiter der *Vereinten Nationen (United Nations/UN)* sowie den an den UN-Friedensmissionen beteiligten Blauhelmsoldaten werden schwere Vorwürfe erhoben. So behauptet etwa ein ehemaliger hochrangiger UN-Mitarbeiter, dass es sich bei etwa 3.000 Hilfsarbeitern der humanitären Organisation um Pädophile handelt, die für bis zu 60.000 Vergewaltigungen verantwortlich seien und dass die Missbrauchsfälle auf höchster Ebene von der UNO systematisch vertuscht würden. Auch in einem internen Untersuchungsbericht der UN-Ermittlungsbehörde *OIOS* ist von 480 Vorwürfen des sexuellen Missbrauchs oder sexueller Ausbeutung durch UN-Mitarbeiter im Ausland die Rede, die zwischen 2008 und 2013 stattgefunden haben. Zusätzlich werden auch die UN-Blauhelmsoldaten, die in Konfliktregionen auf der ganzen Welt den Frieden sichern und die einheimische Bevölkerung schützen sollen, zahlreicher Fälle sexueller Gewalt gegenüber Frauen und Kindern beschuldigt. So soll es in ihren Reihen von 2004 bis 2016 weltweit zu etwa 2.000 solcher Zwischenfälle gekommen sein, wodurch die Glaubwürdigkeit der Friedensmissionen und der UNO insgesamt weltweit stark gelitten hat.

Ein Großteil der Fälle (45%) soll sich in der Demokratischen Republik Kongo ereignet haben, wo das größte Kontingent an UN-Blauhelmen stationiert ist. Aber etwa auch aus Liberia, Haiti und der Zentralafrikanischen Republik werden weitere Fälle berichtet, wobei in Letzterer laut Zeugenberichten auch französische Soldaten Kinder vergewaltigt haben sollen, gegen die nun die Staatsanwaltschaft ermittelt. Mittlerweile ist von 108 Opfern die Rede, woraufhin der französische UN-Botschafter „exemplarische Disziplinarmaßnahmen“ angedroht hat. Angeblich wollen auch die Vereinten Nationen die Vorwürfe des sexuellen Missbrauchs durch Blauhelmsoldaten in der Zentralafrikanischen Republik aufklären, doch wie glaubwürdig solche Beteuerungen sind, belegt zum Beispiel der Fall der Whistleblowerin Kathryn Bolkovac, die solche Fälle in Bosnien aufklären wollte – und gerade deswegen gefeuert wurde. Darüber hinaus soll es auch innerhalb der UNO selbst sexuelle Übergriffe gegeben haben, indem über ein Dutzend Frauen u.a. Vergewaltigungsvorwürfe gegen Vorgesetzte erheben. Weil jedoch die Täter die Opfer stark unter Druck setzen, dass durch die Vorwürfe ihre Karriere auf dem Spiel stehe, kommen die Verantwortlichen in der Regel ungeschoren davon.

In einem sexuellen Missbrauchsfall aus Deutschland, in den ein UN-Mitarbeiter verwickelt war, wurde dieser für die Vergewaltigung eines 22-jährigen Au-pair-Mädchens zu drei Jahren Gefängnis verurteilt.

60.000 vertuschte Vergewaltigungen durch 3.000 pädophile UN-Mitarbeiter

Laut eines kürzlichen Berichts der britischen Zeitung *The Sun* waren nach Angaben des ehemaligen hochrangingen UN-Mitarbeiters Andrew MacLoed im zurückliegenden Jahrzehnt etwa 3.000 pädophile, für die UNO tätige Hilfsarbeiter an bis zu 60.000 Vergewaltigungen beteiligt gewesen. Dies geht aus einem von MacLoed erstellten Dossier hervor, das er letztes Jahr an Priti Patel, die damalige britische Ministerin für Internationale Entwicklung, übergeben hatte. Wörtlich sagte er:

> *„Es gibt Zehntausende von Entwicklungshelfern auf der ganzen Welt mit pädophilen Tendenzen, aber wenn man ein T-Shirt des UN-Kinderhilfswerks UNICEF trägt, dann fragt keiner danach, was man tut. Sie können ungestraft tun, was sie wollen. Das System ist fehlerhaft, das hätte schon vor Jahren gestoppt werden müssen.*“[(31)]

MacLoed beruft sich dabei auf Angaben eines UN-Berichts vom Februar 2017: Die mit 60.000 bezifferte Anzahl von Vergewaltigungen durch UN-Mitarbeiter für das letzte Jahrzehnt geht auf einen UN-Bericht vom Februar 2017 zurück, demzufolge für das Jahr 2016 alles in allem 145 Fälle *„sexueller Ausbeutung und sexuellen Missbrauchs“* durch Angestellte der Vereinten Nationen zu verzeichnen waren, bei denen 311 Personen zu Schaden gekommen waren, wobei es sich fast ausschließlich (d.h. in 309 Fällen) um Frauen und Kinder gehandelt habe. Die meisten dieser kriminellen Handlungen gingen dabei auf das Konto von Blauhelmsoldaten.

Nach Einschätzung von MacLoed handelt es sich bei diesen Zahlen jedoch wohl nur um die Spitze des Eisbergs, wobei er die Dunkelziffer zehnmal so hoch einschätzt. Dies liegt u.a. daran, dass sich der Bericht vor allem auf solche Verbrechen konzentrierte, die ihm Rahmen von Friedenseinsätzen begangen worden waren. Außerdem würden in Großbritannien lediglich vier Prozent der tatsächlich begangenen Straftaten überhaupt angezeigt.

Natürlich stellt sich dabei die Frage, warum dieses System überhaupt so „fehlerhaft" ist und ob es denn nicht eine mögliche Erklärung dafür wäre, dass vielleicht manche hochrangigen UN-Beamten selbst pädophil sind, und diese daher solche Aktionen gleichzeitig fördern und vertuschen? Jedenfalls erklärt MacLoed, dass innerhalb der UNO eine Vertuschung solcher Verbrechen in „endemischem" Ausmaß stattfinde, indem diejenigen ihren Job verlieren, die sich darum bemühen, solche Fälle aufzuklären und publik zu machen. Somit sei der Missbrauchsskandal der Vereinten Nationen mindestens genauso umfangreich wie der der katholischen Kirche. Man hat daher auch den Eindruck, dass es sich weder bei der UNO, noch bei der katholischen Kirche um „Einzelfälle" handelt, sondern dass viele global agierende Organisationen westlicher Länder in solche Machenschaften verstrickt sind. So beschreibt etwa Dr. Andrzej M. Łobaczewski in seinem aufschlussreichen Buch *Politische Ponerologie*, wie es zu dieser Entwicklung kommen konnte, indem einige wenige psychopathische und pathologische Einzelpersonen solche Organisationen unterwandern und für eine rasante Ausbreitung ihrer krankhaften Ansichten sorgen, bis sie das gesamte System unter ihre Kontrolle gebracht haben und zu ihrem eigenen Machterhalt ihresgleichen in leitende Positionen bringen, bis die Führungsriege solcher Organisationen in die Politik hinein großteils aus solchen Psychopathen besteht.

Daher sei es eine *„unangenehme Wahrheit"*, so MacLoed, dass *„die Vergewaltigung von Kindern ungewollt zum Teil vom britischen Steuerzahler finanziert"* werde, da Großbritannien als einer der wichtigsten UN-Beitragszahler solche Verbrechen mit jährlich über zwei Milliarden Euro mitfinanziere. Zwar sei man sich bei der UNO des Problems bewusst, jedoch sei laut MacLoed nichts dagegen unternommen worden, sondern stattdessen hätten gerade diejenigen ihren Job verloren, die sich nicht mit den Missständen abfinden wollten:

> *„Ich weiß, dass es auf den höheren Ebenen der Vereinten Nationen viele Diskussionen darüber gab, dass ‚etwas getan werden muss', aber es kam nichts Effektives dabei heraus. Und wenn man sich die Liste der Whistleblower anschaut, sie wurden gefeuert."*[(32)]

Sexueller Missbrauch durch Blauhelmsoldaten bei Friedensmissionen

Seit 2005 haben die Vereinten Nationen den Angehörigen von Friedensmissionen jegliche sexuellen Beziehungen mit Einheimischen eines Einsatzgebietes strikt untersagt; in der Praxis jedoch ist dieses Verbot schwer zu kontrollieren und durchzusetzen. Ein Bericht lässt somit erahnen, dass sexuelle Kontakte zwischen Blauhelmsoldaten und der Zivilbevölkerung tatsächlich sehr häufig sind, indem etwa laut einer Untersuchung am seit zwölf Jahren bestehenden UN-Stationierungsort Monrovia, der Hauptstadt Liberias, bereits jede vierte Frau Geschlechtsverkehr mit einem UN-Mitarbeiter hatte. Problematisch wird dies insbesondere dann, wenn aus solchen Kontakten sogenannte „Blauhelmkinder" hervorgehen, die Soldaten jedoch die Vaterschaft nicht anerkennen – oder wenn es zu sexuellem Missbrauch kommt, besonders von Minderjährigen. Dies ist laut OIOS bei einem Drittel aller Vorwürfe der Fall. Mit Ausnahme von kongolesischen Staatsbürgern erhalten dabei die Opfer in der Regel keinerlei Hilfe.

Die UNO ist in ihrem letzten Jahresbericht zu dem Ergebnis gekommen, dass über 60% der Untersuchungen entlastend ausfallen, was aber laut des OIOS-Berichts dadurch zu erklären ist, dass es die Untersuchungen durch das Truppenstellerland von vornherein auf eine Entlastung abgesehen hatten. Außerdem moniert OIOS, dass die von 2008 bis 2013 durchgeführten 199 UN-internen Ermittlungen mit durchschnittlich 16 Monaten viel zu lange dauerten.

Im Zuge der Diskussion um die Vertuschung von Kindesmissbrauchsfällen durch französische Soldaten in der Zentralafrikanischen Republik wurde bereits vor dem OIOS-Bericht ein weiterer Prüfbericht darüber öffentlich, wie mit den Vorwürfen sexueller Ausbeutung durch Blauhelmsoldaten bei Einsätzen der Vereinten Nationen in Haiti, Liberia, Kongo und dem südlichen Sudan umgegangen wurde. Dieser Bericht kommt zu dem vernichtenden Ergebnis, dass es weder für die Meldung noch für die Untersuchung von Vorwürfen gemeinsame Standards oder einen Informationsaustausch gebe, dass eine *„Kultur des Schweigens"* herrsche und die Opfer ignoriert würden. Daher seien viele UN-Mitarbeiter darüber *„frustriert und entmutigt"*, dass Straflosigkeit *„eher die Regel als die Ausnahme"* ist.

Von den knapp 2.000 Fällen, in denen Blauhelmsoldaten und anderen UN-Mitarbeitern sexueller Missbrauch und sexuelle Ausbeutung vorgeworfen wurden – und wovon in über 300 Fällen Kinder betroffen waren –, wurde nur ein kleiner Teil der Täter inhaftiert. Die Vereinten Nationen haben selbst keine rechtliche Handhabe, um gegen die betroffenen Blauhelmsoldaten vorgehen zu können, da diese der Rechtsprechung ihrer jeweiligen Herkunftsländer unterliegen. Um herauszufinden, wieviele Soldaten offiziell beschuldigt werden und in wievielen Fällen gegen diese ermittelt wird, hat *Associated Press* (AP) bei 23 Staaten um Auskunft gebeten. Das Ergebnis war, dass nur wenige überhaupt geantwortet haben und dass die Namen der Verurteilten ungenannt blieben, wodurch nicht herausgefunden werden konnte, wer letztendlich für die Taten zur Verantwortung gezogen wurde.

Bekannt ist hingegen, dass laut einem internen UN-Bericht von 2004 bis 2007 in Haiti neun Kinder in einem von mindestens 134 Blauhelmsoldaten aus Sri Lanka betriebenen Pädophiliering ausgebeutet wurden. Davon wurden als Ergebnis des Berichts 114 Soldaten in ihr Heimatland entlassen, doch niemand davon musste eine Gefängnisstrafe hinnehmen. Außerdem war das Ende des sri-lankischen Pädophilierings nicht gleichbedeutend mit dem Ende des Kindesmissbrauchs durch UN-Angehörige in Haiti, bei dem die damals 16-jährige Janila Jean aussagt, dass sie von einem brasilianischen Blauhelmsoldaten missbraucht worden war. Offiziell gemeldet hatte sie den Vorfall jedoch nicht – aus Angst, selbst für das Geschehene verantwortlich gemacht zu werden. Dementsprechend erklärte der brasilianische Admiral Ademir Sobrinho bei einer Londoner Konferenz, dass es unter seinen Streitkräften (offiziell) keine Fälle sexuellen Missbrauchs gebe.

Wie AP herausgefunden hat, wurden von den zwischen 2004 und 2016 gemeldeten zirka 2.000 Vorwürfen des sexuellen Missbrauchs gegen UN-Mitarbeiter und Blauhelmsoldaten etwa 150 aus Haiti gemeldet, während die Täter nach UN-Angaben und Interviews außer aus Sri Lanka und Brasilien auch aus Bangladesch, Jordanien, Nigeria, Pakistan und Uruguay stammen. Dazu kündigte der UN-Generalsekretär Antonio Guterres neue Maßnahmen zur Eindämmung der Missstände an, indem er sagte: *„Wir werden niemanden dulden, der sexuelle Ausbeutung und Missbrauch begeht oder zulässt. Wir werden nicht zulassen, das jemand diese Verbrechen mit der UN-Flagge zudeckt.“* Jedoch wurden bereits zehn Jahre zuvor in einem Bericht ähnliche Reformen wie heute zugesagt, von denen kaum etwas in die Tat umgesetzt wurde. So wurden bereits zwei Jahre danach wieder Vorwürfe gegen Blauhelmsoldaten in Haiti und in anderen Teilen der Welt laut, sich an Kindern vergangen zu haben.

Schockierende Fälle von Kindesmissbrauch durch Blaumhelmsoldaten

Am 20.1.2012 wurde ein geistig zurückgebliebenes 13-jährige haitianische Straßenkind von UN-Polizisten aus Pakistan vergewaltigt und danach jahrelang von einem Kontingent zum anderen herumgereicht. Die haitianische Regierung verlangte daraufhin die Auslieferung der Täter, doch die UN-Mission in Haiti konnte Pakistan nicht zur Kooperation bewegen. Zwei Beschuldigte wurden schließlich durch ein eigens auf die Karibikinsel eingeflogenes pakistanisches Militärtribunal in einem Schnellverfahren zu einem Jahr Haft verurteilt, das die beiden in ihrem Heimatland absitzen sollten. Während die Polizisten repatriiert wurden, kam Jean in ein Heim und die UN-Mission behauptete, für eine Entschädigung Jeans nicht zuständig zu sein. Dazu hieß es in einem UN-Untersuchungsbericht über den Umgang mit sexueller Ausbeutung und sexuellem Missbrauch durch UN-Mitarbeiter: *„Dieser schwierige Fall verdient gemeinsames Nachdenken ... [Er] hat die Wahrnehmung von Straflosigkeit für UN-Personal in Haiti vergrößert [und] könnte einen Präzedenzfall darstellen.“*[(33)]

Ebenfalls in Haiti wurde eine 15-Jährige von 50 Blauhelmsoldaten vergewaltigt, die wie andere Kinder um etwas zu essen bettelte und von den Soldaten Kekse und andere Snacks oder manchmal auch etwas Kleingeld angeboten bekam, die dafür als Gegenleistung Sex verlangten. Ein anderes Mädchen schilderte UN-Ermittlern, dass sie im Alter von 12-15 Jahren Sex mit 50 Blauhelmsoldaten hatte, wozu auch ein Kommandant gehörte, von dem sie dafür 75 Cent bekam. Manchmal schlief sie sogar in einem der UN-Lastwagen. Bei einem sehr drastischen Fall, der ebenfalls aus Haiti stammt, wurde ein Junge gleich von mehreren UN-Soldaten aus Uruguay vergewaltigt, die nach Angaben des Opfers ihre abscheuliche Tat sogar mit einem Mobiltelefon filmten.

Eine 14-Jährige, die am Flughafen von Bambari vorbeikam, wurde plötzlich von einem der Blauhelmsoldaten, die sich nur ein paar Meter von ihr entfernt aufhielten, am Arm festgehalten, während ihr ein anderer die Kleider vom Leib riss und sie vergewaltigte, obwohl sie während der Tat um Hilfe schrie. Dieser Fall stammt aus einem Bericht der Menschenrechtsorganisation *Human Rights Watch* (HRW) über sexuellen Missbrauch durch Blauhelmsoldaten in der Zentralafrikanischen Republik, wo es zwischen Oktober und Dezember 2015 mindestens weitere sieben solcher Fälle gegeben hatte. Dazu sagte die HRW-Mitarbeiterin Hillary Margolis: *„In einem Land, in dem die Bevölkerung regelmäßig Opfer von bewaffneten Gruppen wird, sollten Friedenstruppen Beschützer und nicht Aggressoren sein.“*[(34)]

Die Mission der UN-Friedenstruppen in der Zentralafrikanischen Republik unter dem Namen *Minusca* hält nun unter allen 16 UN-Einsätzen den Negativrekord für die meisten sexuellen Übergriffe, die Soldaten aus zehn verschiedenen Staaten vorgeworfen werden, sodass sogar ein UN-Sprecher deren Verhalten als „zügellos" bezeichnete. Im Jahr 2014 sagte ein Mädchen aus, dass es bereits im Alter von sieben Jahren zu sexuellen Handlungen an französischen Soldaten der europäischen *EUFOR*-Truppen gezwungen wurde, um als Gegenleistung dafür *„eine Flasche Wasser und ein Päckchen Kekse"* zu bekommen, aber auch gegen Soldaten aus Georgien, Marokko, dem Niger, Bangladesch und dem Senegal werde ermittelt. Auch ein anderes Mädchen wurde im Alter von 14 Jahren von zwei UN-Soldaten auf eine Wiese gezerrt, von einem der Männer festgehalten und vom anderen vergewaltigt. Wie *Aids-Free World* berichtet, hatten drei Opfer gegenüber einem UN-Mitarbeiter ausgesagt, dass sie 2014 ausgezogen und dann von einem französischen Militärkommandeur zum Sex mit einem Hund gezwungen wurden, während ein viertes Mädchen, das ebenfalls geknebelt worden war, später an einer unbekannten Krankheit gestorben sei. Laut *Aids-Free-World* seien 98 Berichte von Betroffenen an hochrangige UN-Vertreter übergeben worden. Obwohl laut UN-Sprecher Stephane Dujarric die Berichte mit dem Hund noch nicht verifiziert worden seien und die Ermittlungen noch andauerten, sprach auch der UN-Menschenrechtskommissar Seid al-Hussein von ekelerregenden Vorwürfen, über die die Regierungen aller drei beteiligten Länder informiert worden seien – neben Frankreich auch Gabun und Burundi.

Auch im Kongo soll es zu solchen sexuellen Übergriffen gekommen sein, während außer den UN-Blauhelmsoldaten auch ähnliche Vorwürfe gegen die französische Einsatztruppe *Sangaris* erhoben wurden, die unabhängig von den Vereinten Nationen in der Zentralafrikanischen Republik im Einsatz ist.

Missbrauchsfälle durch weitere UN-Mitarbeiter

Auch innerhalb der Vereinten Nationen selbst sollen Medienberichten zufolge Mitarbeiterinnen sexuell missbraucht worden sein, so die britische Zeitung *The Guardian.* Sie beruft sich dabei auf Interviews mit Dutzenden von aktuellen und ehemaligen UN-Mitarbeitern, die von einer herrschenden „Kultur des Schweigens" und der Straflosigkeit innerhalb der Organisation sprechen, wobei auf die Opfer Druck ausgeübt werde, während die Täter ungeschoren in Amt und Würden blieben. Laut *The Guardian* hatten 15 befragte Personen angegeben, in den letzten fünf Jahren sexuell belästigt worden zu sein, und sieben von ihnen hätten dies auch intern berichtet, jedoch wollten sie lieber unerkannt bleiben, da viele von ihnen befürchten, dass eine Beschwerde zum Jobverlust führen könne. So sagte eine Frau gegenüber der Zeitung: *„Wenn man es meldet, dann ist Deine Karriere vorbei."*

Tatsächlich hatten drei der Opfer, die die sexuellen Übergriffe gemeldet hatten, angegeben, dass sie ihre Anstellung verloren hatten, oder dass ihnen mit Kündigung gedroht worden sei, während die Täter nach wie vor unbehelligt geblieben seien. So hat etwa eine Frau davon berichtet, dass sie von einem Vorgesetzten vergewaltigt worden war, jedoch sei eine interne Ermittlung trotz medizinischer Untersuchungen und Zeugenaussagen zu dem Ergebnis gekommen, dass es keine hinlänglichen Beweise für den Wahrheitsgehalt ihrer Aussage gebe.

Auch in Deutschland ist ein Missbrauchsfall durch einen UN-Mitarbeiter bekannt geworden, für den der Täter hingegen rechtskräftig verurteilt worden ist. So hatte ein 37-jähriger Familienvater, der bei den Vereinten Nationen in Bonn tätig ist, am 30.1.2017 eine 22-jährige Frau vergewaltigt, die allerdings nicht bei der UNO angestellt war. Obwohl der Mann beteuerte, dass der Geschlechtsverkehr einvernehmlich gewesen sei, sah es das Gericht es als erwiesen an, dass die wehrlose Mexikanerin von ihrem bei der UNO arbeitenden Landsmann nach einem gemeinsamen Besuch in einem Bonner Nachtclub auf einem Feldweg gegen ihren Willen zum Geschlechtsverkehr gezwungen worden war, wenn auch der ursprüngliche Vorwurf, ihr K.O.-Tropfen in ihr Getränk getan zu haben, nicht bewiesen werden konnte, und er somit wegen des Tatverdachts der gefährlichen Körperverletzung freigesprochen wurde. Besonders tragisch dabei ist, dass das Opfer nach eigenen Angaben bereits als Kind sexuell missbraucht worden war und durch die neuerliche Tat nun noch einmal ihr Kindheitstrauma durchleben musste, wie auch die Gasteltern des Au-pair-Mädchens als Zeugen bestätigten, die sie als zuvor lebenslustig und fröhlich beschrieben, heute jedoch als *„ernst, zurückgezogen, ja ängstlich"*.

Vertuschungsversuche durch hochrangige UN-Mitarbeiter

Laut der britischen Zeitung *The Guardian* wurde ein schwedischer UN-Mitarbeiter suspendiert, weil er den Bericht mit Zeugenaussagen von Kindern aus der Zentralafrikanischen Republik an die französischen Behörden weiterleitet, die angegeben hatten, von französischen Soldaten vergewaltigt worden zu sein, nachdem die UNO nichts zur Verhinderung des Kindesmissbrauchs unternommen habe. Unterdessen wurde die Suspendierung des ehemaligen Mitarbeiters von einem UN-Sprecher in New York bestätigt. Das französische Verteidigungsministerium verifizierte, dass die Pariser Staatsanwaltschaft die Ermittlungen aufgenommen habe und hat mit „härtesten Strafen" gegen die verantwortlichen Soldaten gedroht. Im Gegensatz dazu waren die Vereinten Nationen in der Vergangenheit erschreckend untätig geblieben, um solche Vorfälle künftig effektiv zu verhindern. Zwar wurde der hochrangigste UN-Vertreter im August 2015 aufgrund ausbleibender Reaktionen auf die Vorwürfe des sexuellen Missbrauchs gegen Blauhelmsoldaten suspendiert, jedoch wurde bislang erst einer der angeklagten Soldaten bestraft, und nur eines von acht aktuellen Opfern psychologisch betreut.

Derweil hatten die Vereinten Nationen sogar zugegeben, gescheitert zu sein, da die Reaktionen auf die Anschuldigungen laut eines Untersuchungsberichts *„fragmentarisch und bürokratisch"* gewesen seien und *„das Fehlen konkreter Maßnahmen"* kritisiert wurde, was insgesamt die *„Glaubwürdigkeit und Zukunft der Friedensmissionen"* gefährde. Dabei handelt es sich weder bei den Übergriffen in der Zentralafrikanischen Republik noch bei der Suspendierung des schwedischen Whistleblowers um Einzelfälle, wobei auch die ehemalige Menschenrechtsaktivistin der *Internationalen Polizeieinsatztruppe* in Bosnien-Herzegowina, Kathryn Bolkovac, ähnliches berichtet.

So gleicht das, was in den 1990ern bis um 2000 in Bosnien den Opfern von Menschenhandel widerfahren ist, laut Bolkovac dem Skandal in der Zentralafrikanischen Republik, d.h. insbesondere in Bezug auf die Missbrauchsvorwürfe von schutzbedürftigen Bevölkerungsgruppen durch Organisationen wie den Vereinten Nationen, die eigentlich zu deren Schutz verpflichtet sind, da sie eigens zu diesem Zweck ins Leben gerufen worden waren. Bolkovac sagt, dass die Fälle zuerst vertuscht worden seien, und nachdem sie aufgedeckt wurden, habe die UNO versucht, die Fälle zu beseitigen, abzuschließen und zu diskreditieren. Die Vereinten Nationen hätten offensichtlich eine ordentliche Untersuchung und anschließende Strafverfolgung der Verbrechen verhindert, die im Rahmen von Friedensmissionen begangen worden sind.

Auch in Bosnien habe es viele solcher Fälle gegeben, die ebenfalls nie strafrechtlich verfolgt wurden. So seien etwa junge Mädchen aus osteuropäischen Staaten wie Rumänien, der Ukraine oder Moldawien nach Bosnien gebracht worden, um den Blauhelmsoldaten und auf Stützpunkten als Sexsklavinnen zu dienen. Davon betroffen gewesen seien Büros fremder Nationen wie den USA, Pakistan, Deutschland, Rumänien oder der Ukraine. Es sei nie eine umfassende Untersuchung der Vorfälle durch Menschenrechtsaktivisten erlaubt gewesen, während Beschuldigte einfach von der Mission abgezogen oder zu einer anderen Mission beordert wurden, während die Opfer einfach zurück in ihre Heimatländer geschickt worden seien.

Laut Bolkovac seien die Vorfälle hochrangigen UN-Mitarbeitern bekannt gewesen, wozu auch der Leiter der UN-Friedensmission in Bosnien, Jacques Klein, gehört habe, weil sie ihnen selbst ihre Berichte zusammen mit der Dienstaufsichtsbehörde geschickt habe, was zudem gut dokumentiert worden sei. Ungeachtet dessen seien keine Anklagen gegen UN-Mitarbeiter erhoben worden, weil es nicht zugelassen wurde, die Untersuchungen abzuschließen. Dies sei auch der Grund gewesen, warum sie ihren Job verloren habe, weil sie versuchte, all diese Fälle aufzuklären. Sie hatte daraufhin ihren Arbeitgeber in Großbritannien verklagt und das Gerichtsverfahren gewonnen, weil ihre Kündigung widerrechtlich gewesen war.

Bolkovac glaubt nicht, dass die Vereinten Nationen seit ihrer Entlassung Fortschritte bei der Bekämpfung der Missstände erzielt haben und dass offenbar immer noch hochrangige Beamte versuchen, Missbrauchsfälle zu vertuschen. Ihr zufolge sei es daher notwendig, dass die einzelnen Mitgliedsstaaten damit beginnen, ihre eigenen Staatsangehörigen zur Verantwortung zu ziehen, weil die UNO wohl nur dann bereit sei, bei der Aufklärung der Vorfälle und der Strafverfolgung der Täter mit ihnen zu kooperieren. Sie hat über ihre Erlebnisse ein Buch mit dem Titel *The Whistleblower* veröffentlicht, das auch als Vorlage zum gleichnamigen Film mit Rachel Weisz in der Hauptrolle diente, der 2010 in die Kinos kam. Für ihr persönliches Engagement zur Untersuchung der Missbrauchsfälle wurde Bolkovac für den Friedensnobelpreis nominiert.

Auch britische Regierung und andere Hilfsorganisationen von Skandal betroffen

Dass den einzelnen Mitgliedsstaaten eine besondere Rolle bei der Aufarbeitung der Missstände zukommt, geht auch daraus hervor, dass zum Beispiel die britische Regierung maßgeblich an der Vertuschung des Skandals mitgewirkt hat. So lauten jedenfalls die Vorwürfe der ehemaligen britischen Ministerin für internationale Entwicklung, Priti Patel, gegenüber der Führungsriege ihres *Entwicklungsministeriums* (DFID), indem dieses MacLoeds Dossier, welches dieser dort eingereicht hatte, unter Verschluss gehalten habe. Patels Versuche, den sich abzeichnenden UN-Skandal in der Öffentlichkeit bekannt zu machen, seien konterkariert worden, woraufhin Patel im letzten November von ihrem Amt als Ministerin zurückgetreten war. Wie *The Sun* berichtet, hätten laut Patel Regierungsbeamte auch versucht, ähnliche Vorfälle bei der britischen Hilfsorganisation *Oxfam* zu vertuschen. Die gegen die Vereinten Nationen erhobenen Vorwürfe gehen somit Hand in Hand mit dem Skandal bei *Oxfam*, bei dem laut eines Berichts von *The Times* gegen 120 Mitarbeiter ebenfalls Vorwürfe des sexuellen Missbrauchs erhoben worden waren.[35]

So sollen auch *Oxfam*-Mitarbeiter bei ihrem Einsatz in Krisenregionen für die Herausgabe von Hilfsgütern von einheimischen Frauen Sex als Gegenleistung verlangt haben, wobei sich der Skandal aber mittlerweile auch auf andere karitative Organisationen wie *Save the Children* und *Christian Aid* ausgeweitet hat, wo jeweils 31 bzw. zwei solcher Fälle bekannt geworden sind. Auch Patel sprach in diesem Zusammenhang von einer „*Kultur des Schweigens*“ bei den Hilfsorganisationen, die im Bereich der Entwicklungshilfe herrsche, welche erst die Taten von „*raubtierhaften Pädophilen*“ ermögliche, so Patel wörtlich.

5. Corbett-Report – Politische Pädophilie

Nachdem immer mehr Informationen auf beiden Seiten des Atlantiks über Pädophilieringe auftauchen, die in den höchsten Rängen von Politik, Wirtschaft und Unterhaltungsbranche ihr Unwesen treiben, sieht sich selbst die Presse des Establishments dazu gezwungen, sich mit der Geschichte zu befassen. Aber wird das gleiche Establishment, das diese Schrecken jahrzehntelang vertuscht hat, einen Dammbruch über diese sensiblen und für einen Paradigmenwechsel sorgenden Informationen herbeiführen? Natürlich nicht.

Die investigative Seite *The Corbett Report* und deren Reporter loten aus, wie die alternativen Medien dabei helfen können, die Open-Source-Untersuchung über die Praxis politischer Pädophilie zustande zu bringen und die wahren Übeltäter bloßzustellen.

Ein Reporter:
„Ein neuer Bericht, der Anschuldigungen gegen Jimmy Savile aus mehr als 50 Jahren nachgeht, hat im Einzelnen mindestens 34 Vergewaltigungsvergehen und 126 anstößige Taten aufgeführt. Das jüngste Opfer, ein Junge, war erst acht (Jahre alt). Die NSPCC, die den Bericht zusammen mit der Polizei anfertigte, nennt Savile einen der aktivsten Sexualstraftäter, mit dem sie je zu tun hatte. Er attackierte seine Opfer zumeist in den 1960ern und 70ern bei der BBC, an Schulen, Krankenhäusern und sogar einem Hospiz. Aber sexuelle Übergriffe fanden auch noch bis vor vier Jahren statt. Der Crown Prosecution Service (Strafverfolgungsdienst der Krone) hat zugegeben, dass Savile noch zu seinen Lebzeiten hätte vor Gericht gebracht werden können und entschuldigte sich bei seinen vielen Opfern. David Sillito berichtet.“[(41)]

David Sillito (Medien- und Kunstkorrespondent bei *BBC News*):
„Jimmy Savile, ein rücksichtsloser Sexualstraftäter. Sein erster verzeichneter Übergriff: 1955. Der letzte: 2009. Der heutige Polizeibericht zeichnet das bisher klarste Bild von Saviles Verbrechen. Die Zahlen sind befremdlich. 450 Leute haben sich gemeldet, 328 waren zu der damaligen Zeit Kinder, 214 Verbrechen wurden gemeldet, 34 Verge-

waltigungen. Das jüngste Opfer war acht, und so weiter und so fort. Hunderte müssen etwas davon gewusst haben."[(36)]

Die Journalistin und Rundfunksprecherin Janet Street-Porter:

„Als ich Ende der 1980er, ungefähr 1987, als Führungskraft zur BBC ging, wusste ich von den Gerüchten um Jimmy Savile. Ich wusste auch von den Gerüchten über andere Leute. Es gab so eine Kultur, und es war eine Generationenangelegenheit, bezüglich des Verhaltens im Bereich der leichten Unterhaltung, die toleriert wurde. Ich habe das Gefühl, der Grund, warum sich diese Frauen vorher nie zu Wort gemeldet haben, war, dass ihnen niemand geglaubt hätte. Weil Jimmy Savile so viel Geld für wohltätige Zwecke aufbrachte, und er benutzte das Geld, das er für wohltätige Zwecke aufbrachte, als Druckmittel, um das Schweigen landesweiter Tageszeitungen zu erkaufen, und wenn es je eine Zeit geben würde, in der ihn jemand verpfeifen würde, würde er diesen Zeitungen und diesen Reportern damit drohen, dass diese Krankenhäuser nicht diese Spendengelder bekommen würden."[(37)]

Die *BBC*-Moderatorin Ann Salter:

„Nachdem die Anschuldigungen des sexuellen Missbrauchs weiterhin zunehmen, werden Fragen gestellt, ob er Teil eines viel größeren und erlesenen Netzwerks von hochrangigen Persönlichkeiten war, die Savile dabei geholfen haben könnten, den Missbrauch zu organisieren, zu vertuschen, oder die sogar selbst an den Übergriffen teilgenommen haben. Der freimütige Abgeordnete für West-Bromwich East, Tom Watson, sprach bei einer Fragestunde gegenüber einem schockierten Parlament über den Namen einer Person, die in den Fall Savile verwickelt ist. Er sagte, man gehe davon aus, dass es der Name eines leitenden Regierungsberaters sei, der noch am Leben sei. Mit Verbindungen zu einem früheren Premierminister und einem Mann, der aus dem Ausland Kinderpornografie nach Großbritannien importierte."[(38)]

Was wir gerade gelesen haben, sind eine Reihe von Ausschnitten in Bezug auf den Fall von Jimmy Savile. Er war jahrzehntelang fester Bestandteil der *BBC* und präsentierte sowohl *Top of the Pops* als auch die populäre Kindersendung *Jim'll fix it* und wurde bis zu seinem Tod beinahe einhellig in den Medien als unermüdlicher Aktivist zum Wohle der Kinder und als rundherum wundervoller Mann gelobt – das heißt, bis er gestorben ist und sich die ersten Risse in dieser Fassade abzuzeichnen begannen, als einige Journalisten vorsichtig in den Korruptionssumpf eintauchten, aus dem Jimmy Saviles Leben bestand. Wir sprechen von einem Mann, der ein halbes Jahrhundert lang reihenweise Kinder missbraucht, vergewaltigt und sexuell ausgebeutet hat, die bis zu acht Jahre jung waren und der laut manchen Anschuldigungen noch nicht einmal vor Nekrophilie zurückschreckte.

Abb. 36 Jimmy Savile (l.) und Prinz Charles (r.)

Der Fall Jimmy Savile ist besonders aufschlussreich hinsichtlich des Themas „Politischer Pädophile". Hier haben wir nun diesen Mann, der, wie wir mittlerweile wissen, in medialen und politischen Kreisen weithin als Pädophiler, sexueller Straftäter, Vergewaltiger und serieller Kinderschänder bekannt war, und dennoch wurde dieses offene Geheimnis vor der Öffentlichkeit ferngehalten, und er geriet zeitlebens nie ins Scheinwerferlicht, oder zumindest gab es einige Leute, die zaghaft hie und da in einem Interview einige Fragen stellten, aber es lief nie auf etwas Bestimmtes hinaus. Und als er plötzlich gestorben war, wurden die Schleusentore geöffnet. Das ist interessant, weil er nicht nur einen Einblick in das Phänomen politischer Pädophilie im Allgemeinen bietet, sondern auch speziell, wie dieses Phänomen verewigt wird, wie es funktioniert, wie politische Verbindungen und Medieneinfluss einen Skandal unter der Decke halten konnten, der so enorm ist wie dieser, mit buchstäblich aberhunderten angeblich missbrauchter Kinder, die sich nun zu Wort melden und nun angehört werden, nachdem die Schleusentore geöffnet wurden. Er stellt die Verständnisgrundlage darüber dar, wie ein solches Phänomen überhaupt vorkommen kann.

Und er wird nun immer noch in diesen Medien dokumentiert, die auf so bemerkenswerte Weise ihrer grundlegendsten Pflichten entsagt haben, in diesen Jahrzehnten dem öffentlichen Interesse zu dienen, als diese gleichen Reporter, die nun über dieses Phänomen berichten, darüber Bescheid wussten, dass es gerade stattfand.

Und daher – nur um zu dokumentieren, wovon wir schreiben – lassen Sie uns nun einigen der Puzzle-Stücke zuwenden, die dabei helfen, zu erklären, wie es Jimmy Savile gelungen ist, sein System des Missbrauchs so viele Jahrzehnte lang aufrechtzuerhalten. Und wir können es auch an seinesgleichen sehen, natürlich nicht nur an den reichen und mächtigen Freunden aus der Unterhaltungsbranche oder seinen Arbeitgebern und Vorgesetzten bei der *BBC* und den Medien im Allgemeinen, sondern auch an seinen politischen Verbindungen und den Verbindungen, die ganz nach oben bis zum Königshaus reichen. Zum Beispiel haben wir dies aus *The Telegraph* vom 4. Oktober 2012 vorliegen: ‚Sir Jimmy Savile: Prince Charles' Vorliebe für Saviles Damen. Der Prince of Wales schickte Jimmy Savile 2007 eine Weihnachtskarte, in der er ihn bat: „*Gib meine Liebe an Deine Damen in Schottland weiter.*" Im Lichte der belastenden Dokumentation von *ITV* über Jimmy Saviles sexuellen Missbrauch von Mädchen, ist es gut möglich, dass der Prince of Wales die Nähe ihrer Freundschaft bedauert.

Auch folgende Information stammt aus *The Telegraph* vom 3. Februar 2015: „*Charles-Biographie: Die acht verblüffendsten Enthüllungen über den Prince of Wales.*" Zu den Behauptungen der Biographin Catherine Mayer gehört, dass Prinz Charles „*Jimmy Savile bei allem vertraute, von Eheberatung bis zur Überprüfung von Reden.*"

Neuerlicher Beweis für das Ausmaß, in dem sich der Prince of Wales auf Jimmy Savile als einen Vertrauten und Ratgeber verließ, wird zum ersten Mal in einer kontroversen königlichen Biografie enthüllt, die im Juni 2015 veröffentlicht wurde. Der Prinz bat Savile, seine Reden durchzulesen und seine Gedanken darüber beizusteuern, wie sie verbessert werden könnten, und er fragte ihn auch um Rat über Angelegenheiten, die mit Gesundheitspolitik zu tun hatten.

Das Buch *Charles – Mit dem Herzen eines Königs: Die Biografie* geht der Beziehung zwischen dem Prinzen und Savile nach, der, wie man nun weiß, hunderte von Kindern missbraucht hat. Savile, der 2011 starb, war jahrelang Besucher in Highgrove und dem St James's Palace. Er hatte auch freien Zutritt zu den Krankenhäusern *Stoke Mandeville Hospital*, *Leeds General Infirmary* und *Broadmoor*, die „*Savile für den Prinzen zu einer naheliegenden Person machten, um Rat beim Umgang mit britischen Gesundheitsbehörden zu bekommen*".

Catherine Mayer erzählt von einer Begebenheit in Highgrove, bei dem Gesundheitsbeamte erstaunt darüber waren, als sie zu einem Treffen über die vorgeschlagene Schließung von Notdiensten bei einem örtlichen Krankenhaus eintrafen und dabei Savile mit am Tisch vorfanden. Nachdem der Prinz weggegangen war, soll er den Gesundheitsbossen damit gedroht haben, dass es sie die Ritterschaft kosten könne, wenn sie sie nicht zufriedenstellen würden.

Der Artikelauszug geht an dieser Stelle noch weiter und es gibt viele, viele, viele Artikel mit Einzelheiten über die Verbindungen zwischen Savile und verschiedenen Angehörigen der britischen Aristokratie, die etablierten Medien und politischen Kreisen im Allgemeinen. Wir werden nicht weiter speziell darauf eingehen, aber wir empfehlen einen guten Artikel von *ActivistPost.com*[(39)] der vor ein paar Jahren erschienen ist, und der einige dieser Verbindungen durchgeht und die Tür öffnet – die Büchse der Pandora –, die dieser Skandal darstellt. Der Skandal um Jimmy Savile öffnete wirklich die Schleusentore auf einer Reihe von Ebenen, einschließlich einigen anderen Untersuchungen, die andauernde tiefgreifende Auswirkungen haben und sich hoffentlich langfristig auf das Erscheinungsbild der britischen Politik auswirken. Und es war dieser Dominoeffekt, den der Fall Jimmy Savile bei der Offenlegung des Pädophilenring-Skandals um Westminster-Prominente im Vereinigten Königreich hatte, der teilweise dafür verantwortlich war, dass am 11. Januar 2015 auf *corbettreport.com* eine Open-Source-Untersuchung über Pädophile in der Politik gepostet wurde.[40] Dieser Artikel stellt einen ersten Versuch dar, etwas Überblick (nicht nur) über den Westminster-Skandal zu bieten, sondern auch einige andere Skandale über Pädophilieringe innerhalb politischer Kreise. Aber noch wichtiger ist, dass er eine Sammlung von über 140 Kommentaren darstellt, die von Aberdutzenden von *corbettreport.com*-Mitgliedern zusammengetragenen wurden. Fast jeder einzelne dieser Kommentare, der viele Links zu Zeitungsartikeln, Gerichtsakten und Dokumenten, offiziellen Ermittlungsunterlagen, Videos und Zeugenaussagen von Missbrauchsopfern beinhaltet, stellt in diesem Zusammenhang einfach ein unabdingbares Kompendium an Informationen dar.

Nehmen Sie sich die Zeit, um ein Gespür dafür zu bekommen, wie überwältigend die Menge an Informationen über dieses Thema bereits in der öffentlichen Wahrnehmung ist, ganz zu Schweigen davon, was durch die andauernde Menge an Untersuchungen noch über uns hereinbricht... Wollen wir sehen, ob wir diese Skandale an einen Wendepunkt bringen und tatsächlich mithelfen können, um sicherzustellen, dass es tiefgreifende Veränderungen gibt, die als Ergebnis dieser Enthüllungen stattfinden.

Im Verlauf dieses Kapitels präsentieren wir zusätzliche Details der Open-Source-Untersuchung zur politischen Pädophilie. Daher werden wir Folgendes betrachten:

- Beispiele des politischen Pädophilie-Phänomens.
- Wir werden erklären, warum es scheinbar so sehr innerhalb politischer Kreise grassiert.
- Wir werden Ideen anbieten, was die Leute effektiv dagegen tun können, wenn öffentliche Institutionen so offensichtlich beeinträchtigt sind.

- Wir werden eine Warnung darüber aussprechen, um zu vermeiden, dass aus dieser Untersuchung eine blindwütige Hexenjagd gemacht wird.

Und dies könnte leicht passieren, angesichts dessen, dass wir es mit einem der rohesten und grundlegendsten Instinkte der Menschheit zu tun haben, der darin besteht, unsere Kinder zu schützen. Daher gibt es natürlich Warnungen, dass man über die Art und Weise auf der Hut sein muss, wie diese Art der offenen Untersuchungen (Open-Source) verlaufen können, und wir werden die heutigen Untersuchungen mit einigen Gedanken darüber abschließen. Aber gehen wir nun zur Untersuchung der widerlichen Einzelheiten von einigen dieser Beispiele über. Beginnen wir mit diesem Pädophilenring prominenter Persönlichkeiten, der weiterhin im Vereinigten Königreich enthüllt wird.

> Der TV-Moderator und Komponist Samson Seez: „*Es ist noch nicht so lange her, dass diejenigen, die behaupteten, dass es einen enormen Pädophilenring unter Beteiligung von Bediensteten auf den höchsten Ebenen der Regierung gibt, als Verschwörungstheoretiker und Verrückte abgeschrieben wurden. Dies ist nicht länger der Fall, zumindest nicht im Vereinigten Königreich. Es stellt sich heraus, dass diese sogenannte Verschwörungstheorie richtig war und schließlich offiziell untersucht wird.*“[(41)]

> Ein Reporter: „*Eine mächtige Elite, bestehend aus mindestens 20 prominenten Persönlichkeiten des Establishments, bildete einen VIP-Pädophilenring, der jahrzehntelang Kinder missbrauchte. Führende Politiker, Persönlichkeiten des Militärs und sogar Leute, die mit der königlichen Familie verbunden sind, befinden sich unter den mutmaßlichen Missbrauchstätern.*“[(42)]

> Eisa Ali (Korrespondent und Journalist): „*Jahrelang haben Kinderrechtsaktivisten die Aufmerksamkeit auf die Existenz von Pädophilenringen innerhalb der politischen Elite Großbritanniens gelenkt. Zuvor*

durch das Establishment als eine Verschwörungstheorie abgetan, bringen nun Parlamentsabgeordnete das Thema auf die Tagesordnung und verlangen nach Antworten über die Anschuldigungen von Pädophilen, die während der 1980er in Westminster zugange waren. Der Labour-Abgeordnete Simon Danczuk hat Leon Brittan ersucht, öffentlich zu machen, was er über eine Akte mit Anschuldigungen gegenüber Pädophilen weiß, die ihm präsentiert wurde, als er zwischen 1983 und 1985 Innenminister war. Viele der Anschuldigungen kreisten um das Verhalten des früheren Liberal-Abgeordneten Cyril Smith, der 2010 gestorben ist."[(43)]

Die 2017 verstorbene Moderatorin und Journalistin Liz MacKean: „*Cyril Smith war eine gefeierte Persönlichkeit, die die Wähler umwarb. Er war während der 70er und 80er Rochdales Liberal-Abgeordneter. Seine Popularität machte ihn zu einem der hochrangigsten Politiker des Landes. Smiths Name tauchte letztes Jahr mit dem Savile-Skandal wieder auf, der zu einer Neuuntersuchung der Art und Weise führt, wie mit sexuellem Missbrauch umgegangen wird und wie seine Opfer damit zurechtkamen. Der Strafverfolgungsdienst der Krone gab zu, dass der Abgeordnete zu seinen Lebzeiten hätte angeklagt werden sollen. Ein Film für Dispatchers Tonight wird zeigen, wie viele Gelegenheiten versäumt wurden, um ihm das Handwerk zu legen.*
Die Polizei von Lancashire führte Ende der 1960er mehrere Untersuchungen durch und trug diese 80-seitige Akte zusammen, die bis heute Abend vor der Öffentlichkeit ferngehalten wurde.
Dies zeigt, dass die Polizei überaus bereit war, ihn strafrechtlich zu belangen ... und dennoch war sie dazu nicht der Lage. In der Akte beklagt sich die Polizei über verdeckte Drohungen von örtlichen Liberalen. Smith selbst wird beschuldigt, Zeugen unter Druck gesetzt zu haben, damit sie ihre Aussagen zurückziehen. Der damalige regionale Abgeordnete Jack McCann sprach sogar in Smiths Namen mit dem Direktor der Staatsanwaltschaft, und kurz danach wurde die Angelegenheit fallengelassen."[(44)]

Abb. 37 Jimmy Savile überreicht Kindern im Namen der *Nationalen Gesellschaft zur Prävention von Grausamkeiten an Kindern* einen Scheck über 7.500 britische Pfund. Das Geld wurde von über 33.000 Hausfrauen gesammelt (1973).

James Corbett: „*Nun, das gibt uns zumindest einen Hinweis über den Umfang dieser Untersuchung über den Pädophiliering, die nun andauert und die geradewegs ins Parlament und einige der höchsten Kreise politischer Macht im Vereinigten Königreich zu führen scheint. Aber es ist nur ein Hinweis, und wir kennen das ganze Ausmaß dieses Skandals nicht wirklich, indem es sich noch weiterentwickelt. Aber lassen Sie uns einige der Beweisstücke aufgreifen:*

- *Wir wissen also, dass die höchsten Ebenen der Politik, des Königtums, Militärs und der Geheimdienstbehörden des Vereinigten Königreichs beschuldigt werden, in diesen Pädophiliering verwickelt zu sein.*
- *Es gab eine Akte über Pädophile, die angeblich mit der britischen Regierung in Zusammenhang stand. Sie wurde 1984 dem Innenminster Leon Brittan übergeben, ging aber irgendwo im Innern des Parlaments verloren. Daher ist der heutige Verbleib der Akte nicht bekannt.*

- *Die Thatcher-Regierung hielt Bedienstete davon ab, öffentlich die Namen von mutmaßlichen Pädophilen zu nennen.*
- *Der (Geheimdienst) MI5 soll angeblich wiederholt Untersuchungen über diesen Kindesmissbrauchsring blockiert haben.*
- *Mit Stand vom März 2015 sagte die Independent Police Complaints Commission (IPCC), dass sie 17 Anschuldigungen in Bezug auf den VIP-Ring des sexuellen Missbrauchs zwischen den 1970ern und 2000ern untersucht.*

Wie ich bereits sagte, dies ist ein laufender Rechtsfall, und es liegen uns noch nicht alle Fakten vor. Wir kennen noch nicht einmal das Ausmaß der Ermittlungen, in dem alle paar Tage neue Überraschungen auftreten. Wir haben zum Beispiel dies von Channel4.com vorliegen: ‚Kincora Historischer VIP-Pädophile-Ring – Schockierende Vorwürfe:' Darin heißt es: ‚Ein Kincora-Missbrauchsopfer aus Nordirland hat gegenüber Channel 4 News ausgesagt, wie es auch im Londoner Elm Guest House und Dolphin Square durch sehr mächtige Leute missbraucht wurde.
Richard Kerrs erschütternder Bericht darüber, was ihm als Junge widerfahren ist, verknüpft zum ersten Mal drei der wichtigsten angeblichen VIP-Pädophilering-Örtlichkeiten – Dolphin Square, ein Luxus-Komplex, der bei Abgeordneten und Regierungsbeamten beliebt ist; Kincora Boy's Home in Belfast, wo Jungen systematisch missbraucht wurden, und Elm Guest House, ein früheres Schwulenbordell, wo auch junge Kinder sexuell missbraucht worden sein sollen.'
Daher sei es Ihnen verziehen, wenn es Ihnen schwerfällt, bei all den verschiedenen Schlagzeilen über all diese verschiedenen Pädophilieringe überhaupt noch mitzukommen, die nun im Vereinigten Königreich enthüllt werden, weil es so aussieht, als ob sie tatsächlich alle miteinander in Verbindung stehen, und ich denke, dass dies nicht sehr überraschend sein sollte, angesichts dessen, dass man mutmaßen kann, dass die hohen Ebenen politischer, medialer und anderer Arten von Einflüssen benötigt werden, um einen Pädophiliering unter der Decke zu halten, der jahrzehntelang mit scheinbarer Straffreiheit unterhalten wird.
Es ist interessant, dass dies nun ans Licht kommt, und dass es nun aktive Untersuchungen darüber gibt, und wie ich bereits sagte, es ist ein

bewegliches Ziel und nur ein weiteres Beispiel dafür, was wir erst kürzlich mit dem Ex-Polizeipräsidenten von Lancashire hatten, das bekannt geworden war und wieder einen speziellen Vertuschungsvorwurf im Fall von Cyril Smith vorbrachte, über den wir in diesem Videoausschnitt hörten, den wir gerade angesehen haben.
‚Ein Polizeipräsident im Ruhestand hat enthüllt, dass eine üble Vertuschung der Pädophilie-Verbrechen des Abgeordneten Cyril Smith durch einen hochrangigen Bediensteten für den Generalstaatsanwalt angeordnet wurde. Albert Laugharne, früherer Polizeipräsident der Polizei von Lancashire, sagte, dass er in den 1970ern aufgefordert wurde, über den sexuellen Missbrauch eines Jungen durch den 184 Kilo schweren Liberal-Politiker zu lügen. Der 83-Jährige ist der bisher hochrangigste Ex-Polizeibeamte, der Einzelheiten über eine Verschwörung des Establishments nannte, um Smith zu schützen. Es folgt eine Woche der Enthüllungen darüber, wie die einflussreichen Freunde des Abgeordneten die Wahrheit über seine Missbrauchsregentschaft verbargen.‘
Aber natürlich ist der VIP-Pädophiliering im Vereinigten Königreich keineswegs der einzige VIP-Pädophiliering, der zu dieser Zeit ans Licht kommt. Es gibt noch einen anderen, der verdientermaßen Schlagzeilen macht. Derjenige, der mit einem früheren zahlungskräftigen Bankier und jetsettenden Globetrotter namens Jeffrey Epstein zu tun hat.“

Ein Reporter von RT America: *„Das Äquivalent zum größten Skandal im Vereinigten Königreich seit dem Zweiten Weltkrieg hat die USA erreicht, und der frühere Präsident Bill Clinton könnte darin verwickelt sein. Die Geschichte dreht sich um diesen Mann, den Milliardär Jeffrey Epstein, der 2008 wegen Förderung der Prostitution zu einer Gefängnisstrafe verurteilt wurde. Diese Anklage war Teil einer Verständigung im Strafverfahren. Es begann alles 2005, als gegen Epstein ermittelt wurde, nachdem eine Frau berichtete, dass er ihrer 14-jährigen Tochter 300 Dollar als Gegenleistung für Sex bezahlt hatte. Mittlerweile gibt es seit dieser anfänglichen Behauptung mehr als 40 Frauen, die sich mit Behauptungen gemeldet haben, dass Epstein ein sexueller Straftäter sei, und dass er sie nicht nur missbraucht habe, sondern sie auch mit berühmten und mächtigen Freunden geteilt habe.*

Vorausblende in die Jetztzeit, während ein Gerichtsverfahren in Palm Beach, Florida, im Gange ist. In diesem Gerichtsverfahren (gibt es) mehrere Erwähnungen des früheren Präsidenten Bill Clinton, der Berichten zufolge mehrmals [d.h. mehr als 25 Mal] zu Epsteins Privatinsel gereist ist – Little St. James genannt. Es passierte alles zwischen 2002 und 2005.
Nun, laut der Zeugenaussage im Gerichtsverfahren war zumindest eine Frau unfreiwillig auf diesem Anwesen. Sie wird als ‚Jane Doe 102' bezeichnet. Sie wurde jahrelang dazu gezwungen, als eine von Epsteins minderjährigen Sexsklaven ihr Dasein zu fristen, und sie wurde gezwungen, Sex mit Politikern, Geschäftsmännern, Adligen und Akademikern zu haben etc.
Nun, um dies klarzustellen, als 2008 die Verständigung im Strafverfahren stattfand, brach Clinton den Kontakt mit Epstein ab, vielleicht aber auch nicht. Laut UK Daily Mail behauptet das Gerichtsverfahren, dass Clinton mit einer unbenannten Frau befreundet war, die Bilder von nackten minderjährigen Kindern auf ihrem Computer aufbewahrte. Also was wusste Bill Clinton und woran hat er sich beteiligt? Laut The Smoking Gun bestand im Rahmen einer Zivilklage gegen Epstein durch mehrere Anwälte seiner Opfer für die Frauen die Möglichkeit, Clinton vorzuladen, da es gut möglich ist, dass er eine Quelle relevanter Informationen über Epsteins Aktivitäten darstellen könnte. Nun, während Clinton nie unter Eid aussagte, erhielten Epsteins Anwälte ein computerisiertes Verzeichnis mit Telefonnummern, das außer 21 Telefonnummern für Bill Clinton auch E-Mail-Adressen für ihn enthielt. Einschließlich derjenigen für seinen Assistenten, Doug Band, wie aus einer Gerichtsakte hervorgeht."(45)

James Corbett: „*Es gibt dort einige sehr interessante und aufschlussreiche Einzelheiten über die Verbindungen von Jeffrey Epstein zu Leuten wie Bill Clinton, und nicht nur Bill Clinton. Wir können anhand der unglaublichen Geschichte des ‚kleinen schwarzen Buches' darauf schließen, welches Jeffrey Epstein von seinem ‚Hausdiener' (was auch immer das bedeutet) gestohlen wurde, der das schwarze Buch an sich nahm, das die verschiedenen Telefonnummern und Adressen von Personen*

enthält, die mit Epstein in Verbindung stehen, und der laut der Polizei versuchte, Epstein damit zu erpressen.
Aber dennoch sollten die Namen in diesem kleinen schwarzen Buch den Leuten vertraut sein. Zum Einen gibt es eine Menge sehr bekannter Namen darin, einschließlich derjenigen von Mick Jagger, John Cleese, Barbara Walters, Mike Wallace und anderen, aber der vielleicht interessanteste Teil davon ist, dass in dem schwarzen Buch, das man herunterladen kann, es gibt im Internet ein PDF-Dokument[46]*, wo man sehen kann, dass das eigentliche Dokument all die Telefonnummern der Personen beinhaltet, natürlich zensiert, aber es listet tatsächlich all die Personen in diesem schwarzen Buch auf, und einige der anderen Namen in diesem Buch sollten bei einigen Zuschauern von The Corbett Report die Alarmglocken läuten lassen. Einschließlich eines gewissen David Rockefeller und auch Leuten wie Peter Soros und Ehud Barak, dem früheren Premierminister von Israel [Anmerkung: nicht zu vergessen auch Henry Kissinger]. Sehr interessante Namen, die in diesem schwarzen Buch auftauchen, aber es sollte festgehalten werden, dass niemand annehmen soll, dass jeder einzelne Kontakt, den Epstein hatte, an allen möglichen Pädophilen-Partys teilgenommen hat, die Epstein veranstaltet. Es bedeutet nur, dass all diese Leute – selbst bis zu (und einschließlich) der Zeit, als er für solche Aktivitäten unter Verdacht geriet – mit Epstein in Verbindung standen. Es gab einen hervorragenden Beitrag auf 1984ArkansasMotherOfTheYear.blogspot.com, der Aberdutzende von Links zu verschiedenen Gerichtsdokumenten, Akten und Artikeln über diese Geschichte namens The VIP Pedophile Friends of Mega-Pedophile Jeffrey Epstein zusammenträgt*[47]*, der meiner Ansicht nach Pflichtlektüre für Leute ist, die mehr über diesen Fall und speziell die Leute wissen wollen, die in diesem schwarzen Buch eingekringelt wurden. Es gibt eine Reihe von Leuten, die eingekringelt wurden, weil dieser Hausdiener Alfredo Rodriguez glaubte, dass dies die Leute waren, die sich mit Epstein an pädophilen Handlungen beteiligten. Einschließlich Leuten, von denen man vielleicht vorher noch nie etwas gehört hat, wie Flavio Briatore, der ein geschätztes Eigenkapital von 150 Millionen Dollar hat, ein Formel-1-Manager, Jean-Luc Brunel, der in*

der Model-Branche tätig ist (Überraschung!) und einige andere Namen, die ihnen vermutlich bekannt sind, die wiederum eingekringelt waren, da Alfredo Rodriguez glaubte, dass sie an diesen Pädophilen-Partys teilgenommen haben, einschließlich Bill Richardson, dem früheren Gouverneur von New Mexico, Alan Dershowitz, der laut einer unstrittigen Tatsachenaussage, die von den Anwälten der Opfer im April 2011 vorgetragen wurde, sagte, dass ‚Epsteins Haushälter Alfredo Rodriguez bezeugt, dass Dershowitz in Epsteins Haus blieb, zu Zeiten, als Epstein täglich Übergriffe auf minderjährige Mädchen verübte'. Andere Namen auf dieser Liste beinhalten Leute, die von Rodriguez als Teilnehmer an diesen Partys identifiziert wurden, einschließlich unter anderen Courtney Love, Peter Soros, der zuvor erwähnte Neffe von George Soros, und Lex Waxner, ein großer Spender für das republikanische PAC [Political Action Committee].

Wieder einmal sind Informationen über diese Vorwürfe, Anschuldigungen, wer diese Leute sind, und wieder Aberdutzende von Links bei diesem Artikel verfügbar, den ich zitierte und in die Anmerkungen zur Sendung für diese Episode einfügen werde. Daher wird der Epstein-Skandal ebenfalls fortlaufend etwas von einem beweglichen Ziel haben, da es immer noch neue Entwicklungen gibt. Ich bin sicher, dass die Leute die Schlagzeilen gesehen haben werden, die Prinz Andrew mit diesem Skandal in Verbindung gebracht haben, obwohl der letzte Stand der Dinge ist, dass Prinz Andrew aus dem Gerichtsverfahren der Opfer wegen dieses Skandals ausgenommen wurde, weil das Gericht die Vorwürfe und Behauptungen über Prinz Andrew für diese Klageeinreichung interessanterweise als nicht relevant erachtete. Aber es sollte festgehalten werden, dass diese Klage, dieses anhaltende Gerichtsverfahren mit den außergewöhnlichen Bedingungen der außergewöhnlichen Verständigung im Strafverfahren, mit der Epstein in diesem Fall mithilfe von Alan Dershowitz aufwarten konnte, der es schaffte, diese Verständigung im Strafverfahren zu erreichen, wonach ihm, glaube ich, 16 Stunden pro Tag zur Verfügung standen, um frei in seiner Villa zu leben, und er saß eine Gesamtzahl von 13 Monaten ab. Im Grunde genommen galt diese Verständigung ohne Kenntnis oder Beteiligung der

Opfer fast nichts – zumindest ist es das, was diese Klage vorbringt. Daher ist es ein sehr interessantes, und wie ich erneut sage, ein andauerndes und bewegliches Ziel hinsichtlich dessen, was in diesem Fall geschehen wird. Aber natürlich sollte festgehalten werden, dass Bill Clinton für eine beträchtliche Zeitspanne bestens mit Jeffrey Epstein befreundet war. Einschließlich der Zeit, in der Epstein diese Partys abhielt und er ein bestätigter Gast bei Epsteins Privatjet war und der in Epsteins privatem Telefonverzeichnis vielfach aufgelistet wird. Daher wirft Bill Clintons Beteiligung im Rahmen des Epstein-Skandals einige Fragen auf, die beantwortet werden müssen.

Ein weiterer abstoßender Fall, diesmal aus den Niederlanden. Und so wollen wir einige der Einzelheiten dieses Falles rekapitulieren:

- *Es gab eine Untersuchung, die in den 1990ern über ein angebliches Pädophilie-Netzwerk in Amsterdam begonnen wurde. Es gab eine polizeiliche Ermittlung namens ‚Die Rolodex-Affäre', die kurz danach abgebrochen wurde, und die, wie sollte es auch anders sein, selbstverständlich Vertuschungsvorwürfe zur Folge hatte.*
- *Dann, im November 2002, wurde Joris Demmink zum Generalsekretär des niederländischen Justizministeriums ernannt.*
- *Es gab 2008 und 2010 gegen Demmink drei verschiedene Anklagen wegen Vergewaltigung und Fehlverhaltens durch zwei Jungen in der Türkei. Aber eine kriminalistische Ermittlung fand niemals statt.*
- *Demminks Reisebewegungen während der fraglichen Zeit wurden nie öffentlich gemacht und die türkischen Anklagen wurden später fallengelassen.*

Nun, die Demmink-Affäre ist faszinierend, weil sie uns mitten in die Geschichte führt, über die wir bereits zuvor in dieser Sendung gesprochen haben, wie zum Beispiel in der Präsentation, die ich in den Niederlanden über Gladio B. gemacht habe. Vielleicht erinnern Sie sich, dass eine der erwähnten Personen in dieser Präsentation Huseyin Baybasin war, und auch er spielt eine Rolle in Demminks Geschichte.

Lassen Sie uns einen kurzen Ausschnitt aus einem Artikel auf der Internetseite ISGP.nl vornehmen, der am 31. Oktober 2014 postete: ‚Die Niederlande perspektivisch: Demmink-Affäre enthüllt die supranationale Politik von Heroin, Kokain, Erpressung und Betrug'. Lesen wir einen sehr kurzen Auszug aus diesem sehr langen, sehr umfassenden Artikel:

> *‚Im April 2007 kam Demmink wieder in den Abendnachrichten vor. Diesmal verklagen die Anwälte Adele van der Plas und ihr Ehemann Pieter Bakker Schut Demmink im Namen ihres Klienten, dem Kurden Huseyin Baybasin, der aufgrund des Vorwurfs des Drogenschmuggels in einem holländischen Gefängnis einsitzt. Van der Plas und Schut behaupten, dass ihr Klient, den sie seit 2002 haben, komplett unschuldig ist. Er wurde von den holländischen Behörden auf Druck der türkischen Regierung eingesperrt. Persönlicher Druck eigentlich, weil die türkische Regierung vermutlich Beweise dafür hat, dass Joris Demmink in den 1990ern in der Türkei zwei Jungen vergewaltigte. Wenn Demmink nicht dafür sorgen würde, dass Baybasin aus dem Weg geräumt wird, würden sie damit beginnen, die Beweise offenzulegen.'*

Nun, dies ist erneut zu detailliert, um hier auf all die Besonderheiten einzugehen, aber Baybasin stellt eine interessante Verbindung zu dem Gladio-Fall und der Möglichkeit eines NATO-Drogenhandels dar. Daher gibt es hier einige interessante Verbindungen, von denen ich hoffe, dass sie sich in der Zukunft abzeichnen werden, und ich werde versuchen, in nächster Zeit ein Interview auf die Beine zu stellen, das ein bisschen tiefer in die Demmink-Geschichte eindringen wird.
Aber betrachten wir uns detailliert einen anderen Fall politischer Pädophilie, einen, von dem ich denke, dass er im Bereich alternativer Medien besser bekannt ist, aber natürlich immer noch weitgehend unbekannt für die allgemeine Öffentlichkeit, und das ist der Franklin-Skandal."

Ein Reporter: *„Ein Republikaner aus dem Mittleren Westen, Lawrence E. King, sitzt eine 15-jährige Gefängnisstrafe wegen eines Betruges im*

Umfang von mehreren Millionen Dollar ab. Aber Finanzkriminalität ist nur die halbe Geschichte.
Dies ist die wahre Geschichte von Lawrence King. Es ist die Geschichte eines bösen Mannes im Herzen Amerikas. Einer Vertuschung auf höchster Ebene. Ein Mann versucht die vollständige Geschichte zu enthüllen. John DeCamp gehört zu den am höchsten dekorierten Vietnam-Veteranen. Ein früherer republikanischer Staatssenator in Lincoln, Nebraska, der nun ein Anwalt ist, der gegen das Vermächtnis von Lawrence Kings üblem Netzwerk kämpft."[(48)]

John Decamp (Republikaner, 1941-2017): „*Es ist ein Netz aus Intrigen, das in unserem Allerheiligsten, Boys Town, Nebraska, einer der am meisten respektierten Institutionen in den Vereinigten Staaten beginnt, und sich wie ein Spinnennetz nach Washington D.C. erstreckt. Bis hin an die Schwelle der Hauptstadt des Landes, den Stufen des Weißen Hauses. (Es) beinhaltet einige der am meisten respektierten, mächtigsten und reichsten Geschäftsmänner in diesen Vereinigten Staaten von Amerika, und im Mittelpunkt des ganzen Netzes steht der Gebrauch von Kindern für Sex, Drogenhandel, als Drogenkuriere, die Kompromittierung von Politikern und die Kompromittierung von Geschäftsmännern, aber am schlimmsten von allem, der Korruption von zentralen Institutionen der Regierung, die die Pflicht und Verantwortung haben, sicherzustellen, dass solche Dinge niemals passieren.*"[(49)]

Das Missbrauchsopfer Paul Bonacci: „*Manche der Partys waren, als sie begannen, rein politischer Art, ohne Sex.*"
John Decamp: „*Sie waren also im Weißen Haus?*"
Paul Bonacci: „*Ja.*"
John Decamp: „*Wie haben Sie dort Zugang bekommen?*"
Paul Bonacci: „*Nun, ich kam mit Larry King dorthin.*"
John Decamp: „*Zu welcher Nachtzeit?*"
Paul Bonacci: „*Nun, es war gewöhnlicherweise um Mitternacht, und es war eine Art von Geschenk oder Dienstleistung, die wir erbrachten.*"[(50)]

Das Missbrauchsopfer Eulice Washington in *The Franklin Story*: „*Larry King war der Vermittler, er war der federführende Mann. Ich meine, wir machten die Ausflüge mit ihm. Wir waren nach Chicago geflogen, ich war in einem Hotelzimmer. Ich trug ein Negligee. Dort waren, glaube ich, prominente Männer, eine Menge kleiner Jungen in diesem Hotel, die bestimmte Dinge sexueller Art mit den anderen Männern anstellten. Und Männer ejakulierten und masturbierten vor mir.*" (51)

James Corbett: „*Dies ist erneut nur ein kurzer Ausschnitt eines Interviews, der einige der Anschuldigungen im Zusammenhang mit dem Skandal aufzeigt, der Franklin-Vertuschung, die auch als Boys-Town-Skandal bekannt ist. Einige der Informationen, die darüber veröffentlicht wurden, sind absolut unglaublich. Gehen wir nun einige der Einzelheiten durch:*

- *Der Skandal nahm eigentlich seinen Anfang mit dem Zusammenbruch der Franklin Community Credit Union in Omaha, der von Lawrence E. King geleitet wurde, der zu der Zeit einen rasanten Aufstieg innerhalb der republikanischen Partei hinlegte.*
- *In den 1980ern eröffnete der Senat von Nebraska eine Nachforschung darüber, wo das Geld bei diesem FCCU-Skandal hingegangen war.*
- *Um 1988 befragte er stattdessen junge Erwachsene und Jugendliche, die sagten, dass sie Kinderprostituierte im Dienst mächtiger Geschäftsmogule und Politiker seien.*
- *Die Dokumentation Conspiracy of Silence [Verschwörung des Schweigens] wurde gefilmt, aber aufgrund des Drucks von Seiten des Netzwerks nie ausgestrahlt. Sie enthüllte ein hochrangiges Netzwerk von religiösen Führern und Politikern, die Kinder durch das ganze Land flogen, um sie an Sex-Partys teilnehmen zu lassen, von denen einige angeblich von King veranstaltet wurden.*
- *Paul Bonacci, eines der Opfer, behauptet, dass er und andere 1982 zum Bohemian Grove geflogen wurden, um an Orgien und anderen Arten des Kindesmissbrauchs teilzunehmen.*

- *Im Juli 1990 wurden der damalige Chef-Ermittler Gary Cardori und sein Sohn bei einem mysteriösen Flugzeugabsturz getötet.*
- *1999 vertrat John DeCamp Bonacci in einem Gerichtsverfahren gegen Lawrence E. King. Bonacci wurden eine Million Dollar als Entschädigung und Schadenersatz zugesprochen, die von King bezahlt werden sollten, der nur eine Gefängnisstrafe wegen Bankbetruges absaß.*

Dies spielt eine Menge in andere Geschichten mit hinein, einschließlich des Washington Times(-Artikels) ‚Homosexual prostitution inquiry ensnares VIPs with Reagan, Bush' [Ermittlungen über homosexuelle Prostitution entlarven Verstrickung Prominenter wie Reagan und Bush](52) *und andere solcher Schlagzeilen, die manchmal auftauchen und schnell wieder verschwinden. Es erübrigt sich zu sagen, dass dies kein isoliertes Phänomen ist, dies ist nicht irgendetwas, das wir uns nur bei einem bestimmten Kindesmissbrauchsring in einem bestimmten Land betrachten. Wir betrachten uns vielmehr etwas, das ein weit verbreitetes und andauerndes Phänomen zu sein scheint und mindestens seit Jahrzehnten so war, und dies wirft natürlich die Frage auf, warum? Warum erleben wir andauernd diese Art von Skandalen, besonders diese Art von Skandalen, Pädophilie, die mit solch einer Häufigkeit in den höchsten politischen Ämtern in Erscheinung tritt? Gibt es einen Grund dafür, können wir dieses Phänomen durch einen Rückgriff auf die Gemeinfreiheit erklären, und ich glaube, den gibt es.*
Lassen Sie uns einen Blick auf einen sehr interessanten Kommentar werfen, der bei der Open-Source-Untersuchung über Pädophile in der Politik auf corbettreport.com durch das corbettreport.com-Mitglied, Dr. Tjeerd Andringa, von der Universität Groningen hinterlassen wurde, einem Professor für Kognitionswissenschaften, der aus seiner Zeit und Forschung als Kognitionswissenschaftler schöpfte, um diesen, so denke ich, sehr informativen Kommentar bei dieser Open-Source-Untersuchung zu hinterlassen. Er betitelte dies mit Aufrechterhaltung einer Kakistokratie [d.h. Herrschaft der Schlechtesten], und er schrieb:
‚Einer der vielen Gründe für die enge Verknüpfung der Macht der Elite mit dem Kindesmissbrauch ist, dass sie ihn dazu benutzen könnte, um

ihre, etwas verborgene, Kakistokratie aufrechtzuerhalten: die Regierung der schlechtesten und übelsten Leute – eine sehr leistungsfähige Sorte von Psychopathen, wenn Sie so wollen.
Psychopathie ist nur schwach erblich, daher kann ein elitärer Psychopath nicht garantieren, dass seine Söhne oder Töchter genauso psychopathisch sein werden. Ich gehe davon aus, dass dies zur Folge hat, dass sie einen beständigen Nachschub an rücksichtslosen und machthungrigen Individuen brauchen, die die Welt auf tiefgründige und umfassende Weise verstehen und als solche sehr tüchtig sind. Normalerweise führt tiefes und durchdringendes Verstehen zu Weisheit und einem Verantwortungsgefühl, sogar Bescheidenheit. Aber das ist das Letzte, was die Kakistokratie braucht: Sie braucht dieselbe Tiefe und Durchdringung des Verstehens, aber in Verbindung mit äußerster Skrupellosigkeit und der Fähigkeit, respektabel zu erscheinen.

Nun zum Kindesmissbrauch: Indem man Kinder missbraucht, verleiht man ihnen eine Bindungsunfähigkeit durch die Verletzung oder Zerstörung des tiefgehenden Sicherheitsgefühls, welches die Grundlage für eine offene Haltung gegenüber dem Lernen und Entdecken ist. Indem dieses Vertrauen verletzt wird, verändert sich die Welt des Kindes von einer Welt der Chancen zu einer Welt potenzieller und tatsächlicher Bedrohungen. Und oft werden sie diejenigen suchen und ihnen dienen, die sie vor diesen Bedrohungen schützen können, und indem sie dies tun, geben sie ihre Autonomie für das Leben ab. Und sie könnten es sogar auf ihre Kinder übertragen: ihre Entwicklung hin zur Autonomie vereiteln. Aristokraten und Priester müssen vor langer Zeit entdeckt haben, dass missbrauchte Kinder zu nützlichen erwachsenen Dienern werden – eigentlich Sklaven. Und während dies für Leute mit einer normalen moralischen Entwicklung abscheulich ist, ist es eine positive Sache für Psychopathen, die andere Leute sowieso nur als Handlanger sehen.
Jedoch löst dies nicht das Problem, die Kakistokratie mit einem respektablen Erscheinungsbild auszustatten, äußerst zuverlässig funktionierenden und komplett rücksichtslosen Psychopathen. Nur ein kleiner Bruchteil der Bevölkerung (sagen wir 1%) ist psychopathisch, und als solche haben sie den Vorteil eines Fehlens von Mitgefühl und eines Ge-

wissens: Psychopathen sind in der Lage, andere auszubeuten, als ob sie Werkzeuge wären. Dennoch ist die große Mehrheit von ihnen nicht besonders böse: Sie können rücksichtslos, draufgängerisch und gefühllos sein, aber sie finden meistens Möglichkeiten innerhalb der Norm, um psychopathisch zu sein: Sie könnten Bergsteiger, Militärs, Notärzte, Auto- oder Versicherungsverkäufer, Immobilienmakler oder Wirtschaftskriminelle sein. Aber die meisten sind definitiv nicht die zuverlässig funktionierenden Individuen, die sich damit vergleichen lassen, wie sich die Machtelite selbst sieht und sie als ihresgleichen akzeptieren würde. Daher stellt sich die Frage, wie man geeignete Psychopathen in seine Mitte rekrutiert, wenn sie sich nicht als solche zu erkennen geben?

Noch einmal zum Kindesmissbrauch: Wenn man für die Ambitionierten und Fähigen Begebenheiten organisiert, bei denen sie in zunehmendem Maße zeigen können, dass sie ungeachtet ihrer Fassade der Respektabilität eigentlich komplett rücksichtslos sind, dann hat man das ideale Umfeld zur Rekrutierung für die Kakistokratie. Natürlich spielt Erpressung eine Rolle, aber die geeigneten Kandidaten lassen sich gerne erpressbar machen, weil dies ihnen Zugang zum Allerheiligsten der Kakistokratie verschafft: Sie erweisen sich selbst als würdige Mitglieder und loyal (aufgrund ihrer Erpressbarkeit), und im Gegenzug werden sie in einer Weise Zugang zur Macht bekommen, wie sie es sich selbst nie zu erträumen gewagt hätten. Nach einer Weile werden sie vollständig akzeptiert auf einer Ebene, die zu ihren Fähigkeiten passt, und sie werden dabei helfen, das System aufrechtzuerhalten, das ihnen so viele Möglichkeiten geboten hat (und ihre Respektabilität jederzeit beenden kann).

Ich denke, dass das, was ich oben skizziert habe, ein nützliches Bezugssystem dafür ist, um die Dynamik des elitären Kindesmissbrauchsnetzwerks zu verstehen. Es ist niemals ein Zwischenfall, sondern es ist einfach/gerade das, was die Kakistokratie ausmacht, indem sie sich selbst erhält und verstärkt: business as usual. Aber die wenigen Momente, in denen das Missbrauchsnetzwerk enthüllt wird, liefern eine ideale Gelegenheit, um einen flüchtigen Blick darauf zu erhaschen, wie die Kakistokratie funktioniert (und sich krampfhaft selbst schützt).«[53]

6. Die Clintons: Pädophilie-Vorwürfe und „geselbstmordete Zeugen"

Die Präsidentschaftswahl 2016 war eine verrückte Angelegenheit, mal ganz davon abgesehen, dass weder die Mainstream-Medien noch die sogenannten Experten einen Sieg Donalds Trumps voraussagten. Im Herbst 2016 berichtete Joe Joseph, dass jüngste Veröffentlichungen von *Wikileaks* darauf hindeuten, dass die Clinton-Familie Verbindungen zu einem Kinderporno- und Menschenhandelring in Haiti hat. Darüber hinaus scheinen E-Mails zu bestätigen, dass sowohl Bill als auch Hillary Clinton in der Vergangenheit zu Gast beim verurteilten Pädophilen Jeffrey Epstein auf seiner „Sex-Sklaven-Insel" waren. *Fox News* hat bestätigt, dass der ehemalige Präsident Bill Clinton mindestens 20 Mal mit Epstein in seinem Privatflugzeug dort hingeflogen ist. Weiterhin stellt *Fox News* fest, dass das Flugzeug mit einem Bett ausgestattet sei, auf dem Reisende oftmals Gruppensex betrieben.

Außerdem kursiert ein Kirchenflugblatt, das Hillary Clinton eine Nähe zu Satan unterstellt – wohl nicht ganz zu unrecht, wenn sich die gegen die Clintons erhobenen Vorwürfe bewahrheiten sollten...

Im Internet kursieren Gerüchte, dass die Podesta-E-Mails einen Code für Sex mit Kindern enthalten

Durch *Wikileaks* enthüllte E-Mails, die vom E-Mail-Konto von Hillary Clintons Wahlkampfleiter John Podesta stammen, beinhalten eine Menge seltsamer Unterhaltungen über Essen, Verbindungen zur Schleuserin Laura Silsby und ein Foto von Pizza essenden asiatischen Mädchen – und so erhitzen sich im Internet die Gemüter mit Theorien über Geheimcodes und einen Pädophiliering.

Daraufhin titelte ein *Reddit*-Post: *„Ich glaube, ich habe eine Verbindung zwischen einem verurteilten Kindesentführer – der dabei ertappt wurde, Kinder in Haiti mit den Clintons zu entführen – mit den Clintons gefunden."*, der eine Liste von E-Mail-Verbindungen bezüglich Laura Silsby enthielt, der früheren Direktorin von *The New Life Children's Refuge*.

Silsby wurde 2010 in Haiti für schuldig befunden, organisierten Kindesmissbrauch betrieben zu haben, nachdem sie versuchte, mit 33 haitianischen Kindern die Grenze zur Dominikanischen Republik zu überqueren – alle Kinder bis auf eines von ihnen hatten mindestens noch einen lebenden Elternteil, und sie waren somit keine Waisenkinder. Neun andere, die zusammen mit ihnen festgehalten wurden, wurden dank der Bemühungen der Clintons befreit.

> *„Neben dem haitianischen Justizwesen entschuldigten einige Beobachter die Handlungen der Missionare, obwohl sie sich bis zum Kinderhandel auswuchsen. Sie taten es im Wesentlichen deshalb, weil wir so wenig Wert darauf legen, dass arme Familien intakt bleiben; die Idee, dass die Missionare handelten, um diese Kinder zu ‚retten', rechtfertigte den Schaden, den sie den Kindern und ihren Familien verursacht haben.“*, schrieb Shani M. King für das *Harvard Human Rights Journal.* *„Auf diese Weise bietet der Silsby-Fall Einblick in internationale und inländische Maßnahmen zur Unterbringung von Kindern, die arme Familien auseinanderreißen und traditionelle Formen der Kinderunterbringung missachten.“*[54]

Jorge Puello Torres, Silsbys juristischer Beistand, wurde später verhaftet, weil er einen internationalen Ring für sexuellen Menschenhandel betrieben haben soll. Torres wurde beschuldigt, Mädchen aus der Karibik und aus Mittelamerika unter dem Vorwand in die Prostitution gelockt zu haben, sie zu „Models“ zu machen. 2011 wurde er wegen „Menschenhandel mit Ausländern“ zu drei Jahren und einem Monat Freiheitsstrafe in einem Bundesgefängnis verurteilt.

> *„Hillary ist seit LANGEM an Frau Silsby interessiert. Es wurden Wikileaks-E-Mails in ihren Archiven gefunden, die mindestens bis 2001 zurückgehen, und die sich mit Silsbys NGO auseinandersetzen (EmailID 3776). Silsby hat behauptet, dass sie den Bau eines Waisenhauses in der Dominikanischen Republik plante, aber die Behörden in dem Land sagten, dass sie nie einen Antrag zu diesem Zweck gestellt habe. Stattdessen ließen sie sich in Haiti nieder.“*, schrieb der *Redditor.*[55]

Anschließend veröffentlichte *Wikileaks* seine 28. Teilveröffentlichung der Podesta-Dateien, und im Internet wurden die Spekulationen darüber immer skurriler. Theorien und Screenshots begannen die Runde zu machen, in denen behauptet wurde, dass E-Mails mit bizarren Formulierungen über Essen Codes für organisierten Kindesmissbrauch enthielten. Es ist wichtig festzuhalten, dass dies aus anonymen Foren stammt und dass die „Stichwörter" in keiner der E-Mails aufgelistet waren. Der Anwalt und bekannte Autor/Journalist Mike Cernovich war unter denjenigen, die die Theorien in Umlauf gebracht und sich mit ihnen auseinandergesetzt haben. *„Als ein Anwalt, der mit vielen Kriminalfällen zu tun hatte, habe ich einen gut ausgeprägten Instinkt dafür, wenn ‚Codes' benutzt werden. Diese E-Mails zu lesen gibt mit das Gefühl, dass sie Codewörter enthalten, wie sie Verbrecher benutzen."*, sagte Cernovich gegenüber *We Are Change*. *„Jedoch scheinen die Berichte, die ich im Internet gesehen habe, nicht glaubwürdig zu sein, und ich habe den Code selbst noch nicht ganz geknackt."*

Cernovich fügte hinzu, dass aufgrund der Tatsachen, dass gegen den Ehemann von Clintons Top-Beraterin Huma Abedin ein Urteil wegen „Sexting" [private Kommunikation über sexuelle Themen per SMS] mit eine(r/m) Minderjährigen gesprochen wurde (am 25. September 2017 wurde er wegen „Sexting" mit einer Minderjährigen von einem Bundesgericht zu 21 Monaten Freiheitsstrafe und drei Jahren Führungsaufsicht verurteilt) und Bill Clinton im („Lolita Express" genannten) Privatjet des verurteilen Pädophilen Jeffery Epstein flog, es der ganze innere Zirkel verdient, kritisch beäugt zu werden. *„Bill Clinton unternahm sechs Trips auf Epsteins Insel ohne die Präsidenten-Leibwache. Weiner schickte Sexting-Nachrichten an 15-jährige Mädchen. Der ganze innere Zirkel ist verdächtig."*, sagte Cernovich.

Gleichgültig, ob es sich in diesem Fall um einen Bestätigungsfehler oder etwas Düstereres handelt – eines ist sicher: Die Leute trauen Hillary Clinton nicht wirklich, und wir sind mittlerweile an dem Punkt angelangt, an dem tausende von Leuten tatsächlich ernsthaft darüber diskutieren, ob sie in einen Pädophiliering involviert ist oder nicht.

Angebliche Existenz von Videoaufnahmen von Bill Clinton und sechs weiteren Regierungsbeamten beim Sex mit Minderjährigen

Laut Mitgliedern des Hacker-Kollektivs *Anonymous*, *4Chan* und Kim Dotcom hat ein Insider der Regierung unwiderlegbare Beweise dafür geliefert, dass Bill Clinton und sechs andere Regierungsvertreter Sex mit Minderjährigen hatten. Falls das wahr ist, dann scheint das politische Aus der Clintons bevorzustehen. Sie mögen zehntausende von E-Mails vertuschen und vom Justizministerium vor der Verfolgung ihrer Bestechungen geschützt werden können, aber niemand wird sich mehr in den Weg stellen, wenn tatsächlich Sex-Videos ans Licht kommen, insbesondere, wenn Minderjährige involviert sind.

Vielleicht ist das der Grund, warum *FBI*-Direktor Comey in den vergangenen Wochen derart hektisch war und die Clinton-Ermittlungen wieder aufgenommen hat. Denn niemand will mit Bill oder Hillary befreundet sein, nachdem diese Sache das Internet erreicht hat.

Kirchen-Flugblatt unterstellt Hillary Clinton Nähe zu Satan

Besondere Flugblätter haben sich in einen Newsletter der *Immaculate Conception Catholic Church* in Old Town, San Diego, verirrt: Sie erläuterten den Kirchgängern, dass Hillary Clinton teuflisch sei und eine Stimmabgabe für die Demokraten für ihre Wähler in der Hölle enden werde. Berichtet hat über den Fall der US-Sender *NBC 7*.

Während Hillary Clinton in den letzten Tagen vor der Wahl noch einmal alles mobilisierte, scheint für den Verfasser des Flugblatts klar gewesen zu sein, dass sie zur Präsidentin zu wählen, dem Untergang gleichkäme. In einem Flyer, der dem Mitteilungsblatt der Kirche am 16. Oktober 2016 beilag, hieß es: *„It is a mortal sin to vote Democrat“* (*„Es ist eine Todsünde, demokratisch zu wählen.“*). Zwei Wochen später bekamen Kirchgänger zusammen mit ihrem Newsletter ein weiteres Flugblatt in die Hand gedrückt, in dem sie eindringlich darum gebeten wurden, doch „katholisch“ zu wählen.

Ein Zitat der demokratischen Kandidatin stieß dem Verfasser offenbar sauer auf: Clinton hatte in einer Rede vom April 2015 gesagt, dass kulturelle Kodizes, religiöse Überzeugungen und gesellschaftliche Vorurteile sich verändern müssten – in Bezug auf die Einstellung zu Abtreibungen. Das sei die Taktik des Teufels, *„uns von Gottes Lehren hinsichtlich der Heiligkeit des Lebens abzubringen"*, hieß es dazu in dem Flugblatt. Kevin Eckery, ein Sprecher der römisch-katholischen Kirche in San Diego, machte der Inhalt der Flugblätter ratlos. Aus welcher Feder die Texte stammten, wisse er nicht, sagte Eckery zu *NBC 7*. Er habe zudem keine Ahnung, wie die Flyer in das reguläre Mitteilungsblatt der Kirche gelangt seien. Der zweite Text mit der Überschrift „Katholisch wählen" sei zudem in einem für seine Kirche unüblichen Ton verfasst. San Diegos Bischof Robert McElroy versicherte, die römisch-katholische Kirche habe nicht die Absicht, einen der beiden Kandidaten für die US-Wahl öffentlich zu unterstützen. Zwar habe die Kirche eine moralische Verpflichtung, zu erklären, wie bestimmte politische Belange mit der katholischen Lehre in Zusammenhang zu bringen seien, man werde aber keine Flugblätter für einen Kandidaten verteilen.

Alex Jones und Joe Biggs berichten über John Podesta und seine Sex-Orgien mit 7-, 9- und 11-jährigen Mädchen in der Badewanne. Die Rede ist von Ritualen, in denen Blut, Sperma und dergleichen getrunken werden. Einfach ekelhaft und leider doch notwendig, um aufzuzeigen, mit was für einer verkommenen, herzlosen, wahnsinnigen Brut die Welt zu tun hat. Doch auch in diesem Falle gilt für alle, die auspacken, dass sie gefährlich leben, wie z.B. 2017, als *RT Deutsch* berichtete: *„Von Bangladesch über Kuba und Mexiko bis Kanada haben die Medien von dem plötzlichen und unnatürlichen Tod von Klaus Eberwein im US-Bundesstaat Miami ausführlich berichtet. Vor allem darüber, dass durch seinen angeblichen Selbstmord das hochkriminelle US-Pärchen Bill und Hillary Clinton eine weitere Sorge für immer los geworden ist."*[(56)]

In US-amerikanischen oder deutschen Mainstream-Medien sucht man jedoch vergeblich nach einer Nachricht oder auch nur einer Randnotiz über den Tod des ehemaligen, hochrangigen Beamten der haitianischen Regierung. Berichten zufolge war der 50 Jahre alte Eberwein kerngesund und alles andere als depressiv. Allem Anschein nach kam sein Selbstmord am 11. Juli 2017 in einem Hotel in Miami auch für das Opfer vollkommen unerwartet. Leider war durch diesen Umstand Eberwein nicht mehr in der Lage, so wie vorgesehen eine Woche später, am 18. Juli 2017, vor einer Untersuchungskommission der haitianischen Regierung auszusagen. Auf diese Gelegenheit, endlich mit der korrupten *Clinton-Stiftung* abzurechnen, die sich in abscheulicher Weise am Elend der von Erdbeben und Seuchen heimgesuchten Bevölkerung Haitis in schamloser Weise bereichert hat, hatte sich Eberwein schon lange gefreut. Aber noch unmittelbar vor seinem „Selbstmord" soll er Berichten zufolge angedeutet haben, dass sein Leben in Gefahr ist, weil er sich in der Clinton-Sache zu weit hinaus gelehnt habe." Weitere merkwürdige 50 Todesfälle seit den 1990ern im Umfeld der Clintons können Sie im Internet auf *Pravda TV* unter dem Titel „Clintons Todesliste wird länger" nachlesen.[57]

Mögen diese aktuellen Veröffentlichungen größtmögliche Verbreitung auch im deutschsprachigen Netz finden, denn nur so wird diesem weltweiten „System" endgültig der Boden unter den Füßen entzogen. Diese Geschichten, wie sie ganz aktuell in den USA an die Öffentlichkeit durchsickern (und auch hierzulande in der Folge zu erwarten sind), werden uns allen letztlich endlich wieder gesunde Strukturen verschaffen. Der Weg dorthin ist offenbar jedoch gepflastert mit Blut. Würden „wir" es sonst begreifen?

7. Ex-Bediensteter der *Clinton Foundation* mit Verbindung zu chinesischen Kindergärten in bizarren sexuellen Missbrauchsskandal verwickelt

Ein früherer Bediensteter der *Clinton Foundation*, der nun ein unabhängiger Direktor bei einem Unternehmen ist, das private Schulen in China betreibt, ist in einen bizarren Kindesmissbrauchsskandal verwickelt, in dem laut Eltern Nadeln, Pillen, „brauner Sirup", Nacktheit und sexuelle Belästigung vorkommen. Der Leiter eines chinesischen Kindergartenunternehmens wurde entlassen, nachdem China infolge von Missbrauchsvorwürfen an mehreren Orten mit einer landesweiten Untersuchung über eine Kette von privaten Schulen begann, die von *RYB Education Inc. (RYB)* betrieben wird. Eltern berichten von mindestens acht Kleinkindern mit mysteriösen Narben von Nadelstichen, während andere sagten, dass ihre Kinder dazu gezwungen worden seien, weiße Pillen zu schlucken, die „ein kleines Geheimnis" zwischen den Kindern und Lehrern sein sollten, zusammen mit einer Art von „braunem Sirup", der den Schülern gegeben wurde. Angeblich wurden Kinder auch nackt ausgezogen und dazu gezwungen, stillzustehen, oder sie wurden in einen dunklen Raum gesperrt, wie ein Elternteil eines Kindes sagte.

Eine ungenannte Mutter, deren Video über den Missbrauch sich viral verbreitete, sagte zu Reportern, dass ihr Sohn von einem Lehrer eine braune Flüssigkeit gespritzt bekommen hatte und dazu veranlasst wurde, sich zusammen mit anderen Schülern auszuziehen, bevor sie von einem nackten, erwachsenen, männlichen Fremden „untersucht" wurden, was sie es als eine „Geschlechtsverkehr ähnliche Handlung" beschrieben. Als die Mutter den Direktor dazu drängte, ihr zu erlauben, Filmaufnahmen von Überwachungskameras der Schule durchzusehen, wurde ihr dies verweigert. Eine medizinische Untersuchung von acht Kindern bestätigte, dass die Verletzungen tatsächlich von Nadeln stammten, wie die Polizei in Guanzhuang berichtet. Aufgebrachte Eltern versammelten sich daraufhin vor dem *RYB Education New World Kindergarten*, wobei sie nach Antworten verlangten, während die chinesische Nachrichtenagentur *Xinhua* berichtete, dass Kinder auch sexuell belästigt wurden.

Der Pekinger Kindergarten, der im Mittelpunkt der Kontroverse steht, liegt neben einer großen Militärbasis, was Gerüchte entfachte, dass Militärbeamte die Kinder sexuell missbraucht hatten. Insbesondere war der Ehemann der Direktorin zuvor ein Bediensteter an der Basis, allerdings sagte der politische Kommissar der Basis, Fun Junfeng, zu *PLA daily*, dass es „keine Beweise" dafür gebe, dass militärisches Personal in den Missbrauch verwickelt ist.

Mail Online berichtet:

„Li Jing, die Mutter eines dreijährigen Mädchens, sagte zu AFP, dass ihre Tochter zwar nicht missbraucht worden sei, sie sagte aber, dass andere Kinder erklärt hätten, wie sie dazu genötigt worden seien, Pillen zu nehmen.
‚Unsere Kinder sagten, dass es nicht so bezeichnet worden sei, eine Pille einzunehmen, sondern eine Belohnung zu bekommen. Und die Pille wurde auch nicht Pille genannt, sondern ein Geleebonbon, und dass es ein kleines Geheimnis zwischen dem Kind und dem Erzieher sei', sagte Li. ‚Ich befragte mein Kind, nachdem ich gehört hatte, was andere Eltern erzählten, und mein Kind sagte, dass sie nach dem Mittagessen zwei weiße Pillen eingenommen und geschlafen hatten, nachdem sie die Pillen geschluckt hatten', sagte ein Vater vor der Schule zu CCTV."[(84)]

Diese neuesten Anschuldigungen sind nicht die ersten im Zusammenhang mit *RYB*-Schulen. Im April wurde der Leiter eines anderen *RYB*-Kindergartens in Peking entlassen, nachdem er zugegeben hatte, dass die Lehrer „schwerwiegende Fehler" begangen hatten, als Videos von Kindern auftauchten, die umgestoßen wurden und denen in den Rücken getreten worden war. Im Oktober 2016 wurden zwei Lehrer eines *RYB*-Kindergartens in der nordöstlichen Provinz Julin zu 34 Monaten Gefängnis verurteilt, nachdem sie Kinder mit Nähnadeln in den Hintern, Kopf und die Innenseite ihres Mundes gestochen hatten.

Verbindung zur *Clinton Foundation*

RYB Education betreibt 80 Kindergärten und hat laut Unterlagen weitere 175 konzessionierte Standorte in 130 Städten in ganz China. Alle Direktoren sind Chinesen, mit Ausnahme des früheren Managers der *Clinton Foundation* und stellvertretenden Dekans in Yale, Joel Getz (52), der als „unabhängiger Direktor" aufgelistet wird.

Joel Getz ist unabhängiger Direktor des Unternehmens. Davor diente Getz als Entwicklungsdirektor für die *William J. Clinton Foundation* in New York und war Präsident des *Mayor's Fund to Advance New York City*. Die *RYB*-Seite über ihre Beziehungen zu Investoren listet Getz als Mitglied des Kontroll- sowie des Vergütungsausschusses auf. Bill Bishop des *Sinocism China Newsletter* und *Axios*-Mitarbeiter weist darauf hin, dass es etwas seltsam ist, dass ein stellvertretender Dekan aus Yale im Aufsichtsgremium einer chinesischen Kindergartenkette ist, wobei er vermutet, dass Getz vielleicht gedacht hatte, dass es „leicht verdientes Geld" sei.

Nachdem die Untersuchung angekündigt wurde, gingen die *RYB*-Anteile in den Keller, wobei sie gegenüber anfänglichen Handelsabschlüssen um über 42% fielen, woraufhin sie sich nur leicht erholten und den Tag mit 38,41% nach unten beendeten.

8. Der (zugelassene) Niedergang Harvey Weinsteins

Er war einst ein mächtiger und unangreifbarer Hollywood-Mogul. Er ist nun in Ungnade gefallen und von der Firma gefeuert worden, die seinen Namen trägt. Was ist passiert?

Harvey Weinstein ist der Archetyp des widerlichen Hollywood-Produzenten. Er versprach jungen und hübschen Schauspielerinnen Rollen im Austausch für sexuelle Gefälligkeiten. Wenn es nicht so lief, wie er wollte, sagte er mit finsterer Miene den typischen Hollywood-Satz: „*Du wirst nie mehr in dieser Stadt arbeiten.*" Wenn die Zielpersonen seiner Annäherungsversuche es wagten, sich gegen ihn zu stellen, warf er ihnen solange Geld hinterher, bis sie ruhig waren. Oder schlimmer noch, er drohte damit, ihre Karriere durch seine Verbindungen zu den Massenmedien zu zerstören.

> *„Mehrere Informanten gaben an, dass Weinstein häufig damit prahlte, in den Medien Berichte über diejenigen zu lancieren, die gegen ihn sprachen; diese Informanten befürchteten, dass sie auf gleiche Weise zur Zielscheibe werden könnten."*[(58)]

Ein offenes Geheimnis

Jahrelang waren Weinsteins reihenweise sexuellen Übergriffe ein offenes Geheimnis. Schlimmer noch, sie wurden sogar zu einem Running Gag in einigen Szenen im amerikanischen Fernsehen. Doch Weinsteins Einflusssphäre beschränkte sich nicht nur auf Hollywood. Er bahnte sich auch den Weg auf die politische Ebene, indem er in den vergangenen zwei Jahrzehnten zu einem wichtigen finanziellen Unterstützer aller wichtigen Kandidaten der Demokraten wurde.

Laut des *Center for Responsive Politics* hat Weinstein seit 1990 persönlich 1,4 Millionen Dollar [ca. 1,1 Millionen Euro] an die Demokratische Partei, ihre Kandidaten und ihre Gremien gespendet. Zusätzlich brachte sein Netzwerk 2012 Hunderttausende von Dollars für Barack Obama und 2016 für Hillary Clinton auf, was es ihm erlaubte, eine höhere Position auf der Spenderskala zu erreichen – und ein höheres Maß an Zugang. Zum Beispiel lud Weinstein 2011 New Yorker Prominente (einschließlich Stars wie Gwyneth Paltrow und Alicia Keys) aus Anlass der Entgegennahme einer Finanzmittelbeschaffung für den anwesenden Präsidenten Barack Obama in sein New Yorker Haus ein. Ja, Obama war in seinem Haus. Harvey Weinstein war auch ein Stammgast im Weißen Haus. 2011 war er an der Ehrentafel eines Mittagessens im Außenministerium mit Hillary Clinton und Angela Merkel. 2012 war er bei einem Staatsbankett zu Ehren des britischen Premierministers David Cameron. Weinsteins Ehefrau, Georgina Chapman, entwarf Michelle Obamas Abendkleid für diesen Anlass.

Am 20. Juni 2016 besuchte Hillary Clinton eine Fundraising-Veranstaltung in Weinsteins New Yorker Haus, wo von ungefähr 60 Besuchern jeder 33.400 Dollar oder mehr bezahlte, um dabei zu sein. Ja, Clinton war in seinem Haus.

> „*Indem die Kandidatin persönlich dort war, kamen am 20. Juni 2016 bei einer Fundraising-Veranstaltung in Weinsteins Haus in Manhattan 1,8 Millionen Dollar [ca 1,4 Millionen Euro] für den Clinton-Wahlkampf zusammen. Das Ereignis, das auch von Leonardo DiCaprio, Jennifer Lopez, Sarah Jessica Parker und Matthew Broderick besucht wurde, war eines von vielen, an denen Weinstein letztes Jahr bei Clintons Kampf um die Nominierung und dann gegen Donald Trump beteiligt war, in ihrem Bemühen, Amerikas erster weiblicher Präsident zu werden. Während er andere dazu drängte, deftige Schecks auszustellen, spendete Weinstein persönlich tausende für den Clinton-Wahlkampf und 30.000 Dollar an den Clinton Victory Fund.*“[(59)]

Eine weitere Pikanterie: 2004 wurde Weinstein ehrenhalber zum *Commander of the Order of the British Empire* ernannt.

Der Niedergang

Jahrzehntelang schien Weinstein unantastbar zu sein, aber kürzlich ist etwas passiert. Die Elite hörte damit auf, ihn zu beschützen. Die Omertà [Schweigegelübde bei der italienischen Mafia] war vorbei. Gerüchte verwandelten sich zu offiziellen Berichten, und bald darauf gab es kein Halten mehr. Seitdem hat sich eine unfassbar hohe Zahl an Hollywood-Schauspielerinnen zu Wort gemeldet, wobei sie Weinstein alles Mögliche von „unangemessenem Verhalten" bis zu äußerster Vergewaltigung vorwerfen. Hier ist die aktuellste Liste der Anschuldigungen:

- **Cara Delevingne**: Das Model, aus dem eine Schauspielerin geworden ist, sagte, dass Weinstein versucht habe, sie in einem New Yorker Hotelzimmer zu einem flotten Dreier mit einer anderen Frau zu bewegen.
- **Gwyneth Paltrow**: Der Star sagte zu *The New York Times*, dass Weinstein sie berührt habe und vorschlug, gemeinsame Massagen im Schlafzimmer zu haben, bevor sie 1996 mit Dreharbeiten für den Film *Emma* begann. Sie sagte, dass sie ihrem damaligen Freund Brad Pitt von dem Vorfall erzählte und dieser dem Mogul die Stirn geboten habe.
- **Angelina Jolie**: Jolie sagte zu *The New York Times*, dass sie 1998 Annäherungsversuche ablehnen musste und sich dazu entschlossen habe, nie wieder mit ihm zusammenzuarbeiten. Sie sagte, dass sie auch andere Frauen vor ihm gewarnt habe.
- **Louisette Geiss**: Die Schauspielerin wurde 2008 zu einem spätabendlichen Treffen mit Weinstein gerufen. Er tauchte angeblich in einem Bademantel auf und sagte zu ihr, dass er ihrem Drehbuch grünes Licht geben würde, wenn sie ihm beim Onanieren zusehen würde. Sie verließ daraufhin das Treffen.
- **Judith Godreche**: Die französische Schauspielerin sagt, Weinstein habe versucht, sie zu massieren und ihr den Pullover auszuziehen, nachdem er sie 1996 in seine Suite in Cannes gebeten habe, um den Ausblick zu genießen.

- **Dawn Dunning**: Die aufstrebende Schauspielerin sagt, sie sei 2003 zu einem Treffen über zukünftige Filmprojekte gerufen worden. Als sie ankam, stellte ihr Weinstein drei Drehbücher für seine nächsten drei Filme vor, bei denen er sie die Hauptrolle spielen lassen würde, aber nur, wenn sie sich mit ihm an einem flotten Dreier beteiligt. Sie floh daraufhin aus dem Hotel.
- **Tomi-Ann Roberts**: Weinstein traf sie 1984, als sie eine junge Studentin war, die als Bedienung arbeitete und er zu ihr sagte, sie solle sich bei ihm zuhause mit ihm treffen. Als sie dort ankam, sagt sie, war er nackt im Bad und erklärte ihr, ihr Vorsprechen würde besser ankommen, wenn sie dabei auch nackt sei. Sie sagt, dass sie sich weigerte und wegging.
- **Asia Argento**: Die italienische Schauspielerin beschuldigte Weinstein, sie zum Oralverkehr gezwungen zu haben, als sie 21 war: *„Er erschreckte mich und er war groß. Es hörte nicht auf. Es war ein Alptraum."* Sie sagte, sie habe mit ihm in den folgenden Jahren einvernehmliche Beziehungen gehabt. Sie dokumentierte den angeblichen Übergriff in ihrem 2000er Film *Scarlet Diva*.
- **Katherine Kendall**: Der *Swingers*-Schauspielerin wurde 1993 nach einer Filmvorführung gesagt, dass Weinstein in seinem Apartment vorbeischauen müsse, um etwas abzuholen. Er zog einen Bademantel an und sagte zu ihr, dass sie ihn massieren solle. Sie sagte, als sie sich weigerte, sei der Mogul nackt zurückgekommen und ihr nachgejagt.
- **Lucia Evans**: Die Schauspielerin, die früher als Lucia Stoller bekannt war, behauptet, Weinstein habe sie 2004 dazu gezwungen, mit ihm Oralverkehr zu haben. Als sie mit *New Yorker* sprach, sagte sie, dass sie nach dem Vorfall, der bei einem „Casting-Treffen" in einem *Miramax*-Büro in Manhattan geschehen sei, jahrelang unter einem Trauma gelitten habe. Berichten zufolge rief er sie nach dem Vorfall spät abends an.

- **Mira Sorvino**: Die *Geliebte Aphrodite*-Schauspielerin sagte dem *New Yorker*, dass Weinstein versucht habe, sie beim *Toronto Film Festival* im Jahre 1995 in einem Hotelzimmer zu massieren. Er ging dann mitten in der Nacht zu ihr nach Hause, aber sie rief einen männlichen Freund an, um sie zu beschützen, behauptete sie. Sie sagte, dass es sich nachteilig auf ihre Karriere ausgewirkt habe, den Mogul abzuweisen.
- **Rosanna Arquette**: Die Schauspielerin sagte ebenfalls, dass ihre Karriere gelitten habe, nachdem sie Anfang der 1990er Weinsteins Annäherungsversuche zurückwies. Bei einem Treffen in einem Hotel versuchte er ihre Hand auf seinen erigierten Penis zu legen, behauptet sie.
- **Rose McGowan**: Die Schauspielerin, die 1996 ihren Durchbruch mit dem von Weinstein produzierten Slasher-Revival-Film *Scream – Schrei!* hatte, verklagte Berichten zufolge Weinstein, nachdem er sie 1997 beim *Sundance Film Festival* angegriffen hatte. Sie unterschrieb gegen Ende des Verfahrens eine Vertraulichkeitsvereinbarung und hat seitdem in sozialen Medien nur indirekt über ihn gesprochen. Sie sprach davon, von einem „Monster" missbraucht worden zu sein und hatte zuvor darüber gesprochen, durch einen Studioleiter vergewaltigt worden zu sein.
- **Ashley Judd**: Zu Judds Filmrollen gehören der Thriller *...denn zum Küssen sind sie da* aus dem Jahre 1997, und sie sagt, dass Weinstein sie während des Filmdrehs wiederholt dazu aufgefordert habe, ihm beim Duschen zuzusehen. Sie war eine der Frauen, die gegenüber *The New York Times* ihr Schweigen gebrochen hatten, indem sie sagte: *„Frauen haben lange Zeit untereinander über Harvey gesprochen und es ist einfach längst überfällig, dass die Unterhaltung öffentlich geführt wird."*
- **Emma de Caunes**: Die französische Schauspielerin Emma de Caunes sagte, dass sie Weinstein 2010 getroffen habe, kurz nachdem er zu ihr sagte, dass er ein Drehbuch habe, das er produziere, und das auf einem Buch mit einer starken weiblichen Rolle basiere. Wein-

stein bot ihr das Drehbuch an und bat sie in sein Hotelzimmer, wo er zu duschen begonnen hatte. Er tauchte daraufhin nackt mit einer Erektion auf, als er sie aufforderte, sich mit ihm auf das Bett zu legen und zu ihr sagte, dass dies bereits viele vor ihr getan haben. *„Ich war wie versteinert“*, sagte de Caunes. *„Aber ich wollte ihm nicht zeigen, dass ich wie versteinert war, weil ich fühlen konnte, dass je mehr ich ausflippen würde, er nur umso erregter sein würde.“*

- **Lauren O'Connor**: Eine frühere Angestellte der *Weinstein Company*, die im Herbst 2015 zu Führungskräften sagte, dass *„das Arbeitsumfeld in diesem Unternehmen für Frauen vergiftet“* sei, nachdem eine ihrer Kolleginnen zu ihr sagte, dass Weinstein sie unter Druck gesetzt hatte, damit sie ihn massiere, während er nackt war, wie *The New York Times* erklärte.

- **Ambra Battilana**: Eine italienische Schauspielerin und Model; sie sagte zu *The New York Times*, dass Weinstein sie im März 2015 in sein New Yorker Büro eingeladen habe. Dort, sagte sie, fragte er, ob ihre Brüste echt seien, bevor er sie begrabschte und seine Hände unter ihren Rock steckte. Sie meldete den angeblichen Vorfall der Polizei, aber diese hatte keine Anzeige aufgenommen. Laut *The New York Times* hat ihr Weinstein später eine Abfindung bezahlt.

- **Jessica Barth**: Weinstein setzte Barth, eine Schauspielerin, unter Druck, um ihn 2011 im *Peninsula Hotel* nackt zu massieren.

- **Laura Madden**: Eine Ex-Angestellte; sie sagte zu *The New York Times*, dass Weinstein sie von 1991 an aufgefordert habe, ihn zu massieren, während sie beide in London und Dublin waren. *„Es war so manipulativ“*, sagte sie gegenüber *The New York Times*. *„Man fragt sich ständig – bin ich das Problem?“* Weinstein stritt jegliche Kenntnis davon ab.

- **Emily Nestor**: Nestor war 2014 erst einen Tag lang bei der *Weinstein Company* angestellt, als Weinstein auf sie zukam und ihr anbot, als Gegenleistung für ein Verhältnis mit ihm ihre Karriere anzukurbeln, wie *The New York Times* berichtet.

- **Zelda Perkins**: Sie ist eine 1998 in London ansässige Assistentin Weinsteins. Damals 25 Jahre alt, bot sie Berichten zufolge Weinstein die Stirn, nachdem sie und „mehrere" andere belästigt worden waren und sich später außergerichtlich einigten.
- **Elizabeth Karlsen**: Die für einen Oscar nominierte Produzentin von *Carol* und *The Crying Game* sagte unter anderen zu *The Hollywood Reporter*, dass vor fast 30 Jahren eine unbekannte junge weibliche Führungskraft, die mit Weinstein bei *Miramax* gearbeitet hatte, ihn eines Abends nackt in ihrem Schlafzimmer vorgefunden hatte. Die Führungskraft war zu der Zeit in einem von *Miramax* angemieteten Haus, um die Fixkosten zu senken.
- **Liza Campbell**: Sie ist eine freiberufliche Drehbuch-Lektorin, die der britischen *Sunday Times* sagte, dass Weinstein sie in sein Hotelzimmer in London einbestellt habe, bevor er sie aufforderte, dass sie mit ihm ins Bad kommen solle.
- **Lauren Sivan**: Die frühere *Fox News*-Moderatorin sagte, dass Weinstein sie 2007 in einem geschlossenen Restaurant in die Falle gelockt und vor ihr bis zum Abschluss onaniert habe. Er nahm sie mit in ein Restaurant unterhalb eines Clubs, den sie besucht hatte, und versuchte sie zu küssen, doch als sie sich dann weigerte, drängte er sie laut *The Huffington Post* in eine Ecke und brachte sie dazu, ihm zuzusehen, wie er an sich selbst Hand anlegte.
- **Jessica Hynes**: Die britische Schauspielerin, die am bekanntesten für ihre Rollen in den *Bridget Jones*-Filmen sowie als Mitwirkende und Mitautorin der Sitcom *Spaced* ist, sagte, sie sei für ein Vorsprechen für Weinstein eingeladen worden, als sie 19 war – in einem Bikini. Hynes, die früher als Jessica Stevenson bekannt war, sagte, dass sie sich weigerte, das spärliche Ding zu tragen – und verlor den Job.
- **Romola Garai**: Die britische Schauspielerin Romola Garai sagte, sie fühlte sich nach einem Treffen mit Harvey Weinstein in seinem Londoner Hotelzimmer „verletzt", bei dem er einen Bademantel

trug als sie 18 war. Garai, am besten bekannt für ihre Rolle in *Abbitte*, sagte, sie sei bereits für eine Rolle gebucht worden, aber ihr wurde gesagt, sie solle privat beim Hollywood-Mogul vorsprechen, weil *„man seine persönliche Zustimmung benötige"*. *„Wie jede andere Frau in der Industrie hatte ich ein ‚Vorsprechen' bei Harvey Weinstein"*, sagte sie zu *The Guardian*. *„Daher musste ich in sein Hotelzimmer im Savoy gehen und er ging in seinem Bademantel an die Tür. Ich war erst 18. Ich fühlte mich dadurch verletzt."*

- **Ungenannte Assistentin**: Weinstein verhielt sich angeblich unangemessen gegenüber einer Frau, die 1990 als seine Assistentin angestellt war. Der Fall wurde außergerichtlich geregelt.
- **Andere ungenannte Assistentin**: 2015 übte Weinstein Berichten zufolge Druck auf eine weitere Assistentin aus, ihn im *Peninsula Hotel* nackt zu massieren, wo er auch Barth unter Druck gesetzt haben soll.
- **Ungenannte *Miramax*-Angestellte**: Zu einer Zeit Anfang der 1990er-Jahre soll eine junge Frau angeblich plötzlich das Unternehmen verlassen haben, nachdem sie eine Begegnung mit Weinstein hatte. Auch sie einigte sich außergerichtlich mit ihm.
- **Ungenannte Frau**: Eine Frau, die nicht wollte, dass ihr Name genannt wird, weil sie Angst vor Weinsteins Verbindungen hatte, sagte zu *The New York Times*, dass der Produzent sie an einem ungenannten Datum zu sich in sein Hotelzimmer gerufen und sie vergewaltigt habe.[(85)]

Mehr als 30 Frauen haben sich zu Wort gemeldet und Weinstein aller Arten von Fehlverhalten beschuldigt. Manche dieser Anschuldigungen liegen über 20 Jahre zurück. Hillary Clinton behauptete offiziell, sie sei *„schockiert und entsetzt"* gewesen – als ob dies vollkommen erschütternde Neuigkeiten für sie seien. Warum kommt dies alles jetzt auf einmal heraus? Warum haben sich all diese Stars zur gleichen Zeit gemeldet? Als Weinstein durch die Elite protegiert wurde, wurde den Schauspielerinnen, die versuchten, ihre Geschichte zu erzählen, gesagt, dass ihnen niemand glauben würde, dass sie den Mund halten sollten, dass es keine große Sache sei und dass sie, wenn sie darauf bestehen, Schweigegeld nehmen sollten.

Nun, gleichgültig ob es das Ergebnis zu vieler berühmter Frauen war, die bereit waren, sich offiziell dazu zu äußern, oder ein anderer nicht berichteter Grund, Weinstein ist bei der Hollywood-Elite in Ungnade gefallen. Die mediale Mauer, die ihn auf die gleiche Weise zu schützen pflegte, wie sie zahllose andere Missbrauchstäter schützt, ist eingestürzt. Weinstein befindet sich nun inmitten eines klassischen amerikanischen Niedergangs. Innerhalb weniger Tage sind Anschuldigungen von überall her eingeströmt, seine Ehe zerbrach und er wurde von seiner eigenen Firma gefeuert. Trotz alledem befürchten viele, dass Weinstein im Polanski-Stil jeglicher Art von juristischer Verfolgung entgehen könnte. (Roman Polanski wurde beschuldigt, ein 13-jähriges Mädchen missbraucht zu haben, entkam jedoch einer Strafverfolgung in den USA, indem er nach Europa geflohen war. Er wird weiterhin als Regisseur verehrt.) Während Weinsteins Hollywood-Karriere vorbei ist, könnte er einfach dazu in der Lage sein, auf seinen Millionen von Dollars zu sitzen und für den Rest seines Lebens dem Gefängnis zu entgehen.

Lindsay Lohan stimmt nicht zu

Lindsay Lohan stellt sich gegen diese Flut von Anschuldigungen. In einem bizarren *Instagram*-Video erklärte Lohan (mit ihrem neuen Akzent): *„Er hat mir nie Schaden zugefügt oder mir irgendetwas getan. Wir haben zusammen mehrere Filme gemacht. Ich denke, alle müssen aufhören; ich denke, es ist falsch. Also steht auf.“* Das war ziemlich unerwartet, weil Lohan zu den offensichtlichsten Fällen der Hollywood-Prominenz gehört, die durch die Elite „missbraucht“ wurde. Sie beschreibt ihren Status bei Fotoshootings sogar als „Beta Kitten“ [d.h. als Opfer der „Beta-Programmierung“]. Lohans Video wurde nach einer Stunde gelöscht. Rose McGowan, eine der lautstärksten Anklägerinnen Weinsteins, twitterte dazu: *„Bitte geht vorsichtig mit Lindsay Lohan um. Wenn man eine Kinderschauspielerin ist, die zum Sex-Symbol geworden* *ist, verdreht es einem in einer Weise den Kopf, wie man es nicht für möglich halten würde.*" Sie hat recht. Kinderschauspieler werden wiederholt missbraucht und traumatisiert, um MKULTRA-Sklaven aus ihnen zu machen. Wie in diesem Artikel erklärt wird, sind Lohans plötzlich veränderter Akzent und Sprachmuster ein Symptom für eine auf einem Trauma basierende Bewusstseinskontrolle.

Die Spitze des Eisbergs

Obwohl die Anschuldigungen gegen Weinstein entsetzlich und abstoßend sind, repräsentieren sie nur die Spitze des Eisbergs der schmutzigen Handlungen, die über die Hollywood-Elite „gemunkelt" werden. Was ist mit illegalen Kindersexringen? Rituellem Missbrauch? MKULTRA-Sklaven? Auftragsmorden? Selbstverständlich würde es die Mistkerle, die immer noch unter dem Schutz der Elite stehen, einem Risiko aussetzen, wenn man diese Informationen ausplaudern würde. Zum jetzigen Zeitpunkt ist von den Anschuldigungen gegen Weinstein nur Weinstein selbst betroffen, und das ist es, womit sie es bewenden lassen wollen. Es ist eine kontrollierte Demolierung. Der Schauspieler James Van Der Beek veröffentlichte ein paar Tweets, um die Schauspielerinnen zu unterstützen, die sich zu Wort gemeldet haben und enthüllte, dass es auch ihm widerfahren ist.

Wie man sieht, nennt er keine Namen dieser *„alten, mächtigen Männer"*. Warum? Weil sie immer noch geschützt werden. War Weinstein etwa in mehr verwickelt als in schäbige sexuelle Übergriffe eines Hollywood-Produzenten? Wir werden es wahrscheinlich nicht herausfinden, aber der letzte Abschnitt des *New Yorker*-Artikels über Weinstein ist definitiv verwunderlich:

> *„Er tat dies über einen langen Zeitraum systematisch", sagte mir die frühere Angestellte, die dazu gebracht wurde, als eine Art ‚Honigtopf' zu agieren. Sie sagte, dass sie oft an etwas denkt, das Weinstein nach einem seiner vielen Schreianfälle im Büro flüsterte – zu sich selbst, so weit sie das beurteilen konnte. Es beunruhigte sie so sehr, dass sie ihr iPhone herausnahm und es als Notiz eintippte, Wort für Wort: ‚Es gibt Dinge, die ich getan habe, von denen keiner etwas weiß.'"*[(60)]

9. Elijah Wood und Corey Feldman: Zwei Hollywood-Schauspieler packen über Pädophilie in Hollywood aus

Während eines Interviews mit der *Sunday Times* kam der Schauspieler Elijah Wood vom Thema ab und wandte sich der dunklen Seite Hollywoods zu, indem er bemerkte, dass Kindesmissbrauch um sich greife, und dass *„es jede Menge Giftschlangen in dieser Industrie gibt"*.
Corey Feldman behauptet, dass er beinahe von *„zwei LKWs überfahren worden"* sei, nachdem er Pläne bestätigt hatte, das ganze Ausmaß des Kindesmissbrauchs in Hollywood ans Tageslicht zu bringen.

Elijah Wood über Kindesmissbrauch in Hollywood: *„Es geschieht viel im Verborgenen."*

Elijah Wood verbrachte die meiste Zeit seines Lebens in der Unterhaltungsindustrie. Indem er bereits im Alter von neun Jahren ein von der Kritik gefeierter Kinderschauspieler war, wuchs er buchstäblich im Scheinwerferlicht auf. Er kennt daher ein paar düstere, hässliche Seiten Hollywoods – besonders über dessen Neigung dazu, Kindern nachzustellen. Während Schauspieler üblicherweise über die Probleme den Mund halten, Angst davor haben, „geselbstmordet" oder „überdosiert" zu werden, kommen manchmal Ausrutscher vor und Bruchstücke der Wahrheit tauchen auf. Elijah Wood sprach ebenfalls davon, dass Leute in hohen Machtpositionen Kinder missbrauchen, ohne irgendwelche Konsequenzen befürchten zu müssen: *„Es war alles organisiert. Es gibt in der Filmindustrie viele Giftschlangen, Menschen, die nur ihre eigenen Interessen verfolgen. Es geschieht viel im Verborgenen – wenn man es sich vorstellen kann, ist es vermutlich passiert."* Wood erklärte daraufhin, dass Opfer sich nirgendwo hinwenden können, weil sie *„nicht so offen sprechen können wie Leute in Machtpositionen"*.

„Das ist die Tragödie, wenn man zu enthüllen versucht, was unschuldigen Leuten passiert. Sie können eins auf den Deckel bekommen, aber ihr Leben wurde irreparabel geschädigt." Wood bemerkte, dass er vom Missbrauch verschont wurde, hauptsächlich deswegen, weil seine Mutter ihm nicht erlaubte, anrüchige Hollywood-Partys voller Perverser aller

Art zu besuchen. *„Sie war viel mehr darum bemüht, mich zu einem guten Menschen zu erziehen, als meine Karrierechancen zu verbessern. Wenn man unschuldig ist, weiß man sehr wenig von der Welt, und man will erfolgreich sein. Leute, die einen ausnutzen wollen, werden einen als ihre Beute betrachten."* Diese Kommentare bestätigen Corey Feldmans Behauptungen, dass Hollywood *„derzeit über 100 aktive Kinderschänder beschützt"*.

„Ich kann Ihnen versichern, das Problem Nr. 1 in Hollywood war und ist Pädophilie, und sie wird es immer sein. Das ist das größte Problem für Kinder in dieser Industrie ... es ist das große Geheimnis." 2013 erklärte Feldman, dass *„einer der erfolgreichsten Leute in der Unterhaltungsindustrie, der immer noch jede Menge Geld scheffelt"*, seinen besten Freund Corey Haim missbrauchte. *„Ein erwachsener Mann überredete [Haim], dass es vollkommen normal sei, dass ältere Männer und minderjährige Jungen in dem Geschäft sexuelle Beziehungen miteinander haben und dass es eben etwas sei, was alle ‚Kerle nunmal so tun'...*

Und so gingen sie während einer Mittagspause für die Besetzung und die Crew zu einem abgeschiedenen Bereich zwischen zwei Anhängern, und Haim, unschuldig und ehrgeizig wie er war, ließ es zu, dass er sodomisiert wurde."[86]

Der Rückzieher

Beinahe jedes Mal, wenn eine Berühmtheit die Wahrheit über die Industrie auspackt, hat sie das Gefühl, einen Rückzieher machen zu müssen, alles zu leugnen und zu behaupten, dass ihre Äußerungen *„aus dem Zusammenhang gerissen"* wurden. Bekommen sie einen Telefonanruf, in dem ihnen damit gedroht wird, dass ihre Karriere und/oder ihr Leben auf dem Spiel steht? Wie es auch sein mag, Wood hatte das Gefühl, dass er klarstellen müsse, dass er nie irgendwelche Missbrauchsfälle mitangesehen habe, und dass seine Behauptungen darauf basierten, was er in einer Dokumentation sah:

> *„Die ‚Sunday Times' interviewte mich über meinen letzten Film, aber die Geschichte wurde zu etwas ganz anderem. Sie gab Anstöße zu einer Reihe falscher und irreführender Schlagzeilen. Ich hatte gerade eine aus-*

sagekräftige Dokumentation gesehen und sprach kurz mit dem Reporter über das Thema, was Konsequenzen nach sich zog, die ich nicht beabsichtigt oder erwartet hatte. Lektion gelernt.
Lassen Sie mich dies klarstellen: Dieses Thema des Kindesmissbrauchs ist sehr wichtig und man sollte darüber diskutieren und es ordentlich untersuchen. Aber wie ich dem Autor absolut unmissverständlich klargemacht habe, habe ich keine Erfahrungen oder Beobachtungen über das Thema aus erster Hand gemacht, daher habe ich keine Befugnis dazu, mich dazu in einer Weise zu äußern, die über das hinaus geht, was ich in Artikeln gelesen und in Filmen gesehen habe."[(86)]

Solche erbärmlichen Rückzieher sind einfach einmal mehr der Beweis dafür, dass die Hollywood-Elite Künstler und Medien in einem starken Würgegriff hält, während sie selbst vollkommene Immunität gegenüber dem Gesetz genießt.

Corey Feldman „*zur Zielscheibe von Todesdrohungen geworden*", nachdem er Projekt zur Enthüllung von Hollywood-Kindesmissbrauchsring angekündigt hatte

Der frühere Kinderschauspieler Corey Feldman wurde mehrere Male auf *Vigilant Citizen* erwähnt, weil er seit Jahren der lautstärkste Denunziant des Kindesmissbrauchs in Hollywood ist. Während er immer behauptet hat, dass einflussreiche Hollywood-Führungspersonen Teil eines Kindesmissbrauchsrings sind (und dass einer von ihnen seinen Filmpartner Corey Haim im Alter von 11 Jahren vergewaltigt hat), veröffentlichte Feldman nie irgendwelche Namen. Vermutlich vor dem Hintergrund des Skandals um Harvey Weinstein gab Feldman kürzlich Pläne bekannt, Missbrauch in Hollywood in Eigenregie, -produktion und -vertrieb durch die „*ehrlichste und wahrhaftigste Darstellung*" zu enthüllen, wie „*Kindesmissbrauch je porträtiert worden ist*". Feldman sagte auf *Twitter*: „*Ich kann aus dem Stegreif sechs Namen nennen, von denen einer heute immer noch sehr einflussreich ist.*" Er sagte auch, dass er eine Verbindung zwischen Pädophilie und einem der wichtigen Studios aufzeigen könne.

Feldman startete auch eine *Indiegogo*-Kampagne über zehn Millionen Dollar, die dafür verwendet werden sollen, den Film, ein Team von Juristen und einen Sicherheitsdienst für ihn selbst zu finanzieren. Feldmans Frau Courtney deutet an, dass das Geld dazu da sei, ihre Sicherheit zu gewährleisten, nachdem einige Dinge passiert seien, nach denen er unter Verfolgungswahn gelitten habe.

Am 19. Oktober 2017 twitterte Feldman:

„Für das Protokoll: Ich werde nicht in eine Talkshow gehen, um die Namen derjenigen zu nennen, die mich oder jemand anders missbraucht haben. Hört daher bitte damit auf, mich darum zu bitten. Lasst mich auch hinzufügen, dass es nicht um die Angst davor geht, verklagt zu werden! Ja, das ist zwar gut möglich, aber der wichtigere Grund ist die Sicherheit für meine Familie.“[(86)]

Zur Zielscheibe geworden?

Seit Feldman seine *Truth Campaign* ins Leben rief, behauptet er, dass er zur Zielscheibe geworden und sein Leben in Gefahr geraten sei. Am 23. Oktober 2017 wurde er in Louisiana unter dem Vorwurf des Besitzes von Marihuana festgenommen, nachdem sein Tourbus wegen Geschwindigkeitsübertretung angehalten worden war. Feldman glaubt, dass die Festnahme eine Razzia als Reaktion auf seine Kampagne war. Die Polizei von Mangham sagt, dass die Beamten Feldmans Tourbus wegen Geschwindigkeitsübertretung angehalten hätten, als sie herausfanden, dass Feldman ohne gültigen Führerschein gefahren sei. Die Polizei sagt, sie hätte den Bus durchsucht und dabei Marihuana und verschreibungspflichtige Medikamente gefunden. Feldman wurde unbefugter Besitz von Marihuana, Geschwindigkeitsübertretung und Fahren ohne gültigen Führerschein vorgeworfen. Er konnte eine Geldstrafe bezahlen und wurde freigelassen.

Auf seiner *Twitter*-Seite sagte Feldman, er hätte nichts dabei gehabt, sei aber belastet worden, weil der Tourbus auf ihn zugelassen sei. Er sagte, das Marihuana hätte einem Mitglied der Crew gehört, das eine legale kalifornische Verschreibung besitze. Er behauptete auch, dass die

Medikamente legal seien und dass die Beamten versprachen, die Anschuldigungen fallen zu lassen, wenn er den Nachweis der Verschreibung erbringen könne. Er behauptete, dass die Verkehrskontrolle *„etwas von einer guten alten Razzia"* gehabt habe, und dass die Beamten um Fotos und Autogramme gebeten hätten, nachdem er die Geldstrafe in bar bezahlt hatte.

Er fügte hinzu, dass mehrere Mitglieder seine Band verlassen hätten, weil sie um ihr Leben fürchteten, indem sie sich fragten, ob *„jemand sie drankriegt"*.

Letztendlich sagte Feldman, dass er eine Art „Nahtoderfahrung" hatte, als ihn beinahe zwei LKWs überfahren hatten. Wird Feldman je alles ausplaudern und das System bloßstellen? Feldman sagt in seinem Video:

> *„Es ist nicht einfach. Ich wurde in großem Maße herabgesetzt. Es wurden Gerüchte erzählt, Geschichten wurden über mich erfunden … und das alles, weil sie darum fürchten, was ich weiß. Der Gerechtigkeit wird Genüge getan werden. Weil es hierbei um Gut und Böse geht."*[(86)]

10. Sex-Men: Hollywoods „After-Partys“ von Roland Emmerich und Bryan Singer

Auf dem Anwesen des deutschen Hollywood-Regisseurs Roland Emmerich, der sich vor allem mit Katastrophenfilmen wie *Independence Day*, *The Day After Tomorrow* oder *2012* einen Namen gemacht hat, finden in Los Angeles immer wieder „After-Partys“ mit sogenannten „A-Gays“ („A-Schwulen“) statt, an denen offenbar auch viele Minderjährige teilnehmen. Unter anderem mit dabei: Die als Brendan McDaniel geborene Transgender Candis Cayne, die bei einer unter einem Hai-Motto stattfindenden Party am Ende „angegriffen“ wurde und in einem Pool voller „Blut“ landete. Leider ist nicht bekannt, ob der unfreiwillige Erwachsenenfilmstar Dustin Lance Black mit von der Partie war, und es liegen auch keine Fotos von der After-After-Party vor (die üblicherweise im FKK-Dresscode stattfinden sollen) oder davon, was passierte, als Roland Bryan mit ein paar ausgewählten jungen Männern für private Rollenbesetzungen ins Haus gegangen ist.

Abb. 38 Pool-Party bei Roland Emmerich

Hollywoods „Schnuckel-Poolpartys“

Wilde Nächte ohne Kleider, aber dafür mit viel Alkohol – ein Teilnehmer enthüllt, was bei den berüchtigten Poolpartys des *X-Men*-Regisseurs Bryan Singer vor sich ging: In Gesellschaft von Schwulen geht die Verwendung des Wortes „twink“ [dt.: „Schnuckel“] typischerweise mit rollenden Augen und einem herablassenden Tonfall einher. In seiner abwertendsten Form beschreibt der Begriff eine auf einzigartige Weise frei verfügbare Art von jungen schwulen Männern: haarlos, arglos, geistlos. Namensgebend für den Begriff ist ein „Twinkie“, eine Art Süßigkeit mit einer glänzenden Verpackung, süßem Geschmack und ohne Nährstoffe. Es ist ein Etikett, das die Notwendigkeit für Namen, Persönlichkeiten oder Vermittlung verringert: „Twinks“ können mit Bussen zu Partys gebracht, in Pools geworfen, in eine winzige Badehose gesteckt werden – oder erst gar keine anbekommen – und als Dekoration entlang der Kanten des Wassers platziert werden wie lebende, atmende und kichernde Statuen.

Das ist die angebliche Szenerie bei den berüchtigten Poolpartys, die von Hollywood-Stars wie Bryan Singer, dem 48-jährigen Regisseur von *X-Men*, *Superman Returns* und *Die üblichen Verdächtigen* abgehalten werden. Der schwule Filmemacher steht im Mittelpunkt einer Klage, die vor dem hawaiianischen Bundesgericht eingereicht wurde und bei der ihm vorgeworfen wurde, dass er den damals 17-jährigen Michael Egan Ende der 1990er-Jahre unter Drogen setzte, vergewaltigte und tätlich angegriffen hatte. Es war allerdings bei Poolpartys in einer Villa in Encino, und die nicht von Singer abgehalten wurden, wo der schlimmste Missbrauch stattgefunden hatte, wie Egan gegenüber *The Daily Beast* sagte:

> *„In dem Haus wurden Drogen in Getränke getan, Schnaps meine Kehle hinuntergekippt. Die Regeln im Haus: keine Badeanzüge, keine Kleider draußen im Pool-Bereich. Ich wurde mehrere Male in diesem Haus vergewaltigt. Verschiedene Arten von sexuellem Missbrauch. Man war für diese Leute wie ein Stück Fleisch. Sie hatten einen untereinander herumgereicht.“*

Singers Poolpartys sind schon seit Jahren Gesprächsthema bei Schwulen aus der Unterhaltungsbranche. Manche zusammen mit dem Regie-Kollegen Roland Emmerich abgehaltenen Partys wiesen mehr als eintausend Teilnehmer auf. Emmerich sagte zu *The Advocate*: „*Wenn [Singer] eine Neujahrsparty gibt, laufen so 600, 700 Schnuckel herum, und er versteckt sich in seinem Zimmer. Das ist ziemlich typisch.*" Emmerich schätzt, dass die Party, die sie 2009 abgehalten hatten, 1.200 Gäste angezogen hatte.

Der Musiker und Schauspieler Jason Dottley besuchte im Sommer 1999 im Alter von 19 Jahren seine erste „Bryan Singer Party". Dottley behauptet, dass Singer ihn auf einem Ausflug nach Hawaii zum Haarpflege-Tycoon Paul Mitchell mit Kokain unter Drogen setzte, ihn dazu zwang, mit ihm in einem Whirlpool Oralverkehr zu haben und er ihn neben einem Pool vergewaltigte. „*Jeder weiß, dass Bryan Singer auf jüngere Burschen steht*", so Dottley. „*Die Altersspanne war wirklich gering, zwischen 18 und 21. Wir machten alle Witze darüber, aus dem Alter von Bryan Singers Partys herauszukommen – er hatte ein sehr schmales Zeitfenster.*" Was minderjährige Teilnehmer betrifft, bleibt Dottley allerdings hartnäckig, dass 18 die Untergrenze war. „*Wenn sie [minderjährig] gewesen wären, hätten sie sich so verhalten, als ob sie es nicht seien.*"

Obwohl es „Bryan Singer Partys" waren, fanden die meisten der Treffen gar nicht im Haus des Regisseurs statt. Tatsächlich war den meisten Teilnehmern gar nicht klar, *wer* eigentlich der Besitzer der Villen war, wo sie sich aufhielten – am wahrscheinlichsten ist, dass die Örtlichkeiten von wohlhabenden Geschäftspartnern an Singer und seine Freunde vermietet wurden, denen es nichts ausmachte, dass hübsche, leicht bekleidete junge Männer an ihren „Infinity Pools" herumlungerten. „*Wenn man ein berühmter Hollywood-Regisseur ist, will man nicht, dass ein Haufen Fremder bei einem zuhause ist*", erklärt Dottley. „*Ich war bei einer Poolparty, die von Drew Barrymore abgehalten wurde, die auch nicht in ihrem Haus stattgefunden hat – es ist ziemlich üblich.*"

In den Tagen vor *Facebook*-Einladungen und Massen-SMS-Nachrichten, sprach es sich laut Dottley „*einfach irgendwie herum*", dass Singer eine Party veranstaltete. „*Man kannte einen seiner direkten Freunde, dem gesagt worden war, dass er Freunde mitbringen könne, und er würde die Freunde mitbringen, die in etwa dazu passen, was Bryan um sich haben wollte.*" Junge Männer, die daran teilnahmen, waren hauptsächlich Schauspieler, Models, Sänger und angehende Angehörige der Unterhaltungsindustrie – obwohl es nie jemand war, der bei Singers Filmen mitarbeitete, sagt Dottley. „*Ich sah nie jemanden, der offen an seinen Projekten arbeitete ... Es ging darum, eine Umgebung mit dem Augenschmaus zu erschaffen, den er schätzte.*" Teil davon, diese Umgebung herzustellen, war ein informeller Dresscode: Das schnuckeligste Outfit, das man hatte. „*Mit der Einstellung eines 19-jährigen Jungen, der zum Haus eines großen Hollywood-Regisseurs geht, zieht man sich so an, dass man Eindruck hinterlässt*", sagt Dottley.

Laut Gerichtsunterlagen, die von Egans Anwälten eingereicht wurden, hatten Poolpartys, die von Singer frequentiert und vom millionenschweren Gründer des Internet-Video-Pioniers *Digital Entertainment Network*, Marc Collins-Rector, veranstaltet wurden, einen strikten Dresscode: nichts. „*In Übereinstimmung mit den ‚Regeln', die von Collins-Rector auferlegt wurden, dass Leuten im Pool-Bereich das tragen von Kleidung nicht gestattet war, war der Kläger genauso nackt wie der Angeklagte Singer.*"

Dottley sagt, dass bei den Partys, die er besuchte, kein verbindliches Verbot von Schwimmkleidung herrschte, obwohl die Umgebung für die Mehrheit der Teilnehmer mehr als zuvorkommend war, die „vergessen" hatten, Schwimmkleidung mitzubringen. „*Ich erinnere mich an keinen einzigen, der einen Badeanzug mitgebracht hätte*", sagt Dottley. „*Es war eine gesunde Mischung aus Unterwäsche und keiner Unterwäsche.*" Er macht eine Pause. „*Meistens keine Unterwäsche, um ehrlich zu sein.*"

Welche Art Typ muss man sein, um die Aufmerksamkeit eines von Hollywoods erfolgreichsten Regisseuren zu verdienen? „Gerade erst angekommen. Neu in der Stadt, definitiv jung, 18, 19, 20, und gutaussehend", sagt Dottley, wie die von *Gawker* geposteten Fotos der Partys zu zeigen scheinen. Als es Nacht und die Partygänger berauschter wurden, sagt Dottley, erreichten Singers Partys einen Wendepunkt. „*Um zwei, drei Uhr morgens herum waren Dutzende Kerle im Whirlpool, und diejenigen, die bleiben und ... mitmachen wollten, konnten das tun.*" Dottley selbst blieb nie, um die logische Konsequenz der Party mitzuerleben, aber seine Beschreibung liest sich wie die anfänglichen 60 Sekunden eines für den Massenmarkt produzierten Pornos: „*Zwei Typen fangen an, miteinander rumzuknutschen, und dann gibt es diesen Dominoeffekt ... ich weiß nicht genau, was passiert ist, weil das für mich das Signal war, dass es Zeit ist zu gehen, aber ich konnte es mir vorstellen.*"

The Daily Beast kontaktierte einen Stellvertreter von Bryan und Marty Singer, hatte jedoch bis zur Abgabe der Geschichte keine Antwort erhalten.[(87)]

Vorwürfe und Klagen gegen Bryan Singer wegen sexueller Belästigung und Vergewaltigung von Minderjährigen

Bryan Singer soll im Jahr 2018 verklagt werden, weil er angeblich einen 17 Jahre alten Jungen dazu gezwungen hat, ihn oral zu befriedigen und ihn dann bei einer Party auf einer Yacht im Jahre 2003 vergewaltigt hat. Der *X-Men*-Regisseur gab eine Stellungnahme heraus, in der er alle Behauptungen abstritt. Die Klage, die von Cesar Sanchez-Guzmans Anwalt eingereicht wurde, behauptet, dass Singer mit jungen schwulen Männern auf einer Party war, die 2003 auf einer Yacht vor Seattle stattfand, die dem Technikinvestor Lester Waters gehört. Es wird behauptet, dass Singer anbot, den damals 17-jährigen Guzman auf einen Rundgang auf der Yacht mitzunehmen, aber als sie in einen der Räume kamen, zwang der Regisseur den Teenager auf den Boden, schob seine Schrittpartie gegen Guzmans Gesicht und verlangte von ihm, ihn oral zu befriedigen.

Guzman sagt weiterhin in der Klage, dass Singer daraufhin seinen Penis herausgenommen und ihn zwangsweise in seinen Mund gesteckt habe, was ihm die Kehle zuschnürte, während er ihn bat, damit aufzuhören. Singer zwang laut der Klage Guzman angeblich zu Oralverkehr, der ihn wiederholt dazu aufforderte, damit aufzuhören, bevor er ihn anal vergewaltigte. Die Klageschrift erklärt, dass Singer später Guzman bedrohte, indem er zu ihm sagte, er sei ein mächtiger Hollywood-Produzent, und dass er Leute anheuern könne, um den Ruf seines angeblichen Opfers zu ruinieren. Er fügte hinzu, dass ihm niemand glaube, wenn er sich zu Wort melden würde. Aber wenn er ruhig bliebe, würde ihm dies bei seiner Schauspielkarriere behilflich sein.

Guzman, der vom Anwalt Jeff Herman vertreten wird, klagt wegen seelischem Leid, mentaler Qual sowie physischer und mentaler Schmerzen. Die Klage wurde nur wenige Tage später eingereicht, als Singer von der Arbeit an der bevorstehenden Filmbiografie *Bohemian Rhapsody* über Freddie Mercury gefeuert wurde. Er hatte wenige Wochen vor Abschluss der Dreharbeiten unerwarteterweise Urlaub genommen, wodurch er *Twentieth Century Fox* im Stich gelassen hatte. Die Entscheidung, Singer zu feuern, wurde laut *The Hollywood Reporter* getroffen, nachdem der Regisseur Berichten zufolge mit mehreren Schauspielern am Set in Streit geraten war, was *Twentieth Century Fox* dazu zwang, ihn aus dem Projekt abzuziehen.

Singer soll einmal auch mit einem Gegenstand nach dem Hauptdarsteller Rami Malek geworfen haben, der sich den Ruf erworben hat, einer der höflichsten und umgänglichsten Schauspieler in der Branche zu sein. Tom Hollander verließ einmal sogar den Film aufgrund Singers Verhalten, bevor er überredet wurde, zur Produktion zurückzukehren.

Der britische Regisseur Dexter Fletcher ist seitdem eingesprungen, um den Film zu Ende zu bringen. Dies ereignete sich laut eines Informanten, der mit *Radar* sprach, auch infolge von Behauptungen über wilde Partys und hedonistisches Verhalten, die den 52-jährigen Regisseur in die Defensive gedrängt haben. Der gleiche Informant behauptet auch, dass das Studio auf seine Dienste aufgrund von Befürchtungen verzichtete, dass der Regisseur erneut sexueller Übergriffe beschuldigt werden könnte.

Der Regisseur gab eine Stellungnahme heraus, in der er versuchte, seine plötzliche Abberufung klarzustellen und beschuldigte *Twentieth Century Fox*, seinen Vertrag zu beenden, obwohl er in die USA zurückkehren wollte, um einen kranken Elternteil zu besuchen. Er griff auch *Twentieth Century Fox* an, indem er sagte, die Produktionsfirma sei *„unwillig"*, ihm in seiner Situation *„entgegenzukommen"*. Aber laut *Radar* ging Singer regelmäßig spät abends auf Sauftouren, wovon er einen Kater und Wutanfälle am Set bekam, wodurch die Zusammenarbeit mit ihm zu einem Ärgernis wurde.

*„Er ist in wirklich schlechter Verfassung und machte an Thanksgiving bei einer verrückten Sauftour mit, womit er im Grunde dem Studio zu Verstehen gab, dass es ihn am A***h lecken könne"*, sagte ein Insider zu *Radar*. *„Er hat sich während des ganzen Drehs schlecht verhalten, indem er jede Nacht bis 2 oder 3 Uhr morgens aufblieb und am Set total verkatert oder in noch schlimmerer Verfassung auftauchte."* Aber laut der Informationen war der *„Tropfen, der das Fass zum Überlaufen brachte"*, als das Studio Singer fragte, ob *„weitere Anschuldigungen auf ihn zukommen werden"*.

Im Dezember 2017 hatte eine Gruppe von Studenten von der *University of Southern California* verlangt, dass Singers Name von der Filmschule entfernt werden soll, wobei sie sich darüber beklagten, dass sie niemanden mit ihrer Schule in Verbindung gebracht haben wollten, der „*mehrfach der sexuellen Belästigung, Übergriffe und Pädophilie beschuldigt wird*“: „*Wir, die Studenten, der USC School of Cinematic Arts, ersuchen formell darum, dass Bryan Singers Name von unserer Abteilung für Kino- und Medienstudien entfernt wird*“, lautet die Petition auf *Change.org*, die von sieben Studenten der Schule initiiert wurde. „*Es ist komplett inakzeptabel, dass dieses renommierte Institut innerhalb unserer Schule immer noch den Namen Bryan Singers trägt, eines Mannes, der mehrere Male sexueller Belästigung, Übergriffe und Pädophilie beschuldigt wird.*“

Neue Anschuldigungen gegen Singer begannen auch im Zuge des Sexskandals um Harvey Weinstein und der „MeToo-Kampagne“ aufzutauchen, einschließlich Anschuldigungen, die ein junger Mann erhob, der sagte, dass der Regisseur ihn vor über einem Jahrzehnt auf unangemessene Weise angefasst habe. Der Thread, in dem Einzelheiten dieser Behauptung genannt wurden, wurde allerdings von *Twitter* entfernt und das Profil des Nutzers gelöscht, während eine Geschichte über die Anschuldigung vom Netz genommen wurde. Gleichzeitig wurde ein Tweet von Evan Rachel Wood, in dem auf vergangene Anschuldigungen gegen Singer verwiesen wurde, in sehr ähnlicher Form aus dem Benutzerkonto der Schauspielerin gelöscht, wie auch letztes Jahr ein Kommentar des Schauspielers Noah Galvin aus einem Interview in New York entfernt worden war. Galvin gab später eine Entschuldigung für seinen Kommentar heraus, indem er erklärte: „*Meine Kommentare waren falsch und ungerechtfertigt.*“

Die einzige Hollywood-Berühmtheit, die sich geweigert hat, einen Rückzieher zu machen und sich zum Schweigen bringen zu lassen, scheint die Schauspielerin Jessica Chastain zu sein, die einen Link zu einem *Daily Wire*-Artikel über die neue Anschuldigung gegen Singer teilte. „*Lasst uns nicht vergessen*“, schrieb Chastain. Singer löschte um diese Zeit sein eigenes *Twitter*-Benutzerkonto.

1997, während des Filmdrehs zu *Apt Pupil*, reichte ein 14-jähriger Junge eine Klage ein, in der er behauptete, dass er und andere Minderjährige beim Drehen einer Duschszene im Film unter Singers Regie aufgefordert worden seien, sich nackt auszuziehen. Zwei weitere Teenager meldeten sich zu Wort, um seine Behauptung zu stützen, aber die Klage wurde aufgrund Mangels an Beweisen abgewiesen.

Michael Egan behauptete in seiner Klage von 2014, dass er 14 oder 15 war, als es damit angefangen hatte, dass er sexuell missbraucht wurde, nachdem er mit seiner Familie nach Los Angeles gezogen war, um seine Schauspielkarriere zu beginnen. Es war in Los Angeles, wo er dem Hollywood-Powerplayer Marc Collins-Rector und seinem Liebhaber Chad Shackley vorgestellt wurde, als er zu einer Party in Collins-Rectors Haus eingeladen wurde. Diese Partys beinhalteten laut Egan *„sexuellen Kontakt zwischen männlichen Erwachsenen und den vielen Jungen im Teenager-Alter“*, aber er behauptet, dass er *„nie freiwillig“* den Annäherungen zugestimmt habe. Er behauptete in seiner Klage, dass es zwei oder drei Monate danach gewesen sei, als Collins-Rector angeblich damit begonnen hatte, Egan zu missbrauchen, als er bei einer der Partys Singer vorgestellt wurde. Egan sagte, er sei nackt im Pool gewesen, als Collins-Rector auf ihn zugekommen sei und ihn angewiesen habe, Singer zu umarmen, der angeblich seinen nackten Hintern gepackt hatte. Er behauptete, dass Singer später zu ihm gesagt habe, dass er „sexy“ sei und dann angefangen habe, den minderjährigen Jungen zu befriedigen und mit ihm Oralverkehr zu haben. Der Regisseur sagte daraufhin zu Egan, er solle mit ihm das Gleiche machen, aber er erklärte, dass er sich widersetzt habe.

Singer stritt diese Anschuldigungen ab, indem er behauptete, sie seien *„ungeheuerlich, boshaft und komplett falsch“*. Egan zog schließlich seine Klage zurück, nachdem er eine Abfindung von Singer über 100.000 Dollar angenommen hatte, zusammen mit einer Option, zu jeder Zeit wieder klagen zu können.

Er beschuldigte in dieser Klage auch Gary Goddard des sexuellen Übergriffs, den gleichen Mann, den der Schauspieler Anthony Edwards im November 2017 beschuldigte, ihn als Kind belästigt zu haben.

11. Der Mainstream normalisiert Pädophilie mit Dessous-Show im „Victoria's Secret"-Stil unter Beteiligung von fünfjährigen Mädchen

Eine hochgradig verstörende Dessous-Show im Stil von *Victoria's Secret* und unter Beteiligung von fünfjährigen Mädchen unterstreicht, wie der Mainstream darauf hinarbeitet, Pädophilie zu normalisieren. Die neueste Tendenz innerhalb der Medien und Popkultur Hollywoods ist eine charakteristische Agenda, um Pädophilie und die Sexualisierung von Kindern zu normalisieren. Das jüngste Beispiel dieses zunehmenden Trends innerhalb der Mainstream-Medien ist eine Mode-Show, von der viele das Gefühl haben, dass sie eine rote Linie überschritten hat – von leicht bekleideten Mädchen, die dem Anschein nach fünf Jahre alt sind und über den Laufsteg einer Show im Stile von *Victoria's Secret* gehen. Die Show, die in einem Einkaufszentrum in China abgehalten wurde, enthüllte schockierende Bilder von jungen Mädchen, die nichts als Des-

Abb. 39: fünfjährige Mädchen in Unterwäsche

sous, ein Flügelkostüm und Kopfbedeckungen trugen. Dies folgt einer im letzten Monat von Kim Kardashian angefachten Kontroverse auf dem Fuß, nachdem sie Bilder von ihrer neuen Kinderkollektion postete, die einen Bikini und ein Trägerkleid mit Spitzen beinhaltete. *„Ich ziehe meiner vierjährigen Tochter kein Trägerkleid mit Spitzen und Leopardenmuster aus der Kinderkollektion von Kim Kardashian an.“*, antwortete ein verärgerter Elternteil.

Was sich vor unseren Augen abspielt, ist einfach die letzte Manifestation dessen, was zweifellos eine schleichende Agenda innerhalb der Mainstream-Popkultur ist, um die Pädophilie zu normalisieren und deren öffentliche Akzeptanz zu erzwingen.

Wir haben zuvor bereits über den andauernden Drang innerhalb der Popkultur berichtet, Pädophilie zu normalisieren:

> *„Im gegenwärtigen Zeitalter der politischen Korrektheit kennen manche Teile der Gesellschaft keine Grenzen dabei, wie weit sie gehen, um die Akzeptanz dafür zu erzwingen, um andere zu verletzen. In einem extremen Fall der Erzwingung einer solchen politischen Korrektheit impliziert das ‚Salon'-Magazin, dass die Gesellschaft Pädophile akzeptieren müsse. In zwei separaten Artikeln bezeichnet ‚Salon' Pädophilie als eine ‚alternative sexuelle Vorliebe', und legt nahe, dass die Gesellschaft diese Unterschiede annehmen sollte, indem es zu verstehen gibt, dass dieser arme Mann einfach nur missverstanden wird.*
> *Der Artikel und das Video auf ‚Salon' handeln von Pädophilen, die als ‚nicht-verletzend' bekannt sind – was bedeutet, dass während diese Individuen zugeben, sich von vorpubertären Kindern sexuell angezogen zu fühlen, sie behaupten, dass sie es nie darauf angelegt hätten. Allerdings ist das Thema des Artikels, dass Todd Nickerson zugab, Jobs als Babysitter herauszusuchen, und er feststellte, dass er sich in ein fünfjähriges Kind ‚verliebt' habe, auf das er aufgepasst hatte.“*[(88)]

Die US-amerikanischen Mainstream-Konzernmedien sind laut des politischen Philosophen Noam Chomsky und Autors von *Manufacturing Consent: The Political Economy of Mass Media [dt.: Konsens herstel-*

len: Die politische Ökonomie der Massenmedien] zweifellos die ausgeklügelste Propagandaoperation in der Geschichte der Menschheit. Die Mainstream-Medien arbeiten sorgfältig darauf hin, unsere Wahrnehmungen und Werte zu verändern und zu formen. Es scheint klar zu sein, dass die Propagandisten versuchen, eine Gesellschaft zu entwickeln, die Pädophilie als ein normalisiertes Verhalten akzeptiert. Sowohl Elijah Wood als auch Corey Feldman haben öffentlich die Tatsache diskutiert, dass Hollywood ein Hort der Pädophilie ist – wobei sie feststellen, dass zahlreiche einflussreiche Mogule und andere innerhalb der Szene Hollywoods den Verletzlichen wie „Aasgeier" nachstellen.

Indem sie genau zu erkennen gibt, wie die Normalisierung von Propaganda vorgeht, veröffentlichte die *New York Times* einen Kommentar, der verlautbart, dass Pädophilie *„kein Verbrechen"* sei – sondern stattdessen charakterisiert er Pädophilie als eine *„Störung, mit der diese Leute [Pädophile] leben"*.

Es geht darum, Leute, die vergewaltigen oder darüber fantasieren, Kinder auszubeuten oder zu vergewaltigen, als Opfer dargestellt werden, indem sie mit einem Leiden leben, das ihnen kaum eine andere Wahl lässt. Der Artikel wird weiterhin mit „kürzlichen Studien" gespickt, was den Anspruch auf Autorität erhebt und dazu gedacht ist, dass die Normalisierungsagenda der Autoren wissenschaftlich fundiert sei. Daher überlassen es Behauptungen wie *„pädophile Männer sind mit dreimal größerer Wahrscheinlichkeit Linkshänder oder beidhändig, ein Ergebnis, das stark auf eine neurologische Ursache hindeutet"* den Lesern, auf der Grundlage einer unprofessionellen Interpretation der tatsächlichen Studie, über die Glaubwürdigkeit der Meinung des Autors zu entscheiden.

Im Wesentlichen besteht die vorgetragene Idee darin, dass Leute, die sexuelle Beziehungen mit Kindern haben wollen, unter einer „Störung" leiden und daher keiner moralischen Bewertung unterliegen, sondern stattdessen Mitleid brauchen. Die Idee, dass Pädophilie ein [körperliches] „Leiden" anstatt ein innerer mentaler Vorgang ist, der Begierden und [geistige] Einstellungen beinhaltet, lässt die Pädophilen schuldlos erscheinen.

Es ist eindeutig ein Zeichen der Zeit, wenn die *New York Times* mehr Zeit dafür aufwendet, um Pädophilie zu entschuldigen, als unschuldige und zu Opfern gemachte Kinder zu verteidigen! Interessanterweise war der CEO der *New York Times*, Mark Thompson, an der Vertuschung von Fällen beteiligt, in die der britische Kinderschänder Jimmy Savile verwickelt war – welcher im Laufe seiner Karriere bis zu 500 Kinder vergewaltigt hat –, während er gleichermaßen von Medienmogulen und -berühmtheiten geschützt wurde. Weiterhin wurde die schändliche Agenda offenbart, als kürzlich die Nachricht ans Licht kam, dass ein riesiger Pädophiliering in Norwegen aufgeflogen ist, und zahlreiche Mainstream-Portale Berichte darüber löschten – einschließlich *Washington Post*, *ABC News* und *New York Times*.

Maßnahmen wie diese geben Anlass zum Nachdenken darüber, worin genau die Agenda dieser wichtigen Medienportale besteht, die sich an solchen Handlungen beteiligen.[(88)]

12. Wie die Pädophilen-Lobby die Sexualerziehung prägt

Die US-amerikanische Kommunikationswissenschaftlerin und Hochschullehrerin im Ruhestand, Judith Reisman, behauptete im April 2013, dass die in Kroatien von der damaligen Linksregierung umgesetzten Vorgaben zur Sexualerziehung nach der Kinsey-Methode von Pädophilen stammen. Die ehemals an der *American University* in Washington D.C. und der Universität Haifa in Israel lehrende Reisman wurde nach Kroatien eingeladen, wo sie Vorträge halten, an Diskussionsveranstaltungen teilnehmen und mit führenden Vertretern aus Kirche, Politik und Kultur zusammentreffen sollte. Sie beriet als Expertin das *FBI*, das amerikanische Bundesparlament sowie verschiedene Ministerien und gilt als prominenteste Kritikerin von Alfred Kinsey und dessen Institut, indem sie ihm u.a. vorwirft, pädophil gewesen zu sein.

Judith Reisman als prominenteste Kritikerin des Sexualforschers Alfred Kinseys

Der Professor für Zoologie erforschte als erster im großen Stil das Sexualverhalten der Menschen und veröffentlichte seine Ergebnisse im *Kinsey-Report*, der als Auslöser der sogenannten sexuellen Revolution der 1960er-Jahre galt. Die *Rockefeller-Stiftung* war der Hauptgeldgeber für Kinseys Forschungen und stellte ihre Zahlungen ein, nachdem sie vor den McCarthy-Untersuchungsausschuss geladen wurde. Außer dem Einfluss des *Kinsey-Instituts* zeigte Reisman in ihren Referaten auch Verbindungen der Soros-Stiftung *Open Society Foundations* (OSF) zu den Verfechtern der schulischen Sexualerziehung auf. Der Stiftung des US-Milliardärs George Soros wird von Kritikern u.a. vorgeworfen, Gesellschaften zu unterwandern, um dadurch auf das ultimative Ziel einer globalen Regierung im Sinne einer Neuen Weltordnung hinzuarbeiten.

Reisman begann sich intensiv mit den Theorien Kinseys auseinanderzusetzen, nachdem eine ihrer Töchter im Alter von zehn Jahren Opfer eines Serienvergewaltigers wurde, der ganz versessen auf Sexzeitschriften war, und als viele versuchten, mit Verweis auf Kinseys Thesen das Verbrechen zu rechtfertigen. So lauten einige der vorgebrachten Argumente, dass bereits Kinder *„sexuelle Wesen"* seien, die sich schon *„von Geburt an Sex wünschen"*, und dass ihre Tochter dementsprechend vielleicht gar nicht so abgeneigt gegenüber der Tat gewesen sei.

Reisman machte auch Kinseys Thesen für die rasante Verbreitung von Pornografie und Pädophilie nach dem Zweiten Weltkrieg verantwortlich, da bereits 1953 die erste Ausgabe des *Playboy* erschienen war, also nur fünf Jahre nach Erscheinen des ersten *Kinsey-Reports.* [Der 2017 verstorbene *Playboy*-Gründer Hugh Hefner war übrigens mit Ex-US-Präsident George Bush verwandt.] Umgekehrt bewarben pornografische Zeitschriften, aber auch Lifestyle- und Politikmagazine Kinseys Theorien, wodurch sie zu einer Massensexualisierung beitrugen.

Diffamierungskampagne gegen Reisman und Sabotage der Enthüllung pädophiler Netzwerke

In kroatischen Medien, die auf der Seite der Linksregierung und der Einführung der schulischen Sexualerziehung standen, wurde Reisman auf vielfältige Weise auch persönlich angegriffen, indem sie zum Beispiel als Holocaustleugnerin dargestellt wurde, obwohl sie selbst Jüdin ist und durch die Judenverfolgung in Europa Familienangehörige verlor. Die an der Regierung beteiligten Parteien versuchten ein im kroatischen Parlament geplantes Treffen mit Reisman zu verhindern und eine in Zagreb anberaumte Debatte mit dem Kinsey-Schüler, Professor für Sexualwissenschaften an der dortigen Philosophischen Fakultät und Hauptautor des kroatischen Programms zur schulischen Sexualerziehung, Aleksander Stulhofer, wurde abgesagt. Begründet wurde dies mit dem Argument der „öffentlichen Sicherheit", nachdem der Veranstaltungsraum von homophilen Studenten besetzt worden war.

Auch die geplante Vorführung eines Dokumentarfilms des britischen Journalisten Timothy Tate über Kinsey war aufgrund eines plötzlich aufgetretenen „technischen Problems" geplatzt, obwohl er in einem der modernsten Kinos Zagrebs gezeigt werden sollte, wo es weder davor noch danach solche Probleme gab. Noch nicht einmal eine spontan versuchte Diskussionsrunde der eigens zur Vorführung angereisten

Reisman kam vor den 800 Kinobesuchern zustande – angeblich wegen plötzlicher Probleme mit dem Mikrofon.

Trotz dieser offensichtlichen Sabotageakte, die vom kroatischen *Helsinki-Komitee* als willkürliche Zensurversuche scharf verurteilt wurden, hatte Reisman dank der kroatischen Oppositionsparteien dennoch die Möglichkeit, im Parlament über Alfred Kinsey zu referieren, indem sie ihn als *„Pädophilen, der die Welt verändert hat"* und als *„Sexualpsychopathen"* bezeichnete, der *„unsere Familien, unsere Kultur und unsere Gesetze infiziert hat"*.

Reisman legte dar, dass der Urheber des kroatischen Sexualerziehungsprogramms, Professor Stulhofer, zusammen mit dem holländischen Pädophilen Theo Sandfort, der momentan an der Columbia University als erklärter Pädophiler arbeitet, ein Buch veröffentlicht hat. Außer seiner Tätigkeit als Universitätsprofessor ist Sandfort Mitgründer der niederländischen Pädophilen-Zeitschrift *Paidika* und Autor einer auch im Internet veröffentlichen Studie mit dem Titel *Boys on their contacts with men: a study of sexually expressed friendships [dt.: Jungen über ihre Kontakte mit Männern: eine Studie über sexuell ausgedrückte Freundschaften]*, in der Pädophilie eindeutig positiv dargestellt wird.

Sexualisierung der Kinder und Normalisierung der Pädophilie

Wie Timothy Tate im Rahmen einer Pressekonferenz darlegte, hatte Stulhofer gleich drei erklärte Pädophile als Mitarbeiter: außer Sandfort auch den amerikanischen Sexualforscher Vern Bullough und den deutschen Sexualforscher Erwin Haeberle, sodass Tate davon sprach, dass nach anderen Staaten nun auch die kroatische Regierung die Kinder ihres Landes einer *„Gruppe von Pädophilen"* überlassen habe.

In der Pädophilen-Zeitschrift *Paidika* wird selbstverständlich versucht, die krankhafte Neigung mit beschönigenden Worten zu rechtfertigen: *„Der Ausgangspunkt von ‚Paidika' ist notwendigerweise das Bewusstsein unseres Pädophilseins. Wir betrachten die Pädophilie als einvernehmliche sexuelle Beziehung zwischen Personen unterschiedlicher Generationen"*, heißt es darin.

Dementsprechend erklärte Haeberle bereits 1978 in einem Interview mit dem amerikanischen Porno-Magazin *Hustler*, dass es ganz normal sei, wenn Erwachsene sexuelle Beziehungen mit Kindern haben, und dass die Kinder Haeberle zufolge freien Zugang zu den *„Büchern der Erwachsenen"* haben sollen (womit der Zugang zu Pornografie gemeint ist). Außerdem sollten sie sich frei ihre Sexualpartner aussuchen, einschließlich Erwachsenen.

Der erklärte Pädophile Haeberle gehörte von 1977 bis 1988 dem *Institute for Advanced Study of Human Sexuality* an, das den Großteil der in zahlreichen Staaten eingeführten Sexualerziehungsprogramme entwickelt hat. Daneben hat das Institut aber auch fleißig kinderpornografische Bilder gesammelt, die es später an *Hustler* verkauft hat.

Stulhofer, Sandfort, Bullough und Haeberle gehörten darüber hinaus alle einem Organisationskomitee einer internationalen Tagung von Sexualforschern an, die 2001 in Dubrovnik stattfand und von der Soros-Stiftung finanziert wurde, was einmal mehr ihre enge Zusammenarbeit, aber auch die ideologische Nähe zu Stiftungen wie der von George Soros oder der Rockefellers unterstreicht, indem Letztere bereits 1948 den *Kinsey-Report* finanziert hatte.

Ein weiterer deutscher Sexualforscher, der laut Reisman derselben Richtung angehört, ist Günther Schmidt. Schmidt verfasste das Vorwort zu Sandforts Buch *Male Intergenerational Intimacy [dt.: Männliche Intimität zwischen verschiedenen Generationen]*, worin es unmissverständlich heißt: *„Die Gefahr, dass alle pädophilen Akte durch das Gesetz bestraft würden, kann schwerlich als einer Zivilgesellschaft würdig bezeichnet werden. […] Das stellt eine Diskriminierung und die Verfolgung einer Minderheit dar, und deshalb sollten solche gesetzlichen Bestimmungen abgeschafft werden."*

Die Sexualerziehung nach der Kinsey-Methode wird fortgesetzt

Reisman hat nachgewiesen, dass das von Stulhofer nach der Kinsey-Methode entwickelte kroatische Sexualerziehungsprogramm hinsichtlich seiner drei wichtigsten Zielsetzungen fast allen entsprechenden Programmen in anderen Ländern gleicht. Dahinter steckt das Vorhaben in Form einer Frühsexualisierung von Kindern, um sie den krankhaften Neigungen pädophiler Erwachsener auszuliefern, Homosexualität und andere sexuelle Persönlichkeitsstörungen zu fördern, um sie als normale Ausdrucksformen menschlicher Sexualität darzustellen, aber auch, um sie in eine sexuelle Abhängigkeit zu führen, von der die Pornoindustrie sowie Kondom- und Verhütungsmittelhersteller unter dem Deckmantel des „vorbildlichen" Vorgehens gehen Geschlechtskrankheiten profitieren.

Laut Josip Horvaticek hätte in einem wirklich demokratischen Staat die Aufdeckung der engen Verbindungen und der Zusammenarbeit des Hauptverantwortlichen für das Sexualerziehungsprogramms der Regierung mit pädophilen Kreisen sofortige Konsequenzen nach sich ziehen müssen, wozu auch ein Rücktritt der zuständigen Beamten des Unterrichtsministeriums und der jeweiligen Minister gehört hätte. Davon kann jedoch keine Rede sein, denn ungeachtet von Reismans Besuch, der wie ein Erdbeben über das Land hereingebrochen war, wurde die ganze Angelegenheit in den Medien totgeschwiegen, während Stulhofer nach wie vor vom Fernsehen zu sexuellen Themen eingeladen wird, insbesondere, wenn davon Kinder und Jugendliche betroffen sind. Derweil erhalten zehnjährige Grundschüler „Unterrichtshilfen" mit eindeutig sexuellen Darstellungen, in Übereinstimmung mit den Vorgaben des Kinsey-Schülers Stulhofer und seiner gleichgesinnten Kollegen. Und so befürchtet Reisman, dass das Sexualisierungsprogramm der pädophilen Sexualforscher immer weitere Kreise zieht, trotz aller schwerwiegenden Konsequenzen für die Gesellschaft, wozu die Zunahme von sexuellem Missbrauch, Persönlichkeitsstörungen, Homosexualität und anderen sexuellen Sonderpraktiken, von sexueller Abhängigkeit sowie einer Verhütungs- und Abtreibungslogik gehören, die zu einer Vielzahl getöteter ungeborener Kinder führt.

13. Neue Horrorgeschichten aus dem Perversitätenkabinett der (Pädo-)Philanthropen

Im Unterschied zu den meisten anderen Lebewesen gehört der Mensch zu denjenigen, bei denen Sexualität nicht ausschließlich der Arterhaltung dient, sondern neben dem sexuellen Lustgewinn auch eine soziale Komponente hinzukommt, durch die gesellschaftliche Normen entweder geschaffen oder infrage gestellt werden. Darüber hinaus leben wir nun in einer Zeit starker technologischer und sozialer Umbrüche, die Sexualität zum Zwecke der Fortpflanzung nicht nur immer weniger notwendig, sondern offenbar auch immer weniger erstrebenswert macht – mit kaum absehbaren Folgen für den sozialen Frieden unserer Gesellschaft.

In einer Welt der zügellosen Grenzüberschreitungen, in der jeder neue Tabubruch in Politik und Medien als „Fortschritt" gefeiert wird, werden zum Zweck des egoistischen Lustgewinns auch immer mehr sexuelle Hemmschwellen überwunden. Auf der Grundlage dystopischer „Vorbilder" wie Huxleys *Schöne neue Welt* wird hingegen die menschliche Fortpflanzung immer mehr zu einer Angelegenheit von Medizinern statt Mann und Frau, damit auch bloß nichts dem Zufall überlassen bleibt, während gleichzeitig Frauen im gebärfähigen Alter zunehmend für homosexuelle und andere Paare als „Leihmütter" herhalten müssen, die aus biologischen Gründen keine Kinder bekommen können. Intakte Familien, bestehend aus biologischen Eltern und deren Kindern, werden mit der Zeit offenbar immer mehr zur Ausnahme anstatt zur Regel, während das Bekommen von Nachwuchs immer mehr kommerzialisiert wird.

Auch die Zunahme an Singles macht sich die Sexindustrie zunutze, indem z.B. in Kalifornien ultrarealistische Sexroboter angeboten werden, die mit ihrem eingebauten Sprachcomputer die Illusion von Attraktivität und Wollust vorgaukeln sollen. Und für diejenigen, denen eine solche Anschaffung zur Ersatzbefriedigung entweder zu teuer oder auf die Dauer zu eintönig ist, hat ein chinesisches Startup-Unternehmen die Lösung parat: mietbare Sexpuppen!

Doch wer meint, dass damit schon der Höhepunkt der Geschmacklosigkeit und Perversion erreicht ist, muss sich leider eines Schlechteren belehren lassen, nachdem es mittlerweile in Japan nämlich auch Kinderpuppen für Pädophile gibt. Doch wie so oft soll dabei angeblich nicht nur das Interesse des Herstellers am Verkauf solcher Produkte oder des Pädophilen zum Ausleben seiner krankhaften Neigungen stehen, sondern das Kindeswohl, wobei argumentiert wird, dass dadurch echter Kindesmissbrauch verhindert wird. Möglich ist aber auch, dass solche Puppen manch einen überhaupt erst auf pädophile Gedanken bringen.

Umgekehrt wird in unserer Gesellschaft auf eine immer frühere Sexualisierung der Kinder hingearbeitet, was Erwachsenen mit pädophilen Neigungen natürlich zupasskommt. So geht nach Vorstellung der Kasseler Soziologin Prof. Elisabeth Tuider und deren Kollegen eine zeitgemäße sexualpädagogische Aufgabenstellung weit über sexuelle Aufklärung hinaus, indem sich Schulkinder anhand praktischer Übungen mit der Vielfalt sexueller Orientierungen auseinandersetzen sollen. Dass ihnen durch eine solche Indoktrination möglicherweise überhaupt erst solche Orientierungen in den Kopf gesetzt werden könnten, ist den Wissenschaftlern dabei offenbar vollkommen gleichgültig.

Mietbare Sexpuppen in China

In der chinesischen Hauptstadt Peking fand ein zeitlich begrenzter Versuch über „sex doll sharing“ statt, was bedeutet, dass sich verschiedene Menschen mietbare Sexpuppen teilen können. Den Nutzern standen fünf verschiedene Modelle zur Auswahl, bei denen sie nach der Benutzung aus hygienischen Gründen „die unteren Teile“ der Puppe vor der Rücksendung entfernen, reinigen und so für den nächsten Nutzer einsatzbereit machen sollten. Nach Angaben der Firma *Touch* sollten sich die Puppen – zu denen chinesische, russische und koreanische Modelle sowie eine „Wonder Woman“ mit Schwert und Schild gehören – wie „echte Menschen“ anfühlen.

Die Kosten für eine 24-stündige Miete der Sexpuppen beliefen sich laut *Global Times* vom 14. September 2017 auf 298 Yuan (ca. 38 Euro), während die Miete für eine ganze Woche bei 1.298 Yuan (rund 166 Euro) lag. Zum Mieten der Puppen musste eine Kaution hinterlegt werden, die Lieferung erfolgte frei Haus. In Peking wurde sogar an öffentlichen Plätzen mithilfe der Puppen Werbung für die App gemacht, bis offizielle Stellen dem ein Ende bereitet haben, als es im Internet zu hitzigen Diskussionen gekommen war, da sie im Unterschied zu den Betreibern der Auffassung waren, dass deren Präsentation zu vulgär sei. Daraufhin entschuldigte sich das Unternehmen *Touch* für den „schlechten Einfluss" der Puppen auf die Gesellschaft und gelobte, nach besseren Möglichkeiten zu suchen, um das Bedürfnis der Menschen nach einem abwechslungsreichen Sexleben zu befriedigen.

Kinder-Sexpuppen für Pädophile in Japan

Das Unternehmen des Japaners Shin Takagi setzt noch eins drauf und verschickt bereits seit mehr als zehn Jahren Kinder-Sexpuppen für Pädophile in die ganze Welt. Auch Takagi ist davon überzeugt, mit dem Verkauf der Puppen etwas Gutes zu tun, indem er laut *The Atlantic* sagt: *„Ich helfe damit Menschen, ihre Begierde legal und ethisch korrekt auszudrücken."* Im Widerspruch dazu betonte Takagi noch im Jahr 2013 bei einem Bericht des Internetportals: *„Die Puppen haben aber keine sexuelle Funktion."* Die veröffentlichten Bilder der Puppen sprechen jedoch eine andere Sprache. So sind etwa auf dem von *Vice* veröffentlichen Pressefoto die Puppen in eindeutig erotischer Kleidung und Pose zu sehen – von kindlicher Unschuld kann dabei also keine Rede sein. Auch auf der firmeneigenen Internetseite sind neben Fotos, auf denen die Puppen angezogen am Tisch sitzen, als ob Kinder ihre Hausaufgaben machen, auch solche zu sehen, wo die Puppen in der Badewanne liegen oder unbekleidet ihre Beine spreizen. Die jeweilige Kameraperspektive trägt dabei ihren Teil dazu bei, dass die Bilder beim Betrachter erschreckend echt wirken und eine eindeutig sexuelle Ausstrahlung besitzen. Als Vorbilder für die Puppen dienen fünf- bis zwölfjährige Mädchen.

Ob solche Puppen wie die von Takagi tatsächlich dabei mithelfen, dass Kinder vor sexuellem Missbrauch verschont bleiben, ist jedoch unter Psychologen umstritten, da bislang dazu noch keine Studienergebnisse vorliegen. Im Gegensatz zu Takagi ist der Sexualforscher John Hopkins jedenfalls der Ansicht, dass solche Sexpuppen eher zur pädophilen Identität der Käufer beitragen und sogar deren sexuelles Verlangen steigern könnten.

Laut Michael Seto von der *Universität von Toronto* gibt es zwei Arten von Pädophilen: Während einer der beiden Arten Kinderpuppen ausreichen, um ihre sexuellen Neigungen auszuleben und damit auf Kinderpornografie oder Sex mit echten Kindern zu verzichten, könnten die Puppen bei der anderen Gruppe jedoch für noch mehr sexuelle Frustration sorgen. Trotz fehlender wissenschaftlicher Erkenntnisse geht Takagi davon aus, dass er mit seinen Sexpuppen Kinder beschützt: *„Ich erhalte oft Briefe von Käufern, in denen es heißt: ‚Dank deiner Kinderpuppen begehe ich keine Verbrechen.‘ Ich höre solche Dinge von Doktoren, Lehrern und sogar Prominenten.“*

Die Psychologen sind sich jedoch uneins, ob Puppen für die Betroffenen wirklich hilfreich sind, da deren Auswirkungen nicht detailliert bekannt sind. Festzustehen scheint nur, dass die Puppen nichts an den sexuellen Neigungen Pädophiler ändern. Die Kommentatoren in Online-Foren sind jedoch praktisch einhellig der Meinung, dass die Puppen nicht zur Kontrolle pädophiler Neigungen geeignet sind, indem sie sie als „krank“ bezeichnen. So schreibt etwa der Kommentator „Koko“: *„Ein solches Verhalten sollte nicht noch ermutigt werden. Menschen, die sich sexuell zu Kindern hingezogen fühlen, sind krank!“*

Betrachten wir nun die Problematik aus der Perspektive der potenziellen Opfer der Pädophilen und machen einen Sprung nach Deutschland:

Deutsche Soziologin fordert Sexualkundeunterricht mit praktischen Übungen

Man sollte üblicherweise erwarten, dass die Schüler im Sexualkundeunterricht über die biologischen Grundlagen der Sexualität aufgeklärt werden, d.h. wie eine Befruchtung funktioniert, wie man richtig verhütet und wie man beim Geschlechtsverkehr sexuell übertragbare Krankheiten vermeidet. Der Kasseler Soziologin Prof. Elisabeth Tuider geht das jedoch nicht weit genug: Sie fordert praktische Übungen im Sexualkundeunterricht, um verschiedenen sexuellen Bedürfnissen Rechnung zu tragen. So werden beispielsweise 15-Jährige aufgefordert, einen „Puff für alle" einzurichten, der den sexuellen Neigungen verschiedener Gruppen wie weißen homosexuellen Männern, muslimischen oder katholischen Frauen oder gar transsexuellen lesbischen Frauen gerecht werden soll.

In ihrem u.a. von *Pro Familia* empfohlenen Buch *Sexualpädagogik der Vielfalt* beschreibt Elisabeth Tuider zusammen mit vier anderen Autoren 70 praktische Übungen für die Gruppenarbeit, die sich an sexualpädagogisches Fachpersonal richten. Die Notwendigkeit für das Buch sieht die Kasseler Professorin darin, dass im Schulunterricht üblicherweise nur über Verhütung, Prävention und Schwangerschaft gesprochen werde und sich dabei nur auf die angebliche Norm (heterosexuell, weiß, christlich) bezogen werde. Hingegen sei es heute zeitgemäß, dass sich die Sexualpädagogik auch *„mit der Vielfalt gegenwärtiger Lebens-, Liebes- und Sexualitätsentwürfe"* auseinandersetze. Um eine einseitige Perspektive aufzubrechen, könne das Ziel der Methoden auch im Stiften von Verwirrung bestehen. Da das erstmals 2008 erschienene Buch bereits in seiner zweiten Auflage veröffentlicht wurde, lässt dies darauf schließen, dass das Buch tatsächlich in der sexualpädagogischen Arbeit genutzt wird.

Nachfolgend zur Veranschaulichung einige Übungen aus dem Buch:

- **Sex-Quiz:** Ab 12 Jahren. Es werden Fragen mit je drei Antwortmöglichkeiten gestellt, die von den in Kleingruppen eingeteilten Kindern beantwortet werden sollen. Zu den Fragen gehören zum Beispiel:
    1. Was ist eine Vakuumpumpe? a) Ein Gerät zur Zubereitung luststeigernder Lebensmittel; b) Eine Plastikpumpe zum Aufbau und zur Verstärkung der Erektion; c) Ein Gummipuppen-Sterilisator.

2. Was ist Gangbang? a) Sex in einer Gruppe von vielen Männern und Frauen; b) Sex zu dritt; c) Wenn eine Person mit mehreren Männern, die in einer Schlange anstehen, hintereinander Sex hat (urspr. Gruppenvergewaltigung).

In der Erläuterung dazu heißt es, dass das Quiz der Wissenvermittlung und Begriffsklärung dienen soll. (Auflösung: 1b, 2c)

- Das erste Mal: Ab 13 Jahren. Die in Vierergruppen eingeteilten Jugendlichen sollen vier Karten ziehen, auf denen verschiedene erste Male stehen. Neben dem ersten Mal Eifersucht, Händchenhalten oder Küssen gibt es auch das erste Mal Petting sowie das erste Mal Analverkehr. Daraufhin sollen die Jugendlichen eines der ersten Male auswählen und dabei entscheiden, in welcher Form es dargestellt werden soll (zum Beispiel als Gedicht, als Bild, als Theaterstück oder Ähnliches). Abschließend sollen die Zuschauenden erraten, was dargestellt wird. Dies soll dazu führen, dass über die Wünsche und Ängste gesprochen wird, die mit einem der ersten Male einhergehen.

- 3 - 2 - 1 - deins: Ab ca. 14 Jahren. Hierbei sollen die Jugendlichen im Rahmen einer gespielten Auktion für sieben verschiedene Parteien in einem Mietshaus Gegenstände ersteigern. Zu den Bewohnern gehören eine alleinerziehende Mutter, ein heterosexuelles kinderloses Paar, ein schwules Paar, ein lesbisches Paar mit zwei Kindern, ein Seniorenpaar, eine Wohngemeinschaft mit drei Behinderten und eine Spätaussiedlerin aus Kasachstan. Zu den Gegenständen, die die Jugendlichen ersteigern können, gehören neben Häkeldeckchen, Windeln und einem Schraubenzieher unter anderem auch ein Dildo, Kondome, Potenzmittel, Vaginalkugeln, Lack und Leder sowie Handschellen. Als Ziel der Übung wird in der Erläuterung angegeben, dass es dabei um das Hinterfragen von Vorurteilen und Klischees gehe.

Das Buch stellt somit ganz offensichtlich einen subversiven Versuch zur Zerstörung der sittlich-moralischen Grundwerte der deutschen Gesellschaft dar, indem nachkommende Generationen nicht nur ihre Partnerschafts- und Liebesfähigkeit alleine auf Körperlichkeit reduzieren, sondern es potenziell auch für „normal" halten sollen, sich so früh, so oft und so vielfältig wie möglich sexuell zu betätigen, um nicht als „verklemmt", „unzeitgemäß" oder „hinter dem Mond lebend" zu gelten, wie es so oder so ähnlich in den positiven Kommentaren zum Buch bei *Amazon* heißt. Daher stellt sich die Frage, was das alles überhaupt noch mit Pädagogik und Entfaltung der eigenen Persönlichkeit zu tun hat, wenn den Jugendlichen eingeredet wird, alle möglichen sexuellen Fantasien tolerieren oder gutheißen zu müssen, um als vollwertiges Mitglied der Gesellschaft zu gelten? Es ist doch wohl vielmehr so, dass hier die Fünfte Kolonne am Werk ist, um ein „Social Engineering"-Programm zur Umerziehung der Bevölkerung nach den Wünschen und Bedürfnissen der Eliten durchzuziehen. Eine nähere Beschäftigung mit Prof. Tuiders wissenschaftlichem Werdegang und ihrem Buch kann daher nur zu der Schlussfolgerung führen, dass es ihr überhaupt nicht um das Wohl der Jugendlichen sowie deren gesunde seelische und sexuelle Entwicklung geht, sondern um eine Indoktrination und ein Oktroyieren vorgegebener elitärer Wunschvorstellungen.

Indem sie sich als Soziologin Bielefelder und Bremer Prägung mit feministischer Sexualität auseinandergesetzt hat, stellt sich nicht nur die Frage, wieso die Soziologie überhaupt so großen Wert auf dieses Thema legen soll, weil einvernehmliche Sexualität doch in erster Linie eine private Angelegenheit ist, sondern auch, inwiefern es gerade angesichts der aktuellen „MeToo-Debatte" überhaupt im Sinne des Feminismus sein kann, wenn insbesondere die Männer schon von Kindesbeinen an lernen, Frauen vorrangig als Sexobjekte zu betrachten und gefügig zu machen. Vielmehr sollen durch die von Tuider angestoßene, wissenschaftlich verbrämte Sexualpädagogikdebatte ihre kruden Fantasien auf dem Rücken der Kinder zur gesellschaftspolitischen Korrektheit hochstilisiert werden. Die Jugendlichen müssen daher unbedingt vor ihr und ihrer sexualpädagogischen Einstellung geschützt werden, die allem Anschein nach wohl eher etwas mit ihren eigenen verschrobenen sexuellen Neigungen zu tun hat.

Nach dieser Denkweise ist es nur logisch konsequent, wenn z.B. eine Partei wie *Die Grünen*, die jahrzehntelang Pädophilie in den eigenen Reihen toleriert und verharmlost hat, auch noch die Legalisierung von Inzest fordert, anstatt aus ihren Fehlern der Vergangenheit zu lernen. In dem Fall würde wohl nur noch die Nekrophilie als letztes sexuelles Tabu unserer Gesellschaft übrig bleiben (siehe Jimmy Savile). Fragt sich nur, wie lange noch? Denn sollte diese Entwicklung unvermindert anhalten, kann dies eigentlich nur bedeuten, dass bald alle sexuellen Tabus unserer Gesellschaft beseitigt worden sind, an denen wir bislang über zahllose Generation hinweg aus guten Gründen festgehalten haben.

Daher gilt: Wer für alles offen ist, kann nicht ganz dicht sein!

14. Ein Hoffnungsschimmer für missbrauchte Kinder – wie das *Polaris-Projekt* der Polizei dabei half, einen seltenen Sieg gegen Kinderschänder zu erringen

Auf der Anklagebank machte Katsuyuki Okuno einen seltsamen Eindruck, als er sich – milchgesichtig, pummelig, verängstigt und scheinbar begriffsstutzig – anhörte, was er getan hatte. „*Ich liebe ihn immer noch*", sagte der über Dreißigjährige zum Richter am Tokioter Bezirksgericht, nachdem er über seine Gefühle gegenüber seinem 13-jährigen Opfer befragt worden war. Als im Laufe der Verhandlung am 7. Juni 2010 jedoch Einzelheiten bekannt wurden, stellte sich heraus, dass die Gefühle des Tatverdächtigen gegenüber dem Jungen, dessen Missbrauch er beschuldigt wird, gänzlich anders waren.

„*Sie müssen zu einem Spezialisten gehen*", sagte der Richter später zu Okuno. Okuno zu fassen, wäre ohne die Hilfe des *Polaris*-Projekts nicht möglich gewesen, das daran arbeitet, Missbrauch, Menschenhandel und sexuelle Ausbeutung zu bekämpfen. Nach einem Warnhinweis des japanischen Ablegers der Nichtregierungsorganisation wurden Okuno und ein Komplize im März durch die Polizei unter der dem Vorwurf festgenommen, anstößige Handlungen mit einem Minderjährigen begangen und Kinderpornografie hergestellt zu haben.

„*Unser Informant kannte Okuno und wusste, dass andere auf ihn zugekommen sind und ihn bei der Herstellung echter Kinderpornografie um Hilfe gebeten haben*", sagte Jake Adelstein, Autor von *Tokyo Vice* und Vorstandsmitglied des *Polaris Project* zu *The Japan Times*. „*Er kam auf mich zu, weil er davor zurückschreckte, zur Polizei zu gehen, und dass sein Name vor Gericht auftaucht. Er bat mich, über diese Leute zu schreiben, weil er dachte, dass sie schrecklich seien. Er argumentierte, dass die Pornografie die Linie zwischen Fantasie und Realität überschritten habe, und dass die Leute, die diese Videos machten, zu weit gegangen seien. (Der Informant) gab uns eine detaillierte Beschreibung der beteiligten Personen und er stellte uns Videobeweise gegen sie zur Verfügung. Sobald wir wussten, dass die Videos erst kürzlich gemacht wurden – sie zeigten japanische Jugendliche und Männer – brachten wir alle Beweismittel in eine Form, die für die Polizei verwertbar sein würde.*"[(89)]

Dass die Polizei dann jedoch handelte, war ein Ausnahmefall in Japan, wo der Besitz von Kinderpornografie legal ist. „*Eines der Probleme, mit denen wir konfrontiert waren, bestand darin, dass die Polizei wissen musste, dass Okuno mehr tat, als nur Kinderpornografie zu besitzen*“, sagt Adelstein. „*Aber weil wir eine Quelle aus dritter Hand waren, anstatt eine aus erster Hand, würde ein Richter keinen Haftbefehl erlassen, wenn er nur Kinderpornografie besaß, ohne sie weiterzugeben.*“

Die Beweismittel des *Polaris*-Informanten erwiesen sich jedoch als ausreichend, um eine Ermittlung einzuleiten, und die Polizei nahm Okuno zusammen mit Herrn O. fest, einem Sonderschullehrer an einer Schule in der Präfektur Shizuoka, dem er die sexuellen Dienste seines 13-jährigen Opfers verkauft hatte.

Adelstein wurde in *Polaris* involviert, nachdem er der Gruppierung während seiner Zeit als verdeckter Ermittler für *Shared Hope International* begegnete (das vom US-Außenministerium gefördert wurde) und wurde anschließend gebeten, ein Vorstandsmitglied zu werden. „*2013 wurde Polaris eine Non-Profit-Organisation, und ich wurde gebeten, mich dem Vorstand anzuschließen, was mir widerstrebt hat, weil ich auf diesem Gebiet so unangenehme Erfahrungen gemacht habe.*“ Schließlich jedoch entschied er, dass die Fähigkeiten, die er anbieten konnte, bedeuteten, dass er sich der Organisation anschließen sollte. „*Ich bin gut darin, sicherzustellen, dass die Dinge nicht zur Sensation aufgebauscht werden, und mit den Polizisten umzugehen.*“

Laut der Gerichtsverhandlung soll sich angeblich das Folgende zugetragen haben: Okuno hatte den Jungen erstmals um den Mai 2009 herum getroffen. Bei anfänglichen Treffen hatte das Kind Okunos Haus gesäubert. Okuno überredete daraufhin das Kind dazu, sich mit einem Badeanzug fotografieren zu lassen. Später verkaufte er im Internet die Fotos und den Badeanzug. Danach begann er laut der Staatsanwaltschaft damit, den Jungen langsam immer mehr dazu zu drängen, sexuelle Handlungen im Austausch gegen Geld vorzunehmen. Bei einem Lohn von monatlich nur 100.000 bis 110.000 Yen [ca. 754 bis 829 Euro] fand Okuno jedoch, dass er mehr Finanzmittel benötige, um sein Opfer zu bezahlen. Er stellte daraufhin das Kind Herrn O. vor, der Okuno jedes Mal, wenn er das Kind traf, 40.000 Yen [ca. 300 Euro] bezahlte. Das Opfer erhielt von Okuno für jedes Treffen mit Herrn O. 10.000 Yen [ca. 75 Euro].

Vor Gericht fragte der Staatsanwalt Okuno am 7. Juni, was er mit dem restlichen Profit gemacht habe. „*Ich gab das ganze Geld für den Jungen aus*", antwortete Okuno. Auf diese Weise wurde das Opfer durch den Tatverdächtigen an ein fortwährendes System der Ausbeutung gebunden, wie der Staatsanwalt geltend macht. Ohne die Hilfe von *Polaris'* Informanten, könnte Okunos mutmaßliche Ausbeutung bis zum heutigen Tag andauern.

„*Solche Dinge passieren in Japan, und nicht viele Leute wissen davon. Die Leute müssen erfahren, dass solch schlimme Dinge in Japan passieren*", sagte der Informant von *Polaris* zu *The Japan Times* unter der Bedingung, dass seine Anonymität gewahrt bleibe. Er fügte jedoch hinzu, dass die Verhaftung Okunos nur ein kleiner Sieg war. „*Der Fall Okuno ist wirklich nur die Spitze des Eisbergs. Es sind viel mehr Leute in Kinderpornografie verwickelt und wir wollen sie bloßstellen, aber sie werden nicht gefasst werden, bis wir viel stärkere Beweise haben. Es sind wegen dieser Gruppe wahrscheinlich um die 50 Kinder zu Schaden gekommen, von denen manche erst im Grundschulalter sind. Es ist unmöglich zu sagen, wieviele Straftäter es gab, aber Okuno stand wahrscheinlich keineswegs an der Spitze der Gruppe.*"

Die Schwierigkeiten bei der Gefangennahme der Kriminellen, die großteils aus der Tatsache resultieren, dass der Besitz von Kinderpornografie in Japan legal ist, wurden auch von den Vereinigten Staaten festgestellt. „*Es ist unvermeidlich, dass Ermittlungen über Kinderpornografie länderübergreifend sind. Strafverfolgungsbeamte aus den Vereinigten Staaten und auf der ganzen Welt genießen bei einer ganzen Reihe von Problemen ein enormes Maß der Zusammenarbeit von Seiten der japanischen Polizei, aber internationale Ermittlungen über Kinderpornografie werden beträchtlich durch die Unfähigkeit der japanischen Ermittler erschwert, ihre Expertise weiterzugeben oder beizutragen.*", schrieb der frühere US-Botschafter in Japan, J. Thomas Schieffer, 2008 in einem Artikel in *Yomiuri Shimbun*.[(89)]

Für *Polaris* wird die Arbeit weitergehen, dabei zu helfen, zusammen mit ihrem Kampf gegen Menschenhandel, Kinderschänder dingfest zu machen. Die Organisation sieht einen Zusammenhang zwischen den beiden Verbrechen. „*Kindesmissbrauch kann entweder physische Misshandlung, sexueller Missbrauch oder Vernachlässigung sein, es passiert überall*", sagt die japanische *Polaris*-Direktorin Shihoko Fujiwara zu *The Japan Times*. „*Die (missbrauchten) Kinder sind jedoch besonders verletzlich, weil es niemanden gibt, der sie schützt. Ich treffe eine Menge Kinder, die überleben, indem sie ihren Körper verkaufen, weil sie nur so überleben können. Diese Kinder, die missbraucht werden, sind leichte Ziele für Menschenhändler, deren Ziel darin besteht, riesige Profite aus sexueller Ausbeutung zu erzielen.*"[(89)]

Fijuwara sagt, dass der japanische Ableger der Organisation, der von zwei Vollzeitmitarbeitern, einem Teilzeitmitarbeiter und ungefähr 22 Ehrenamtlichen betrieben wird, 2017 um die 35 bis 40 Opfern geholfen hat, aus der Hand von Menschenhändlern zu entkommen, die sie sexuell ausgebeutet hatten. Zusätzlich hilft die Organisation, Angestellte auf Gebieten wie Lehre, Sozialarbeit und Strafverfolgung über die Gefahren und Anzeichen für Menschenhandel weiterzubilden.

„*Wir bildeten 2009 ungefähr 3.000 solcher Leute aus, und nun laden sie uns zu Gesprächen ein, weil sie nicht wissen, was auf der Straße passiert*", sagt Fujiwara. Um jedoch diese Arbeit fortzusetzen, braucht die NGO Spenden. Eine Broschüre, die dafür produziert wurde, um das Bewusstsein für die Organisation zu schärfen, erklärt, dass eine Spende über 5.000 Yen [ca. 36 Euro] dazu benutzt werden kann, um zehn Leute über Menschenhandel zu bilden, während 10.000 Yen [ca. 73 Euro] für einen Monat die Krisen-Hotline finanzieren können, und 100.000 Yen [ca. 735 Euro] fünf Opfern langfristige Unterstützung zuteil werden lassen können.

Der Fall Okuno liefert ein eindeutiges Beispiel für die Art von Rolle, die NGOs dabei spielen können, die Lücke zwischen der Strafverfolgung und denjenigen zu überbrücken, die sich vielleicht nicht dazu in der Lage sehen, sich an die Behörden zu wenden, besonders angesichts von Bedenken wegen der Privatsphäre bei solch delikaten Angelegenheiten. „*Ich hatte keine Angst, mich an Polaris zu wenden. Ich wusste, dass sie meine Privatsphäre schützen würden, ich denke nicht, dass die Polizei das getan hätte.*“, sagte der Informant über den Fall.

In extremen Fällen kann die Privatsphäre über Leben und Tod entscheiden. Neben den eng miteinander verbundenen Gruppen, die Kindesmissbrauch praktizieren, fungieren die Filme und Bilder auch als eine Einkommensquelle für die *Yakuza* [japanische Mafia], selbst wenn viele, die der Mafia angehören, die Verwicklung ihresgleichen in den Handel nicht gutheißen.

„*Es gibt eine Hierarchie moralischer Werte in der Welt der Yakuza: Menschenhandel mit Frauen und Kinderpornografie sind sehr weit unten angesiedelt, sie sind sehr schlecht*“, sagt Adelstein. „*Und dann gibt es die (Bar-)Hosts. Sie halten Hosts für den schlimmsten Abschaum der Welt. In Bezug auf die Yakuza jedoch ist jeder, der in Kinderpornografie verstrickt ist – nicht in deren Verbreitung, sondern in die direkte Beteiligung daran und in die sexuelle Belästigung von Kindern –, bald weg vom Fenster. Ich kenne den Fall eines Kerls, der ein vierjähriges Mädchen in einem Viertel sexuell belästigte, und sie schnitten ihm den Arm ab und setzten ihn beim Krankenhaus ab.*“[(89)]

Nachdem sich die japanische *Manga*-Kultur in einer Zeit familienfreundlicher Helden wie *Astro Boy* von einer heimischen Industrie zu einem globalen Phänomen entwickelt hat, verlangen verstörende Fragen über das Subgenre, das die Vergewaltigung und Erniedrigung von Schulkindern und die Verbindungen zwischen Missbrauch in der Welt der Fantasie und Realität darstellt, immer dringlicher nach einer Antwort. Als er Anfang dieses Jahres von der Verbindung zwischen der *Manga*- und *Anime*-Kultur sowie von Missbrauch sprach, sagte Adelstein: „*(Pädophile) benutzen Mangas, um die Kinder davon zu überzeugen, dass (sexueller Missbrauch) eine normale Art sei, Zuwendung auszudrücken.*“

Leute in der Manga-Industrie jedoch sehen die Dinge etwas anders. *„Wenn Sie glauben, dass Manga eine Form der Kinderpornografie ist"*, sagte eine in der Industrie tätige Person, *„dann müssen Sie denken, dass Japan ein Zentrum dafür ist. Aber wenn man sich solche Verbrechen wie Vergewaltigung betrachtet, scheint das Ausmaß in Japan geringer zu sein als in manchen anderen Ländern, obwohl sie in manchen Mangas vorkommen. Ich denke nicht, dass die Verbindung zwischen den Mangas und den Verbrechen, die Pädophile begehen, so stark ist."*

Die Industrie sagt, dass das Schwelgen in Fantasie die Leute davon abhalten könne, ihre Begierden in der Realität auszuleben, was als Ergebnis davon andere vor Schaden bewahre. Nachdem sie jedoch direkt mit Frauen konfrontiert ist, die Opfer von Missbrauch sind, stellt Fujiwara das populäre Konzept in Frage, dass es keine Opfer gebe, wenn sexueller Missbrauch in Mangas dargestellt wird.

„Es gab eine Person, einen Überlebenden sexueller Ausbeutung, der sagte, dass wenn sie diese Art Manga sehen, all ihre schlechten Erinnerungen wieder hochkommen. Ich denke, da ist etwas dran. Es gibt Opfer dieser Art von Manga." Sie fügt hinzu, dass diese Verletzung auch bei echter Kinderpornografie gefühlt werden kann, die unmöglich aus dem Internet ausgelöscht werden kann.

Der Prozess gegen einen angeblichen Pädophilen markiert zwar einen signifikanten Sieg für diejenigen, die eine Kampagne zur Beendigung der Ausbeutung der Verletzlichsten in Japan betreiben. Aber es bedeutet noch nicht das Ende. Der Fall wirft auch ein Schlaglicht auf die Verbindungen zwischen Missbrauch in Mangas und der realen Welt, auf eine Weise, wie dies wenige zuvor getan haben, und stellt unbequeme Fragen über die Rolle Japans bei der Vertreibung von Pornografie, die Minderjährige beinhaltet, sowie über globale Anstrengungen, um den Missbrauch zu bekämpfen.[(89)]

Kapitel III: Blutlinien

1. Die merowingische Blutlinie und der Schwarze Adel

Es ist die 13. Illuminati-Blutlinie, aus der der Antichrist hervorgehen wird. Diese Blutlinie glaubt, dass in ihrer Blutlinie sowohl das Blut von Jesus als auch das Blut (oder der Samen) Satans enthalten sei. In dem Buch *Be Wise As Serpents* von Fritz Springmeier verweist der Autor auf diese Blutlinie. Tatsächlich versteht Springmeier diese Blutlinie selbst nicht vollumfänglich. Er möchte diejenigen, die mehr über diese Blutlinie erfahren möchten, dazu anregen, die folgenden Bücher eingehender zu studieren:

- *Der heilige Gral und seine Erben* von Lincoln, Baigent &, Leigh, Lübbe, Bergisch Gladbach 1984
- *Das Vermächtnis des Messias. Auftrag und geheimes Wirken der Bruderschaft vom Heiligen Gral* von Lincoln, Baigent &, Leigh, Lübbe, Bergisch Gladbach 1987
- *Der Tempel und die Loge. Das geheime Erbe der Templer in der Freimaurerei* von Baigent & Leigh, Lübbe, Bergisch Gladbach 1990
- *Guardians of the Grail* von J. R. Church, Prophecy Publications, Oklahoma City, 1991
- *The Anti-Christ King – Juan Carlos* von Dr. Charles R. Taylor

Diese Blutlinie ist so umfangreich in ihren vielen Verzweigungen, dass ihre Zugehörigkeit viele der US-Präsidenten umfasst, einschließlich George Bush und George Washington. Der Grund, warum Springmeier den Leuten 1991 in seinem Buch *Be Wise As Serpents* die Genealogien mancher der mormonischen Präsidenten an die Hand gegeben hat, ist, dass alle der mormonischen Präsidenten in der Geschichte, gleichgültig ob von der *RLDS [Reorganized Church of Jesus Christ of Latter Day Saints/dt.: Reorganisierte Kirche Jesu Christi der Heiligen der Letzten Tage/Gemeinschaft Christi]* oder der *LDS*, ihr Blut auf die 13. Blutlinie zurückführen. Innerhalb der Illuminati-Rituale liegt die Betonung der 13. Blutlinie darauf, dass sie der Samen Satans sind. Ihrer geheimen Geschichte zufolge sind sie die Nachkommen von Jesus' spirituellem Bruder Luzifer.

Da die Familien Freeman und Rothschild Mitglieder aufweisen, die sich auch in der 13. Blutlinie wiederfinden, ist unklar, wie verstreut der „Samen Satans“ ist. Manche der frühesten Versuche, den Samen Satans zurückzuverfolgen, waren Bücher, die ausgiebige Forschungen über den Stamm Dan und die Nachkommen von Kain geleistet haben. *The Curse of Canaan* von Eustace Mullins ist ein interessantes Buch, zusammen mit seinem Gegenstück *The World Order*. Eines der Bücher, bei dem Springmeier Schwierigkeiten hatte, es zu finden, war Gerald Masseys *A Book of the Beginning* (Secaucus, NJ: University Books Inc., 1974). Das Buch zeigt detailliert auf, wie die Einwohner der britischen Inseln ursprünglich aus Ägypten kamen.[(61)]

Dies ist bedeutsam, weil das Druidentum der britischen Inseln einfach ein Derivat von satanischer Hexerei/Magie des Alten Ägypten war. Das ägyptische Wort *Makhaut* (Clan oder Familie) wurde zum irischen *Maccu*, und das *Maccu* der Donalds (Clan der Donalds) spiegelt sich nun wider im Namen *MacDonald*. Die heiligen Hüter des *Clan Stone* in Arran waren ebenfalls bekannt unter dem Familiennamen *Clan-Chattons*. Ein weiteres Wort für Clan ist Mack und die *Clan-Chattons* waren auch bekannt als *Mack-Intosh*. *Ptah-rekh*, der Name des ägyptischen Gottes *Ptah*, wurde uns von den Druiden weitergegeben, die den Namen als *Patrick* adaptierten, was ähnlich klang.

Der *St. Patrick's Day* ist demzufolge eine christianisierte Form eines druidischen Feiertages, der seine Ursprünge in Ägypten hat. Das Allsehende Auge ist auf alten Gebäuden im antiken Chaldäa zu sehen, im antiken Griechenland und im antiken Ägypten. Das Allsehende Auge repräsentiert Osiris. Osiris zu Ehren wurden ausschweifende Orgien (*Saturnalien*) gefeiert. Die Tempel in Arabien verwendeten in der damaligen Zeit, als Moses einen schwarzen Schwiegervater namens Jitro hatte, eindeutig das Allsehende Auge, um die falsche satanische Dreiheit Ägyptens aus Osiris, Isis und Horus zu repräsentieren. Dieses Allsehende Auge taucht überall dort auf, wo die Illuminati gewesen sind. Auf dem Platz des Winterpalastes in St. Petersburg, Russland, befindet sich dieses Allsehende Auge der Illuminati an der Spitze einer Pyramide. Man sieht es auch im alten mexikanischen Senatsgebäude, das heute ein Museum in Mexiko-Stadt ist. Man findet es auf der Rückseite der Dollar-Note und man findet das Allsehende Auge auf äthiopischen Briefmarken, als dort eine kommunistische Regierung an die Macht gekommen war.

Die Illuminati sind die Fortsetzung der Mysterienreligionen Babylons und Ägyptens. Und die Blutlinien der Illuminati gehen auf Leute zurück, die einmal in Babylon und Ägypten lebten. Wie genau das (satanische) Haus Davids und das heilige Blut der 13. Familie zu allem anderen in der Geschichte passen, kann Springmeier nicht sagen. Aber er hat das Gefühl, dass die 13. Illuminati-Familie auf die Zeit der Antike zurückgeht. Ist es über den *Stamm Dan* oder über eine *druidische Blutlinie* oder ist es über *die Merowinger* oder ist es über alle drei?

Und wie fügen sich die Welfen und der Schwarze Adel darin ein? Wie es sich auch immer damit verhält, die 13. Blutlinie hat auf diesem Planeten eine Menge Macht und Reichtum angesammelt. Der 13. Blutlinie fehlt es an nichts, um ihren Antichristen hervorzubringen, der all die korrekten Qualifikationen aufweisen wird. Es wäre nicht einmal überraschend, wenn ihr Antichrist einen weiteren Antichristen enthüllen wird, um real zu erscheinen. Die 13. Blutlinie hat ihre Genealogien sehr geheim gehalten. Der Stamm Dan wurde prophezeit als schwarze Schafe der Nation Israel, die die anderen Stämme Israels beißen würden. Der Stamm Dan verwendete die Schlange und den Adler als seine beiden Logos. Als er nach Westen wanderte, hinterließ der Stamm Dan seine Visitenkarte an vielen Orten in ganz Europa. Er beherrschte die Griechen, das Römische Imperium, das österreichisch-ungarische Imperium und viele andere, die den Adler als ihr Logo benutzten.

Großbritannien ist das Mutterland des Satanismus und Schottland war seit langer Zeit ein okkultes Zentrum. Das Nationalsymbol Schottlands ist der Drache (die Schlange) und jahrelang wurde das Oberhaupt Schottlands *Der Drache* genannt. Die gälische Sprache ist eine wichtige Sprache für den Satanismus, obwohl Englisch und Französisch ebenfalls ausgiebig von den Illuminati verwendet werden. Die Planungssitzungen für die Übernahme der Welt, die manche Ex-Satanisten miterlebten, wurden auf Französisch abgehalten. Die britische Königsfamilie ist seit Langem in das Okkulte verwickelt. Weitere Informationen hierüber finden sich in dieser detaillierten Untersuchung der Königsfamilie und des Okkulten im Buch *The Prince and the Paranormal – The Psychic Bloodline of the Royal Family* von John Dale (1987). Sie waren auch aktiv in die Freimaurerei involviert. Der britische *MI6* war ein wichtiges Vehikel für die satanische Hierarchie, die hinter dem geheimen Schleier der Freimaurerei arbeitet, um die Weltereignisse zu lenken.

Der britische *MI6* ist der verschlossenste Geheimdienst der Welt. (Er ist eigentlich bekannt als *British Secret Service*, nicht zu verwechseln mit dem *United States Secret Service*, der eine gänzlich andere Funktion ausübt.) Das britische Königtum hat wiederum als wichtiges Aushängeschild der britischen Freimaurerei gedient, indem sie Glaubwürdigkeit und Respektabilität verleiht. Die britische Freimaurerei hat es geschafft, sich von einem Großteil der Kritik zu befreien, die die anderen nationalen freimaurerischen Gruppierungen auf sich gezogen haben. Jedoch ist ein großer Teil der Glaubwürdigkeit der britischen Freimaurerei unverdient. Es stimmt, wie sich die britische Freimaurerei selbst gegenüber der Öffentlichkeit in Bezug auf die niedrigeren Ebenen darstellt, aber die Freimaurer auf den niedrigeren Ebenen unterstützen durch die Beiträge und Aktivitäten unwissentlich eine Organisation, die an der Spitze von Satanisten geführt wird. Ein Beispiel für die Täuschung, die durch die Freimaurerei kontinuierlich auf die Öffentlichkeit ausgeübt wird, ist ein Buch mit dem Titel *The Unlocked Secret: Freemasonry Examined*, das angeblich durch einen Nicht-Freimaurer geschrieben wurde. Das Buch stellt sich selbst als eine unvoreingenommene und vollständige Offenlegung der Freimaurerei dar und erklärt unmissverständlich, dass der freimaurerische Orden namens *Societas Rosicrucian in Anglia* (SRIA) Christen offenstehe und ein „christlicher Orden" sei.

Jedoch druckt Edith Star Miller Kopien einer Reihe von Briefen des Oberhaupts der *Societas Rosicruciana in Anglia* ab, aus denen hervorgeht, dass die *English Grand Masonic Lodge*, die *SRIA*, der *Ordo Templi Orientis* (OTO) und die *deutschen Illuminaten* alle zusammenarbeiten.

Diese gemeinsame Verbindung könnte auch „die Spur der Schlange" genannt werden, weil es eine Geschichte des Wissens gegen den Glauben ist, die anhand der „Huren Babylons" der heutigen Zeit wie Hollywood und Rom zurückverfolgt werden kann, die Glaube und Moral zerstört haben, bis zu Nebukadnezars Babylon, das den Glauben und die Moral des gefangenen Judah und von Nimrods Babel vereint – ein weiterer Schauplatz religiöser und moralischer Unreinheit. Diese Leute haben zwei Dinge gemeinsam: Fleischeslust und menschliche Klugheit anstelle des Glaubens an Jesus, und die babylonische Religion oder das Wissen. Vielleicht ist die Mehrheit dieser Leute mit der Schlange sowohl durch das Blut verwandt als auch durch die Gerissenheit. Computer-Genealogien dynastischer Familien enthüllen interessante Verbindungen mit anderen Familien in der Vergangenheit, wobei sie versteckte kriminelle Interessen enthüllen, die weiterhin bis in die heutige Zeit die hauptsächlichen Einkommensquellen dieser Säulen der Gesellschaft darstellen. Opiumhandel und Zinswucher sind zwei solcher Beispiele.

Und wenn wir das Angeborene betrachten, stellen wir fest, dass über 90 Prozent derjenigen, „die von sich sagen, dass sie Juden sind", es gar nicht sind. Sie lügen, weil sie keine Blutsverwandtschaft mit Abraham, Isaak und/oder Jakob besitzen. (Schlagen Sie in den Enzyklopädien *Judaica* und *Britannica*, jüdischen und universalen jüdischen Enzyklopädien nach.) Wahre Israeliten, die Hebräer sind, nennen sich *Sepharden*. Sie machen heute zirka vier Prozent aller heute lebenden Juden aus. Der Rest, also 96 Prozent, sind die sog. *Aschkenasen* oder *Khasaren*. Sie sind auch als *osteuropäische Juden* bekannt, da deren Vorfahren einst Khasaren waren und aus politischen Gründen zum Judentum konvertierten. Manchen Forscher sind der Ansicht, dass sich diese Leute den Titel des „Schwarzen" Adels aufgrund ihrer Skrupellosigkeit verdienten. Sie schreckten demzufolge nicht zurück vor Mord, Vergewaltigung, Entführung, Attentat, Diebstahl und aller Arten von Betrug im großen Stil, wobei sie keinen Widerstand tolerierten, um ihre Ziele durchzusetzen. Sie alle verfügen heute über immensen Reichtum. Und Geld ist Macht.

Die mächtigsten Familien des Schwarzen Adels halten sich – in dieser Reihenfolge – in Italien, Deutschland, der Schweiz, Großbritannien, Holland und Griechenland auf. Ihre Wurzeln können auf venezianische Oligarchen zurückverfolgt werden, die chasarischer Abstammung sind. Sie heirateten Anfang des 12. Jahrhunderts in diese Königshäuser ein. (Tatsächlich heiratete der zukünftige Kaiser Konstantin V. nach einem großen chasarischen Sieg über die Araber eine chasarische Prinzessin. Ihr Sohn wurde Kaiser Leo IV., bekannt als Leo, der Chasare. Springmeier hat gelesen, dass Papst Johannes Paul II. ein Chasare war, kann dies jedoch nicht bestätigen.)

Viele dieser königlichen Familien haben keine Königreiche mehr, und nicht alle Angehörigen des Schwarzen Adels stammen aus Königshäusern. Laut des Autors John Coleman umfasst das *Komitee der 300* dieser unantastbaren herrschenden Klasse Königin Elisabeth II., die Königin von Holland, die Königin von Dänemark und die königlichen Familien Europas (den Schwarzen Adel).

Ein dokumentarischer Beweis über die Existenz des *Komitee der 300* steht aus, und vielleicht ist es nur ein passender Begriff, um bestimmte Hauptakteure zu umschreiben. Der sozialistische Politiker und Finanzberater der Rothschilds, Walter Rathenau, schrieb jedoch in der Wiener *Neuen Freien Presse* (vom 24. Dezember 1921):

> *„Dreihundert Männer, von denen jeder jeden kennt, leiten die wirtschaftlichen Geschicke des Kontinents und suchen sich Nachfolger aus ihrer Umgebung. Die seltsamen Ursachen dieser seltsamen Entscheidung, die in das Dunkel der künftigen sozialen Entwicklung einen Schimmer wirft, stehen hier nicht zur Erwägung.“*

Exakt sechs Monate nach der Veröffentlichung wurde Rathenau durch ein Attentat getötet.

Dr. Colemans Arbeit öffnet die Tür für weitere Studien über benannte Mitglieder der herrschenden Elite, besonders in Amerika. Während die Engländer eine lange Geschichte haben und sich ihrer Abstammung sehr bewusst sind, gibt es bestimmte Familien „blauen Blutes“ in den Vereinigten Staaten, die durch Blut und Geld historische Verbindungen mit den Briten haben. Diese „noblen“ Familien stehen hinter den meisten, wenn nicht allen sogenannten Umweltbewegungen, die eigentlich dazu gedacht sind, das Bevölkerungswachstum aller Nationen einzudämmen. Prinz Philip und Prinz Charles sind die sichtbarsten Symbole dieser Bewegung und sie sind ein tatsächlicher Teil dieser Verschwörung, um die Industrie zu zerstören und die Welt in ein dunkles Zeitalter zurückzuführen.

Die meisten, wenn nicht alle der gekrönten und ungekrönten Häupter dieser Dynastien erfreuen sich an enormen Einnahmen aus Erbbauzins. Alle favorisieren die durch den [US-]Präsidenten in Auftrag gegebene Umweltstudie *Global 2000*, die berechnet hat, allen industriellen Fortschritt zu beenden und durch Hunger, Krankheit und Kriege die industrielle Unterstützung des Bevölkerungsüberschusses zu eliminieren. Alle widersetzen sich der Atomkraft, welche saubere und billige Elektrizität produzieren kann, was den Schlüssel zu wirtschaftlicher Entwicklung und Wohlstand für die Dritte Welt darstellt. Sie sehnen sich inständig eine Rückkehr zum Feudalsystem herbei, in dem sie abermals die absoluten Herrscher sein werden. Während sie sich vorgeblich zum Christentum bekennen, verachten es die oligarchischen Familien insgeheim zum großen Teil. Die Freimaurerei bietet ihnen religiöse Erfüllung. Und ohne Religion haben sie keinen Glauben an Belohnung und Bestrafung oder eine zukünftige Welt. Sie leben allein für das Hier und Jetzt.

Viele dieser Oligarchen sind durch gut distanzierte Mittelsmänner (wie so viele der großen Banken) in den Drogen- und Waffenhandel verstrickt und die freimaurerisch kontrollierten Schweizer Banken verdanken diesen Familien ihre Existenz. 1815 hielten die Jesuiten und ihre freimaurerischen Verbündeten unter den gekrönten Häuptern Europas den Wiener Kongress ab, wodurch der Schweiz immerwährende Neutralität zugestanden wurde (bereits 1648 durch den Westfälischen Frieden sanktioniert); und gleichgültig wieviele Kriege hervorgerufen werden, bei denen der Normalbürger kämpfen muss, das Geld des Adels soll in der Schweiz für alle Zeit vor Plünderung geschützt bleiben. Es ist ein Teil von Rothschilds sorgfältiger langfristiger Planung, und der Grund dafür, warum die Schweiz bis zum heutigen Tag existiert. Aber das bedeutet nicht, dass ihr Geld dort sicher wäre. Etwa 280 Milliarden US-Dollar [ca. 227 Milliarden Euro] an Fluchtkapital und Drogengeld fließen pro Jahr auf die Schweizer Konten des Schwarzen Adels.

Der Platz der Freimaurerei innerhalb der elitären Machtstruktur ist ziemlich offensichtlich, indem sie durch Adam Weishaupts Verschwörung die Jesuiten gerächt haben, nachdem diese 1773 durch den kurzzeitigen Papst Clemens XIV. offiziell abgeschafft wurden, weil sie *„unmoralisch und eine Bedrohung für die Kirche und den Glauben“* sind. Durch die Auslösung der Französischen Revolution und der Lenkung von Napoleons Eroberung des katholischen Europa sowie durch Revolten gegen die Kirche in Mexiko und Lateinamerika, beschnitten sie das Einkommen des Vatikans. Nathan Rothschilds Finanzierung Großbritanniens resultierte in der Besiegung von Roms Feind Napoleon (und war auch die Quelle seines Reichtums und Einflusses). Seit Gregor XVI. dafür Kalman Rothschild mit einem päpstlichen Orden auszeichnete, dass er dem Vatikan in einer schwierigen Zeit fünf Millionen Pfund lieh, waren die Rothschilds zu den Fiskalagenten des Vatikans geworden. Da sie die Interessen des Vatikans vertraten, dehnten die Rothschilds ihr finanzielles und politisches Herrschaftsgebiet auf die Vereinigten Staaten aus. Das Interesse des Vatikans an den USA wurde eindeutig beim geheimen Veroneser Kongress zwischen Österreich, Frankreich, Preußen und Russland enthüllt, bei dem sich der Jesuitenorden als Preis der Wiedergutmachung verpflichtete, „die Werke Satans“ zu zerstören, die er durch die Errichtung repräsentativer Regierungen so wie der Republiken und „Demokratien“ Frankreichs und der USA mithilfe von Revolutionen etabliert hatte, indem sie sie mit der einzigen Regierungsform ersetzten, die die Zustimmung der Kirche findet, nämlich der Herrschaft durch ein „göttliches Recht“, wie es durch den Vatikan verkündet wird (Daniel 2,42-43; Offenbarung 17,12-13).

Wie der Senator Robert Owen 1916 den US-Senat darauf hingewiesen hatte, ist dies das hauptsächliche Ziel, auf das der Vatikan und die „heilige Allianz“ die subversiven und destruktiven Aktivitäten der Jesuiten in den Vereinigten Staaten und anderen Republiken in der westlichen Hemisphäre abzielen. Dieses Komplott, so behauptete er, sei das Ziel, auf das auch die *Monroe-Doktrin* ausgerichtet sei. Was der Senator jedoch nicht realisiert, ist, dass die *Monroe-Doktrin* die Interessen der *City of London* schützt – der *Bank of England*.

Die Rothschild-Vatikan-Verschwörung versuchte erfolglos durch die *First* und *Second Bank of the United States* die Kontrolle über die Macht der Börse in den USA zu gewinnen. Sie wurden unter der Notstandsermächtigung etabliert, die dem Präsidenten durch die Verfassung gewährt wurde, als temporäre Institutionen, um während den Perioden finanzieller Schwierigkeiten, die durch die kriegerischen Auseinandersetzungen der Revolutionen und des Jahres 1812 hervorgerufen wurden, das Land in ruhiges Fahrwasser zu bringen. Aber die Ziele der Verschwörer zur Etablierung eines Bankenmonopols wurden vereitelt durch die Verfassung. Bis zur *Federal Reserve Bank* (FED) im Jahre 1913.

Es heißt, dass der Schwarze Adel ein neutrales Deutschland versprach, wenn das sowjetische Russland die Wiedervereinigung von Ost- und Westdeutschland erlaube. Und dass Russland versprach, dafür Sorge zu tragen, dass alle Königshäuser an ihre rechtmäßigen Erben zurückgegeben werden, wenn sie Europa von der amerikanischen Allianz abkoppeln. Der kaiserliche Adel genießt einen gehobeneren Status als die Adelsstände der deutschen Nachfolgestaaten, und gewiss als die der italienischen Staaten. Die Nachkommen mit Titeln des Heiligen Römischen Reiches haben eine Vereinigung gebildet, der alle Nachkommen anzugehören per Reichspatent berechtigt sind, die männlicherseits von jemand abstammen, der in den Adelsstand erhoben wurde. Und das Fürstentum Liechtenstein hat auch die Fähigkeit beansprucht, eine Nachfolge kaiserlicher Titel zu bestätigen und hat das Recht eines spanischen Adligen bestätigt, solch einen Titel für Zwecke zu erben, für die das spanische Gesetz eine Bestätigung durch den Nachfolgestaat erfordert, dass der Anspruchsberechtigte für einen besonderen Titel tatsächlich der Erbe ist. Daher gibt es eine verbleibende Rechtsprechung, obwohl seit 1806 keine kaiserlichen Titel übertragen worden sind.

1963 wurde der Verband der Adligen des Heiligen Römischen Reiches (*Associazioni dei Nobili del Sacro Romano Impero*) gegründet, um männliche Nachkommen in ihrer Mitgliedschaft zu vereinigen, die mit dem Adelsstand des Heiligen Römischen Reiches ausgestattet sind. Er beinhaltet auch eine Reihe von Ehrenmitgliedern. Laut William Coopers Buch *Die Apokalyptischen Reiter* sind alle Nationen darin übereingekommen, ihre Souveränität an den Papst abzutreten und künftige Probleme zur Lösung dem Vatikan zu überlassen, sobald die Neue Weltordnung etabliert ist. „Alle Nationen" kann nur auf den Schwarzen Adel verweisen, der darin übereingekommen ist, im Gegenzug für die Wiederherstellung königlicher Macht unter einer Neuen Weltordnung Souveränität an Rom abzutreten.

Dies wurde vorhergesagt in Daniel 7,20 und Offenbarung 17,12-13: „*Und die zehn Hörner, die du gesehen hast, sind zehn Könige, die noch kein Königreich empfangen haben, aber mit dem Tier eine Stunde Macht wie Könige empfangen.*"

Diese zehn Hörner waren zehn Könige, repräsentiert in Daniel 2 durch die zehn Zehen des Bildes, das König Nebukadnezar in seinem Traum sah. Sie sind die königlichen Häuser, in die das alte Römische Imperium nach dem Fall des letzten Kaisers Romulus Augustus im Jahre 476 aufgeteilt wurde. Sie waren die Alemannen (Deutschland), Franken (Frankreich), die Burgunder (Schweiz), die Sueven (Portugal), die Angelsachsen (Großbritannien), die Westgoten (Spanien), die Lombarden (Italien), Vandalen, Ostgoten und Eruli. Die letzten drei waren germanische Stämme, die vom Papst vernichtet wurden, weil sie sich weigerten, römisch-katholische „Christen" zu werden (*The False Prophet, The Beast and The Times of The Gentiles*).

Obwohl ihre Throne nicht zurückgegeben werden, wird ihre königliche Autorität durch Rom anerkannt werden, solange es die Neue Weltordnung beherrscht. Offenbarung 17,13: *„Diese sind eines Sinnes und geben ihre Kraft und Macht dem Tier."*

Dies erklärt *Bruder Branhams Prophezeiung* darüber, dass Rom das Gold kontrolliert:

> *„Die Hure Babylon sitzt auf dem Tier. Sie kontrolliert das letzte, oder vierte Imperium. Diese römische Kirche tut das. Mit dem Weltkirchensystem unter sich wird Rom die Kontrolle haben, und dieses Bild (das Kirchensystem) wird gehorsam gegenüber Rom sein, weil Rom das Gold der Welt kontrolliert. Daher müssen all die Leute zum Weltkirchensystem gehören oder von der Gnade der Elemente abhängig sein, da sie nicht kaufen oder verkaufen können, ohne das Malzeichen des Tieres auf der Hand oder dem Kopf zu haben."* (*Church Ages*, 376, 1)

Der Schwarze Adel gehört zum *Komitee der 300*, welches die *UNO* kontrolliert. Prinz Bernhard der Niederlande hatte die Macht, gegen die Wahl jedes Papstes durch den Vatikan sein Veto einzulegen. Dies könnte eine Erklärung für das verfrühte Ende des 33-Tage-Pontifikats von Papst Johannes Paul I. sein. Der Prinz hatte ein Vetorecht, weil seine Familie, die Habsburger, direkte Nachkommen des letzten römischen Kaisers sind. (Der Habsburger Friedrich III. war der letzte Kaiser, der in Rom gekrönt wurde; sein Urenkel Karl V. war der letzte, der durch einen Papst gekrönt wurde.) Dies ist das zivile Äquivalent der durch den Papst beanspruchten „apostolischen Nachfolge" des heiligen Petrus.

Prinz Bernhard war der Führer der Schwarzen Adelsfamilien, und er behauptete auch, über die merowingische Dynastie vom Haus Davids abzustammen – eine Behauptung, deren Gültigkeit durch die karolingische Dynastie bestätigt wird, die sie durch andere Monarchen und durch die Römische Kirche der damaligen Zeit ersetzte. Daher konnte er von sich behaupten, dass er „mit Jesus verwandt" ist.

Prinz Bernhards Haus von Oranien hatte seine Ursprünge in Frankreich. Die Habsburger sind durch Heirat mit den Merowingern verwandt, die vom Stamm Benjamin abstammen sollen, der infolge des Krieges mit den anderen elf Stämmen ins Exil gegangen war. Das Exil brachte sie nach Arkadien im Zentrum des Peloponnes in Griechenland. Hier glichen sie sich der königlichen arkadischen Linie an, und beim Anbruch der christlichen Ära zogen sie die Donau und den Rhein hoch, indem sie durch Heirat die sugambrischen Franken hervorbrachten – die unmittelbaren Vorfahren der Merowinger, die eigentlich semitischen oder israelitischen Ursprungs sowie Nachkommen von König Saul sind. Sie werden mit den Spartanern identifiziert, und beide Bücher der Makkabäer verbinden die Spartaner mit den Juden. 1 Makkabäer 12 erzählt von Jonathan, der einen Brief an die Lakedaimonier (spartanische Griechen) schrieb, in dem er um Hilfe bat, da sie Brüder waren. Die Spartaner antworteten: *„Wir finden in den Schriften, dass die Spartaner und die Juden Brüder sind, weil sie aus dem Geschlecht Abrahams stammen.“* (1 Makkabäer 12,21)

Es wird von manchen Autoren angenommen, dass dies bedeutet, dass die Spartaner Israeliten waren, aber die Spartaner waren keine Israeliten, sie waren Edomiter, die von Bela, dem Sohn von Beor und Bruder von Baalim und König von Edom abstammten (Genesis 36,32; 1 Chronik 1,43). Edom war der Sohn Isaaks und der Enkelsohn Abrahams, der sein Geburtsrecht verkaufte und seine Nachkommenschaft aus dem Buch des Lebens hervorbrachte.

Anfang des 15. Jahrhunderts etablierten sich die Merowinger an der Stelle, wo sich nun Belgien und Nordfrankreich befinden. Dort nahmen sie das kabbalistische Pseudo-Christentum der Katharer an, eine dualistische Religion, die behauptet, dass es zwei ewige Götter gebe, den Gott des Guten und den Gott des Bösen. Es ist entlarvend, dass diejenigen an diesem luziferischen Glauben festhalten, die die heutigen Herrscher der Welt sind und die behaupten, dass Luzifer letztendlich siegreich sein wird.

Unter Chlodwig I., der von 481-511 regierte, konvertierten die Franken zum römischen Katholizismus. Durch ihn begann Rom seine unangefochtene Vorherrschaft in Westeuropa. Im Gegenzug dafür, Roms Schwert zu sein, wodurch die Kirche ihre Macht festigen konnte und ein spirituelles Herrschaftsgebiet auferlegte, wurde Chlodwig der Titel „neuer Konstantin“ gewährt sowie einem vereinigten „Heiligen Römischen Imperium“ vorzustehen, das auf der Kirche basiert und auf der säkulären Ebene dauerhaft durch die merowingische Blutlinie verwaltet wird. Wie „die verheißene Gnade Davids” war dies ein Pakt, der modifiziert, aber nicht widerrufen, gebrochen oder verraten werden konnte.

Sie glauben, dass Jesus das Kreuz überlebte und Maria Magdalena heiratete, die seinen Sohn gebar und dann in Abgeschiedenheit im Süden Frankreichs lebte. Während des 5. Jahrhunderts soll diese Abstammungslinie in die königliche Linie der Franken eingeheiratet und damit die merowingische Dynastie hervorgebracht haben. Als sich 496 n.Chr. die Kirche für alle Zeit der merowingischen Blutlinie verpflichtete, geschah dies vermutlich in voller Kenntnis ihrer behaupteten Identität. Dies würde erklären, warum Chlodwig der Status als Heiliger Römischer Kaiser angeboten wurde und warum er nicht zum König gemacht, sondern nur „gekrönt“ wurde. 754 n.Chr. verriet die Kirche klammheimlich diesen Pakt.

Prieuré de Sion ist der Name ihres geheimen Ordens, den die Tempelritter als ihren militärischen und administrativen Arm erschufen. (Siehe *A History of the Knights Templar and Their Involvement With the Priory of Sion* – Man darf nicht vergessen, dass die Tempelritter die Vorläufer der Freimaurer waren.) Die *Prieuré de Sion* nimmt durch all die Jahrhunderte aus dem Hintergrund agierend ihre Aufgabe wahr und hat dabei bestimmte kritische Ereignisse der westlichen Geschichte eingefädelt. Sie existiert noch heute und ist immer noch wirksam. Ihr erklärtes Ziel ist die Wiederherstellung der merowingischen Dynastie und Blutlinie – nicht nur für den Thron Frankreichs, sondern auch andere europäische Nationen – eine Wiederherstellung, die sowohl gesetzlich als auch moralisch genehmigt und gerechtfertigt ist. Es gibt starke Indizien, die darauf hindeuten, dass dieser jüdische Orden sowohl der Urheber der Freimaurerei, der *Protokolle der Weisen von Zion* als auch der Rosenkreuzer war. Es gibt eine Fülle von Indizien, die nahelegen, dass Nostradamus einer ihrer geheimen Agenten war und es ist keine Frage, dass zahlreiche Vierzeiler, die auf die Ankunft von „Le Grand Monarch“ verweisen, darauf hindeuten, dass dieser Souverän letztendlich von der merowingischen Dynastie abstammen wird. Dies würde eine doppelte Hegemonie des Papsttums und des Imperiums mit sich bringen, nämlich des Vatikans und der Habsburger. Er verwies häufig ziemlich explizit auf die Tempelritter und das Haus Lothringen, das nun synonym mit den Habsburgern ist.

Obwohl sie im 18. Jahrhundert abgesetzt wurde, wurde die merowingische Blutlinie nicht ausgelöscht. Im Gegenteil, sie verewigte sich in einer direkten Linie von Dagobert II. und seinem Sohn Sigisbert IV. Durch dynastische Allianzen und Mischehen gelangte diese Linie dazu, Gottfried von Bouillon einzuschließen, der 1099 Jerusalem einnahm, und verschiedene andere adlige und königliche Familien, ehemalige und gegenwärtige – Blanchefort, Gisors, Saint-Clair (Sinclair in England), Montesquieu, Montpezat, Poher, Luisignan, Plantard und Habsburg-Lothringen. Momentan genießt die merowingische Blutlinie einen legitmen Anspruch auf ihre Herrschaft. Die Krone Karls des Großen – wovon eine Replik nun Teil der kaiserlichen Habsburg-Insignien ist – soll die Inschrift „Rex Salomon“ [König Salomon] getragen haben.[(62)] Und die „Heilige Lanze“, die Christus durchbohrt haben soll, residiert heute in der Schatzkammer der Wiener Hofburg, in Erwartung eines weiteren Heiligen Römischen Kaisers.[(63)]

Es ist klar, warum die *Protokolle der Weisen von Zion* von einem neuen König „vom heiligen Samen Davids“ sprechen.[(64)] Otto von Habsburg hatte den Titel *Herzog von Lothringen* und *König von Jerusalem* inne. Die *Prieuré de Sion* behauptet, den verlorenen Schatz des Tempels von Jerusalem zu besitzen, der 70 n.Chr. von Titus geraubt wurde und der nach Israel zurückgebracht werden soll, „wenn die Zeit dafür reif ist“. Dies könnte erklären, warum sich Rom den „Königen der Erde“ fügen muss und wie es den Bund mit den Juden besiegeln wird, die sich lange hinter dem Schutzschild der Taufe versteckt haben.

Prinz Bernhard war tatsächlich mit den Chasaren verwandt und war darum ein Nichtjude. Assistiert durch die *CIA* hat Prinz Bernhard das versteckte Herrschaftsorgan der Illuminati als Bilderberggruppe ins Blickfeld der Öffentlichkeit gebracht. (Etabliert 1954, ihr Hauptquartier ist in Smidswater 1, Den Haag, Niederlande.)

Im Herzen der Bilderberg-Gruppe sind 39 Mitglieder der Illuminati, die aus drei Komitees gewählt werden, die von Mitgliedern all der geheimen Gruppen eingezogen werden, die die Illuminati umfassen:

1. die Freimaurer
2. der Vatikan
3. der Schwarze Adel

Dieses Komitee arbeitet das ganze Jahr über in Büros in der Schweiz.

Das *Komitee der 300* nennt sich nun *World Government Founders for the NWO [Begründer einer Weltregierung für die Neue Weltordnung]*. Ohne Zweifel ein Verweis auf ihren erblichen Anspruch auf das „göttliche Recht der Könige". Es ist unabdingbar, dass wir realisieren, dass sich der Schwarze Adel insgeheim weigert, jemals irgendeine andere Regierung anzuerkennen als ihr eigenes ererbtes und göttliches Herrschaftsrecht. Sie glauben, dass die Vereinigten Staaten zu England gehören, und sie arbeiten hinter den Kulissen unablässig daran, Bedingungen hervorzurufen, wodurch sie ihre Kronen zurückgewinnen können. Jede königliche und sogenannte noble Dynastie in der europäischen Vergangenheit und Gegenwart hat Sitze im *Komitee der 300*, am häufigsten durch Nominierte. Es gibt einfach zu viele dieser „königlichen" Familien, damit alle ihre Repräsentanten in das *Komitee der 300* aufgenommen werden können.

Die Priorität wird durch den Rang bestimmt: zuerst königliche Familienmitglieder, dann Herzöge, Grafen, Marquise und Lords, dann schließlich „Gewöhnliche", die üblicherweise den Titel „Sir" bekommen.[(65)] Der *Order of St. John of Jerusalem*, *Malteser* oder *Souveräner Malteserorden* ist ein Orden des Schwarzen Adels, der in verschiedenen Teilen der Welt als Agent für britische Geheimdienste und als Tarnung für Drogenschmuggeloperationen fungiert, besonders für den Teil des Handels, bei dem die Drogen gegen Diamanten eingetauscht werden.[66] Sie haben ihre eigene Verfassung und sind darauf eingeschworen, auf die Etablierung einer Neuen Weltordnung hinzuarbeiten, an deren Spitze der Papst stehen soll. Obwohl der Orden nicht länger territoriale Kontrolle ausübt, gibt er Pässe heraus und sein souveräner Status wird vom Heiligen Stuhl und einer Menge römisch-katholischer Staaten anerkannt. Die Mitgliedschaft beschränkt sich in bestimmten Rängen auf Katholiken und viele Ritter genießen diplomatische Immunität.

Der Hochmeister des *Deutschen Ordens*, der Großprior Deutschlands des *Souveränen Malteserordens* und der Meister des *Johanniterordens* hatten ebenfalls Sitze im Reichstag des Heiligen Römischen Reichs, indem sie als Prinzen des Kaiserreichs rangieren. Am 26. November 1963 wurde am St. John's Gate in London mit der Unterzeichnung einer gemeinsamen Erklärung zwischen dem *Souveränen Malteserorden* und dem *Order of Saint John* eine Allianz vereinigt. Dies stellt eine weitere Annäherung zwischen Rom und den Protestanten dar.

Angeblich gehör(t)en dazu:

- der australische Generalgouverneur Sir William Dean
- der Polizeikommissar von New South Wales Peter Ryan
- George Bush sen.
- Alexander Haig, ehem. NATO-Oberbefehlshaber in Europa
- der *Canadian Pacific*-Präsident John Gilmer und die Co-Direktoren W. E. McLaughlan, der Vorsitzende der *Royal Bank of Canada* J. P. W. Ostiguy und Sir Michael Turner, der Ex-Vorsitzende der *Hong Kong & Shanghai Bank*
- Michael Sandberg, der damalige Vorsitzende der Bank *HSBC*
- Charles Sam und Allan Bronfman
- der verstorbene Joseph Kennedy
- Henry Kissinger, ehem. US-Außenminister
- Robert Rubin und Alan Greenspan von der *Federal Reserve Bank*
- Colin Powell, bekannt aus dem Golfkrieg
- James Wolfensohn von der *Weltbank*

Reden wir kurz über Gold: Am 30. September 1931 koppelte der britische Premierminister und *Fabian*-Sozialist Ramsay MacDonald aus Gehorsam gegenüber dem *Komitee der 300* Großbritannien vom Goldstandard ab. 1933 rief Franklin D. Roosevelt als eine seiner ersten Handlungen als Präsident einen gesetzlichen Feiertag aus und ordnete allen US-Bürgern an, alles in ihrem Besitz befindliche Gold an den Fiskus zu übergeben. Roosevelt übergab die Goldvorräte der USA an die in Privatbesitz befindliche und von Steuern befreite *Federal Reserve Bank*, als das salomonische Siegel am Schild der Britannia und das judaistische Symbol der Schlange um ihren Dreizack angebracht wurde.

In *Confessions of A Monopolist* schrieb Frederick Howe:

„Dies sind die Regeln des Großkapitals. Sie haben die Lehren unserer Eltern ersetzt und lassen sich auf eine einfache Maxime reduzieren: Verschaffe dir ein Monopol; lass die Gesellschaft für dich arbeiten und denke daran, dass das Beste aller Geschäfte Politik ist, denn eine gesetzliche Beihilfe, Lizenz, Subvention oder Steuerbefreiung ist mehr wert als eine Kimberly oder Comstock Lode [Erzlagerstätte], da es keine Arbeit erfordert, weder mental noch physisch, da es Ausbeutung ist.“[(67)]

Als nächstes wurde Gold auf 35 US-Dollar pro Unze neubewertet, was eine Dollar-Abwertung auf 59,06% seines früheren Goldwertes verursachte und dem US-Fiskus einen Profit von 2,8 Milliarden US-Dollar einbrachte.

1944 entwarf der sowjetische Agent Harry Dexter White, der Assistenzsekretär des Finanzministeriums, das Bretton Woods-Abkommen, welches die *Weltbank*, den *Internationalen Währungsfonds* und das *Allgemeine Zoll- und Handelsabkommen (General Agreement on Tariffs and Trade/GATT)* hervorbrachte. Diese Maßnahmen beraubten die USA ihres Währungsgoldes. Inflation wurde institutionalisiert und es wurde ein Mechanismus erschaffen, um mit US-Steuergeldern weltweit Stahlwerke und Stahlfabriken zu finanzieren, die (ungeschützt durch Zölle) mit der amerikanischen Industrie konkurrieren.

1933 besaßen die USA 40% des weltweiten Goldes. Die Schulden der USA beliefen sich 1963 auf 1,25 Billionen Dollar und das durch ausländische Nationen kündbare Gold wurde um 16 Milliarden Dollar übertroffen – der in Fort Knox vorrätigen Menge. Um 1963 hieß es, die Rothschilds hätten alles Gold aus England und den Vereinigten Staaten in ihre Truhen in Frankreich, Belgien, der Schweiz und Holland verbracht.

Am 15. August 1971 brach Nixon mit den Bretton-Woods-Übereinkünften, die so sorgfältig von den Bilderbergern und anderen Planern der Elite entwickelt worden waren, und die USA verließen den Goldstandard. 1973 erreichte Gold 850 Dollar, nachdem Russland in Afghanistan einmarschiert war. Im Dezember 1975 stimmte die *G10* zu, dass die *Bank für Internationalen Zahlungsausgleich* (BIZ) dazu benutzt werden könnte, um *IWF*-Gold für Zentralbanken zu kaufen, die es haben wollten. 1976 gab der *IWF* bekannt, dass Gold durch *Sonderziehungsrechte* (SZR) als dessen Reserve ersetzt werde. Seitdem hat der *IWF* seine Goldbestände versteigert. „Irgendjemand" hat also all dieses Gold aufgekauft. Die Macht unserer Nationalregierungen war ihre Kontrolle über die Wechselkurse. Seit diese Macht nun in den Händen privater Interessen wie der *Weltbank* und des *IWF* ist, sind die Nationalregierungen bereits in der Neuen Weltordnung aufgegangen.

Haben Sie mitbekommen, was ich gerade gesagt habe? Franklin D. Roosevelt behauptete: *„In der Politik geschieht nichts zufällig. Wenn etwas geschieht, kann man sicher sein, dass es auch auf diese Weise geplant war."*

G. K. Chesterton schrieb: *„Die ordentliche Untersuchung der politischen Menschheit ist die Untersuchung der Machteliten, ohne die nichts, was passiert, verstanden werden könnte. Indem sie es vorziehen, im Privaten zu arbeiten, sind diese Eliten selten beim Posieren für Fotografen zu finden, und ihr Einfluss auf die Ereignisse muss darum daraus abgeleitet werden, was von den Vertretungen bekannt ist, die sie beauftragen. Ihr Ziel war es, durch solche Vertretungen zu arbeiten, und finanzielle Unterstützung von einer oder allen drei großen ameri-*

kanischen Stiftungen zu erhalten – Rockefeller, Carnegie und Ford –, stellt ein untrügliches Mittel bereit, um sie zu erkennen."

Er sagte aufrichtig: „*Manchmal scheinen Kapitalismus und Kommunismus in Konflikt miteinander zu sein, aber dieser Autor ist überzeugt davon, dass sie gemeinsame Interessen haben und sie sich schließlich zur Kontrolle einer [vereinigten] Welt zusammenschließen werden. Diese Politik, die vorher in Woodrow Wilsons Punkt Sechs skizziert wurde, wurde nie aufgegeben. Kapitalismus und Kommunismus sind in Bezug auf die Macht nur ihre Zwillingsmechanismen, um die Souveränität christlicher Nationen zu zerstören. Sie werden sie im geplanten Super-Staat zusammenschließen, wo ihre finanzielle Stärke durch dieses Monopol über atomare Energie ihr ganze Macht und Meisterschaft entfalten wird, die mit solch fieberhafter und teuflischer Beharrlichkeit angestrebt wird.*"[(90)]

2. Eliten im Blutrausch

Obwohl das Blut für alle Menschen von essenzieller Bedeutung ist, hat die Elite, allen voran der Adel – offensichtlich eine noch etwas tiefere Beziehung zum „Lebenssaft“ als der Rest der Menschheit. Nicht nur werden Adlige im Volksmund auch „Blaublüter“ genannt, was darauf anspielt, dass sie sich von Geburt an von „gewöhnlichen“ Menschen mit rotem Blut unterscheiden (wollen), sondern neben ihrer Abstammung basiert der Herrschaftsanspruch der Adligen in der Regel auch darauf, dass ihre Vorfahren zu irgendeinem Zeitpunkt in der Vergangenheit ein bestimmtes Gebiet gewaltsam erobert und/oder verteidigt haben, was selten ohne Blutvergießen vonstatten geht. Darüber hinaus gibt es jedoch noch Berichte von Angehörigen des Adelsstandes, die auf eine Blutrünstigkeit der jeweiligen Personen hindeuten, die weit über das hinausgeht, was nach allgemeiner Auffassung für den eigenen Machterhalt notwendig erscheint und von einer Empathielosigkeit zeugt, die weit über die Vorstellungskraft normaler Menschen hinausgeht.

Andererseits ist es gerade die angestrebte „Reinerhaltung“ des Blutes, die nicht nur in Adelskreisen, sondern auch im Rechtsextremismus von großer Bedeutung ist, welche die Gefahr von Erbkrankheiten mit sich bringt und eine Blutauffrischung notwendig macht. Gleichwohl finden sich heutzutage innerhalb der Machtelite auch Personen ohne adlige Abstammung, die zu ihrem eigenen Vorteil nach dem Blut und den Organen anderer Menschen trachten und zu diesem Zweck offenbar bereit sind, buchstäblich über Leichen zu gehen.

Marquis de Sade – der sadistische „Porno-Graf“

Beginnen wir mit Donatien Alphonse François, dem Marquis de Sade (1740-1814), einem französischen Adligen aus dem Hause Sade, der durch seine Romane namensgebend für das Phänomen des „Sadismus“ war, worunter man versteht, wenn ein Mensch (sexuelle) Lust oder Befriedigung dadurch erlebt, andere Menschen zu demütigen, zu unterdrücken oder ihnen Schmerzen zuzufügen. Er vertrat die Ansicht, dass sowohl kriminelle als auch sexuell ausschweifende Handlungen als natürliche Phänomene betrachtet werden sollen. In seinen Büchern, die seinem eigenen Lebenswandel entsprachen, vermischte er seine revolutionäre, amoralische, atheistische und materialistische Philosophie mit sadistischer Pornografie.

Es heißt, dass er bereits in allem maßlos gewesen sei, was ihm Vergnügen bereitet habe, als er in jungen Jahren am Siebenjährigen Krieg teilgenommen hat, weshalb er schon mit 22 sein ganzes Vermögen dafür ausgegeben habe und sich daher zu seiner finanziellen Absicherung zur Heirat gezwungen sah. Ab diesem Zeitpunkt habe er sich aber nur noch seinem exzessivem Lustgewinn gewidmet und zu diesem Zweck ein kleines Haus gemietet, wohin er sich viele junge Mädchen kommen ließ, die er oft misshandelte.

Bereits 1763, noch im Jahr seiner Heirat mit Renée Pélagie, kam es in Paris zum ersten von vielen weiteren Skandalen, als de Sade eine gewisse Jeanne Testard außer zu sexuellen offenbar auch zu gotteslästerlichen Handlungen aufgefordert haben soll. Ein weiterer großer Skandal war, als ausgerechnet am Ostersonntag 1768 eine gewisse Rose Keller in zerfetzten Kleidern durch die Stadt Arceuil lief und herumschrie, dass de Sade sie habe töten wollen, nachdem er sie ein Dutzend Mal mit der Peitsche geschlagen habe, bis ihr die Flucht gelang. Sie behauptete zudem, sie sei unter der Vorspiegelung falscher Tatsachen entführt und festgehalten worden.

Anschließend hielt er in Paris und auf seinem Landsitz in Lacoste Orgien ab, zu denen er sowohl Frauen als auch Männer entweder einlud, sie für ihr Erscheinen bezahlte oder sie aufgrund seiner Stellung einfach dazu zwang. Auch bei einer Orgie mit vier Prostituierten begann der Marquis die Mädchen mit einer „neunschwänzigen Katze“ zu peitschen, bevor er sich selbst schlagen ließ und von den Mädchen verlangte, dass sie ihm dabei zusahen, wie er sich mit seinem Kammerdiener vergnügte. Zwei der Prostituierten wurden krank, nachdem de Sade sie unter Drogen gesetzt hatte, um sie gefügig zu machen, woraufhin sie ihn anklagten. Aufgrund der Vorwürfe wurde er zum Tode verurteilt, floh jedoch zusammen mit seiner Schwägerin, in die er sich verliebt hatte und wodurch er seine Familie entehrte.

Im Jahr 1777 ereignete sich der sogenannte „Skandal der kleinen Mädchen“, als der Marquis auf seinem Schloss 15-jährige Mädchen verführte und deren Eltern ihn deswegen anzeigten. Er versuchte erneut zu fliehen, wurde jedoch gefasst und landete schließlich in der Irrenanstalt Charenton-Saint-Maurice in Paris, wo er seine Romane verfasste und die letzten 11 Jahre seines Lebens verbrachte.

1813 hatte er ein letztes sexuelles Abenteuer mit einem 16-jährigen Mädchen. Insgesamt verbrachte er 31 Jahre seines Lebens in Gefängnissen, Asylen und Irrenanstalten. Er fantasierte von den größten Grausamkeiten und perversesten Handlungen, wobei es ihm Lust bereitete, Frauen zu quälen, sie bei brutalen Orgien zu fesseln und auszupeitschen, bis ihre Körper überall mit blutigen Striemen übersät waren.

Er selbst wird mit den Worten zitiert:

„Ja, ich gestehe, ich bin ein Wüstling; alles, was man sich auf diesem Gebiet vorstellen kann, habe ich mir vorgestellt. Aber ich habe durchaus nicht alles getan, was ich mir vorgestellt habe ... Ich bin ein Wüstling, aber ich bin weder ein Verbrecher noch ein Mörder.“

Letzteres trifft auf die nun folgenden Fälle hingegen gänzlich zu.

Gilles de Rais – der „Baron des Schmerzes“

Gilles de Rais (1404-1440), auch Gilles de Laval und Baron de Rais genannt, war ein französischer Heerführer, Marschall von Frankreich, Alchimist und Serienmörder. Es konnten ihm 140 Morde nachgewiesen werden, aber man schätzt, dass es tatsächlich über 400 waren. Er stammte aus der Linie Laval, der berühmten französischen Familie der Montmorency, und war ein gefeierter Held des Hundertjährigen Krieges sowie Kampfgefährte von Jeanne d’Arc. Er wurde von seinem Großvater erzogen, dessen Gewalttätigkeiten offenbar Eindruck auf den jungen de Rais machten. 1422 heiratete er aufgrund des damit verbundenen Hinzugewinns von Reichtum und Macht. Als Johanna gefangengenommen, an die Engländer verkauft und verbrannt wurde – nachdem er vergeblich versucht hatte, den König zu ihrer Befreiung zu überreden –, verließ ihn der Glaube an den König und auch an Gott.

Wahrscheinlich trugen die blutigen Ereignisse des Krieges ihren Teil dazu bei, de Rais' sadistische Neigungen zum Vorschein zu bringen, indem ihm von Zeitgenossen eine Vorliebe für das Aufhängen kriegsgefangener Engländer nachgesagt wurde. Dass er aber auch zum Mörder unschuldiger Kinder wurde, geht nach eigenen Angaben bei seinem Prozess in Nantes auf ein Buch des römischen Historikers Suetonius zurück:

> *„Das Buch war mit Abbildungen versehen, auf denen das Treiben heidnischer Kaiser dargestellt war; und in diesem feinen Buche [war dargestellt], wie es Tibenus und Caracalla und andere Kaiser mit Kindern trieben und es ihnen besonderes Vergnügen bereitete, sie zu quälen. Das erweckte in mir den Wunsch, sie nachzuahmen, und noch am gleichen Abend tat ich das, was mir auf den Abbildungen vorgemacht wurde."*

Er selbst soll auch einmal von sich gesagt haben, dass er mehr Lust dabei verspüre, Knaben und Mädchen zu töten oder ihnen den Hals abzuschneiden oder sie töten zu lassen und sie schmachten und sterben zu sehen, ihre Köpfe und Gliedmaßen zu zerstückeln und das Blut fließen zu sehen, als wenn er mit ihnen Unzucht triebe. Sein erstes Opfer war ein Knabe, den er erwürgte, ihm die Hände abschlug sowie Herz und Augen ausriss, während er sein Blut aufbewahrte, um damit okkultistische Texte zu verfassen. [Letzteres erinnert an einen Teufelspakt, wie er in Goethes *Faust* beschrieben wird, indem dieser mit Blut unterschrieben wird.] Von da an erteilte er seinen Vertrauten den Auftrag, Kinder zu entführen, sodass jedes Mal, wenn er mit seinem Gefolge von seiner Festung Tiffauges nach Schloss Camptoce oder zum Kastell von La Suze unterwegs war, am nächsten Tag im jeweiligen Gebiet zahllose Kinder fehlten, die er vergewaltigte, aufschlitzte und dann ihre Eingeweide herausnahm. Wie bei Serienmördern üblich, dachte sich de Rais mit der Zeit immer größere Perversionen aus, wobei er immer mehr nekrophile Spiele mit seinen Opfern trieb. So heißt es etwa, dass er die abgeschlagenen Köpfe der Kinder schminken und aufspießen ließ, um sich daraus den schönsten auszusuchen. Außerdem soll er die Neigung entwickelt haben, die Leichen zu zerstückeln und dann wieder zu vergewaltigen. Später nahm er auch an schwarzen Messen teil oder veranstaltete diese selbst, bei denen er die Kinder Dämonen und anderen schwarzen Mächten opferte. Schwarze Magie und rituelle Morde wurden für ihn zu einem Ersatz für spirituelle Erkenntnis und einem heroischen „Erkenntnisweg", der mit Menschenopferungen, Sadismus und Erniedrigung von Kindern verbunden war. Hierbei wird jedem, der einen bestimmten Grad von Wissen erwerben wollte, auferlegt, dass er dieses Wissen nur durch ganz bestimmte Empfindungsfähigkeiten erwirbt, die man dadurch erlangt, dass man zum Mörder wird. Daher wurde keiner zu einem bestimmten Grad dieser Initiation zugelassen, ohne einen Mord begangen zu haben, der unter ganz besonderen Umständen verrichtet wurde.

Als er aufgrund seines ausschweifenden Lebensstils finanzielle Probleme bekam und einerseits versuchte, seinen Reichtum mit Hilfe der Alchemie zurückzugewinnen, gab er zusätzlich enorme Summen für Geisterbeschwörer aus, um den Teufel für seine Ziele einzuspannen. Andererseits versuchte er inmitten seiner orgiastischen Massenmorde im Jahre 1435 durch den Bau einer prächtigen Stiftskirche in Machecoul – die er ausgerechnet „zum Gedenken an die unschuldigen Kinder von Bethlehem, zum Heil und zur Errettung seiner Seele" widmete – seine finanzielle Notlage abzuwenden. Ob dies in reuevoller Absicht oder aus bitterbösem Zynismus geschah, ist schwer zu sagen. Fest steht nur, dass er es bei der Ausstattung der Kirche an nichts fehlen ließ und Unmengen an Geistlichen beschäftigte. Darüber hinaus gab er viel Geld für Handwerker und Einkäufe in der Umgebung aus, was jegliche Kritik an seiner Person zum Verstummen brachte. Obwohl er sich auch bei Festen, Feiern und Gelagen mit einfachen Leuten abgab, betrachtete er sie als „nichtsnutziges Volk". Auch seine Familie schwieg gegenüber seinen Verbrechen, obwohl sich seine Frau um 1435 von ihm trennte und sein Bruder das Schloss eroberte, wo er die Spuren seiner ersten Morde vorfand. Ab 1437 begann Gilles de Rais damit, sein geschrumpftes Vermögen durch Raubzüge aufzubessern. Doch durch die Entführung eines Geistlichen am Pfingstsonntag 1440 brachte er den Klerus und den Adel gegen sich auf, sodass diese nicht mehr bereit waren, seine Verbrechen zu decken. Es wurden Ermittlungen gegen ihn angestellt, wodurch auch Berichte aus der Bevölkerung über seine anderen Missetaten zusammengetragen wurden. Der Baron zog sich in eine seiner Burgen zurück, wo er versuchte, die Leichen und Skelette zu beseitigen. Sein Herzog und sein Bischof konnten jedoch die Burg einnehmen und im Zuge der Untersuchungen wurden ab 1440 die Überreste seiner Opfer sichergestellt. Er wurde daraufhin der Sodomie, des Massenmordes, der Dämonenbeschwörung und Ketzerei angeklagt, woraufhin er am 26. Oktober 1440 gehängt wurde.

Wegen der hohen Zahl seiner Opfer gilt Gilles de Rais als einer der größten Serienmörder der Geschichte und diente als Vorlage für die Sage vom Frauenmörder *Blaubart*. Ähnlich wie die Zuschreibung des „blauen Blutes" deutet der blaue Bart an, dass es sich dabei nicht um einen gewöhnlichen Mann handelt. Das Märchen kann als eine jüngere Fassung von Drachenmythen aufgefasst werden, in denen der Drache eine Jungfrau fordert und diese tötet, wenn er nicht von einem Ritter getötet wird. Auch im Zusammenhang mit den nächsten Beispielen spielt die Drachensymbolik eine gewisse Rolle.

Vlad III. – „Graf Dracula"

Vlad III. Drăculea, der auch Vlad Ţepeş („Vlad, der Pfähler") genannt wird, wurde um 1431 in Sighisoara in Transsilvanien (Siebenbürgen) geboren und starb 1476/77 bei Bukarest. Er gilt als eine der historischen Vorlagen für die Hauptfigur von Bram Stokers 1897 erschienenen Roman *Dracula*, die zum Inbegriff eines menschlichen Vampirs (Blutsaugers) geworden ist. Sein Beiname *Drăculea* („Der Sohn des Drachen" von lat. draco – Drache) soll sich nach mehrheitlicher Ansicht von Historikern aus der Mitgliedschaft seines Vaters Vlad II. (Dracul) im Drachenorden Kaiser Sigismunds ableiten. Andererseits kann der Beiname aber auch als „Sohn des Teufels" interpretiert werden, da das rumänische Wort *drac* „Teufel" bedeutet. Historische Bekanntheit erlangte er bereits im 15. Jahrhundert durch seine Grausamkeit im Kampf gegen die Ausdehnung des Osmanischen Reiches auf dem Balkan, wobei ihm nachgesagt wurde, dass er „dy iungen kinder praten" ließ und eine Vorliebe für die Hinrichtung durch Pfählung gehabt habe.

Der junge Vlad kam als Geisel an den Hof des türkischen Sultans, wo er Grausamkeit als Mittel der Politik kennen und lieben gelernt haben soll. 1456 eroberte er mithilfe der Ungarn und Siebenbürger Sachsen den Thron der Walachei und bekam im Laufe seiner sechsjährigen Herrschaft den Ruf eines extrem grausamen Fürsten, der Gesandten die Hüte am Kopf festnageln und zehntausende von Menschen auf die grausamste Weise pfählen ließ (d.h. mit eingefettetem, abgerundetem Pfahl im After). Jeder, der sich über den Gestank der gepfählten Leichen beklagte, soll selbst am höchsten Pfahl aufgespießt worden sein, weil dort die Luft besser sei. Seine Obesssion für das Pfählen ging sogar so weit, dass er sogar noch in Gefangenschaft Mäuse und Vögel gepfählt haben soll. Er soll es auch insbesondere genossen haben, direkt vor den Gepfählten zu speisen, und das Gerücht, dass er ein Vampir gewesen sei, geht wohl darauf zurück, dass er auch eine Vorliebe dafür gehabt haben soll, beim Essen das Brot in das Blut seiner Opfer zu tunken. Darüber hinaus soll er ein Erfinder spezieller Maschinen zum Zerstückeln, Braten und Sieden noch lebender Menschen gewesen sein.

Obwohl Vlad III. ein geschickter Diplomat und militärischer Stratege war, ist er der Nachwelt dennoch vor allem für seine Leidenschaft für das Pfählen in Erinnerung geblieben, denn es beschränkte sich nicht nur auf Kriegsgefangene, sondern es konnte jedem passieren, der es wagte, ihm zu widersprechen. Er ermordete auch mindestens eine seiner Frauen und eine Mätresse, „bekämpfte" die Armut, indem er die Armen (ausgerechnet an Ostern) verbrennen ließ, und zwang die Zigeuner zum Kriegsdienst, wobei er sie vor die Wahl stellte, entweder gegen die Türken zu kämpfen oder ihre eigenen Kinder essen zu müssen. Als Beleg solcher Grausamkeiten ist zum Beispiel eine erst im Jahre 1998 im schweizerischen St. Gallen entdeckte Handschrift zu nennen, die zwischen 1460 und 1470 von zwei Mönchen verfasst wurde, die davon berichten, dass Vlad III. 300 Zigeuner gefangen nahm, von denen er drei am Spieß braten ließ, welche die anderen daraufhin verspeisen mussten. Er wurde bei einer Schlacht getötet und auf einer Grabinsel in der Nähe von Buda bestattet. Als das Grab im 20. Jahrhundert geöffnet wurde, war es jedoch leer, was zum Gerücht passt, dass er als Vampir ein „Untoter“ gewesen sei. Es bleibt noch anzumerken, dass sowohl der ehemalige US-Präsident George Bush als auch die englische Königin Elisabeth II. mit Vlad III. verwandt sind.(68)

Die Verwandtschaft hat Elisabeths Sohn und Thronfolger Prinz Charles auch selbst zugegeben und mit den Worten kommentiert: *„Transsilvanien ist in meinem Blut. Die Genealogie zeigt, dass ich ein Nachkomme von Vlad, dem Pfähler bin, daher habe ich einen kleinen Anteil an dem Land.“* 2006 kaufte er sogar ein Bauernhaus in Rumänien, das zu bestimmten Zeiten des Jahres als Gästehaus gemietet werden kann.

Abb. 40: Verwandtschaft von George W. Bush

Elisabeth Bathory – „Die Blutgräfin"

Eine weitere historische Person, die Bram Stoker zu seinem Roman *Dracula* inspiriert haben könnte, war nach Ansicht des Historikers Raymond T. McNally die als „Blutgräfin" bekannte ungarische Gräfin Elisabeth (Erzsébet) Bathory (1560–1614) aus dem Hause der Bathory von Ecsed. Die Bathorys waren eine der reichsten Familien der Welt, bei der sogar der König von Ungarn Schulden hatte. Sie sind ebenfalls weitläufig mit Vlad III. verwandt und auch das Wappen Bathorys hat eine gewisse Ähnlichkeit mit dem Emblem des Drachenordens, indem es einen grünen Drachen und weiße Drachenzähne auf rotem Grund aufweist. 1611 wurde sie als Serienmörderin verurteilt und es war jahrhundertelang verboten, überhaupt ihren Namen zu erwähnen, weswegen es kaum noch Berichte über sie gab.

Die andauernden Ehen innerhalb der ungarischen Adelsfamilien, die bezwecken sollten, dass der Besitz innerhalb der Familie blieb, führten wie auch bei anderen Adelsfamilien dazu, dass es zu einer genetischen Degeneration kam, die sich bei den Bathorys auf vielfältige Weise äußerte. So rief dies bei Elisabeth Epilepsie hervor, ihre Tante Klara war eine homosexuelle Sexbesessene, ihre Cousine Anna eine bekennende Hexe, die bei einem Ritual sogar ihr eigenes Kind opferte, ihr Bruder Stephan war ein Trinker und Wüstling und ein Onkel von ihr war ein bekannter Satanist. Mit 11 Jahren wurde Elisabeth mit Ferencz Nádasdy aus einer anderen ungarischen Adelsfamilie verlobt, der sich bei Feldzügen gegen die Türken einen Namen als grausamer Krieger machte, da er Gefallen daran hatte, türkische Gefangene zu foltern, was ihm den Beinamen „Schwarzer Ritter" einbrachte. So wird zum Beispiel von einem Chronisten berichtet, dass Ferencz bei der Eroberung des Dorfes Urmisz den Befehl erteilte, den Priester des Dorfes zu köpfen sowie die dortigen Frauen und Kinder zu vergewaltigen und zu verbrennen. Elisabeth soll von ihm sogar einige Foltertechniken gelernt haben, wozu auch das Auspeitschen mit einer Peitsche gehörte, die Widerhaken besaß und die Opfer entsprechend schwer zurichten konnte. Als Elisabeth 15 Jahre alt war, heirateten die beiden. Nach ihrer Hochzeit sollen sie sich oft miteinander vergnügt haben, aber fast immer auf eine perverse Art, indem zum Beispiel berichtet wird, dass Elisabeth von ihrem Mann verlangt habe, ein 12-jähriges Mädchen zu entjungfern, während sie es dabei auspeitschte.

Als sie 1584 nach Lockenhaus in Österreich umziehen musste, wütete gerade die Pest. Sie ordnete daher an, alle Einwohner der betroffenen Dörfer zu begraben, egal, ob tot oder lebendig, was zur Folge hatte, dass riesige Massengräber entstanden, in denen zum Teil noch lebendige oder gar gesunde Menschen begraben wurden. In diesem Jahr starb auch Elisabeths Mutter, die ihr am Sterbebett erzählte, dass – als sie noch klein war – ihrer Amme wegen ihr zwei andere Kinder gestorben waren, weil die Amme ihre ganze Milch brauchte, um Elisabeth zu stillen. Gleich danach erfuhr sie, dass ihr Lehrer von zwei Männern umgebracht worden war, die daraufhin gefasst wurden. Als sie die Strafe für die beiden festlegen sollte, ordnete sie an, dass sie zuerst gefoltert werden, dann die Gliedmaßen und Rippen gebrochen bekommen sollen, dann gepfählt werden, anschließend gehäutet und geköpft. Zum Schluss sollten ihre Köpfe bis zu ihrer Verwesung am Friedhofstor aufgespießt und das Prozessprotokoll auf ihre abgezogene Haut geschrieben werden. Elisabeth soll persönlich die Durchführung all dieser Maßnahmen kontrolliert haben.

Während Elisabeths Mann in den Krieg zog und sie sich schrecklich zu langweilen begann, brannte sie mit einem blassen jungen Adligen durch, der für einen Vampir gehalten wurde. Als sie auf das Schloss zurückkam, machte sie sich an ihre Dienstboten heran, vor allem an die jungen Mädchen, die sie zunächst nur als Gespielinnen betrachtete. Später mussten die Mädchen für bizarre Rituale herhalten, als Elisabeth durch ihren Diener und eine Amme mit schwarzer Magie und Hexerei in Berührung kam. Auch veranstaltete sie Orgien mit ihrer lesbischen Tante Klara.

Als 1604 ihr Mann im Kampf ums Leben gekommen war, legte sie all ihre Hemmungen ab und lebte von diesem Moment an all ihre sadistischen Neigungen aus, indem sie hunderte von Mädchen aus der Umgebung zu Tode folterte, die sie zu sich aufs Schloss kommen ließ und üblicherweise nicht älter als 14 Jahre alt waren.

Bereits bei der Begrüßung teilte sie häufig schon die ersten Schläge aus und mit der Zeit wurden ihre Erniedrigungen und Misshandlungen immer schlimmer. Auslöser war vor allem, als sie einen festen Geliebten hatte, den sie dabei ertappte, wie er mit einer Küchengehilfin schlief. Vor Eifersucht tobend rächte sie sich an ihr, indem sie sie mit einer Schere quälte, weswegen sie lauthals schrie. Um sie zum Schweigen zu bringen, soll sie ihr kurzerhand die Stimmbänder durchgeschnitten haben.

Seit diesem Vorfall begann sie damit, immer mehr Mädchen umzubringen, deren Leichen sie irgendwann einfach unter ihrem Bett zurückließ und die von ihren Dienerinnen immer achtloser beiseite geschafft oder einfach auf den Feldern der Umgebung ablegt wurden, damit sie von den Wölfen gefressen werden sollten. Elisabeth beschäftigte Heerscharen von Dienerinnen, Soldaten, Alchemisten, Astrologen, Dichtern, Sängern und Mönchen. Man sagt auch, dass ein verkrüppelter Page und drei Dienerinnen Elisabeth dabei geholfen haben sollen, all die Mädchen zu Tode zu foltern. Aber sie war dabei selbst sehr aktiv und soll sogar wie eine wilde Bestie ihre Opfer gebissen und ihnen das Fleisch von den Knochen gerissen haben, was ihr den Spitznamen „Tigerin von Cachtice" einbrachte, in Anlehnung an das Schloss, wo sie sich überwiegend aufhielt. Zu weiteren grausamen Foltermethoden gehörte, dass Elisabeth die Mädchen mit Nadeln in den Körper oder unter die Fingernägel stach, ihnen rotglühende Münzen oder Schüsseln in die Hand gab oder sie mitten im Winter nackt in den Schnee warf und mit kaltem Wasser übergoss, wodurch sie erfroren.

Ihr anderer Spitzname „Blutgräfin" geht auf folgende Überlieferung zurück: Als eine Kammerzofe sich bei dem Versuch, der Gräfin kunstvoll die Haare hochzustecken, ungeschickt anstellte, schlug sie das Mädchen so heftig ins Gesicht, dass ihr Blut aus der Nase auf ihre Hand spritzte. Daraufhin soll Elisabeth den Eindruck bekommen haben, dass die Haut, die mit dem Blut in Kontakt gekommen war, frischer, glatter und jugendlicher aussah, was sie dazu veranlasst haben soll, dem Mädchen die Adern aufschneiden zu lassen, um es in einem Bottich zu sammeln und darin zu baden. Dass sie tatsächlich in Blut gebadet hat, wird war angezweifelt, es soll aber den Tatsachen entsprechen, dass sie tatsächlich das Blut der Mädchen – auch das der Monatsblutung – getrunken hat, weshalb die Gräfin von den Dorfbewohnern für eine Vampirin gehalten wurde.

Sie soll jedenfalls mit 25 einer Art Jugendwahn verfallen und von der Vorstellung besessen gewesen sein, dass das Blut von Jungfrauen das beste Mittel sei, um sich ihre eigene Jugendlichkeit und Schönheit zu erhalten. Eine andere mögliche Erklärung für ihren Blutdurst lässt sich aus einem Bericht von Plinius (23-78 n.Chr.) ableiten, indem er schrieb, dass Epileptiker mit dem Trinken von noch warmem Blut von Gesunden ihre Anfälle lindern können. Auch bereits die alten Griechen hielten frisches Blut für ein Heilmittel gegen Epilepsie. Sie wandten sich deshalb aus Angst an andere Adlige, um ihrem Morden Einhalt zu gebieten. Diese wagten aufgrund von Elisabeths hohem Rang zunächst jedoch nichts gegen sie unternehmen, zumal es sich bei den Opfern ja „nur" um Bauernmädchen handelte. Erst als Elisabeth damit begann, auch Angehörige des niederen Adels umzubringen, da in ihrer näheren Umgebung kaum noch Mädchen zu bekommen waren, wendete sich das Blatt.

Sie sah sich daher nach einer anderen Möglichkeit um, sich neue Opfer für ihre sadistischen Neigungen zu verschaffen. Zu diesem Zweck gründete sie eine „Schule für die Erziehung adliger Mädchen", wo diese aber keine „höfische Erziehung" erhielten, sondern von Elisabeth zu Tode gequält wurden. So soll zu ihren Opfern zum Beispiel auch die Sängerin Ilona Harczy gehört haben, die sie in Wien kennengelernt hatte, wo sie auch viele andere Mädchen umgebracht haben soll.

Es gibt daher die Auffassung, dass sich Bathorys Verhalten nicht grundlegend von dem anderer Hochadliger unterschied und dass man sie vermutlich weiter hätte morden lassen, wenn sie sich nicht mit ihresgleichen angelegt hätte. Prügel- und Verstümmelungsstrafen an Leibeigenen und Untergebenen waren damals jedenfalls an der Tagesordnung. Und so wurde ihr Vetter, Graf György Thurzó, damit beauftragt, mit einem Trupp Soldaten in Elisabeths Schloss einzudringen, was auch am 30. Dezember 1610 geschah. Bereits beim Betreten des

Schlosses bot sich den Eindringlingen ein Anblick des Grauens, da ein junges Mädchen tot und blutleer in der großen Halle des Schlosses lag. Ein anderes, noch lebendiges Mädchen war am ganzen Körper mit Stichen übersät und auch ein drittes war grausam zugerichtet worden. In unmittelbarer Nähe des Schlosses wurden etwa 50 Leichen ausgegraben. 16 Angehörige des Hofstaates, ihr Magier und ihre Folterknechte kamen ins Gefängnis, während sämtliche Zeugen ihrer unmenschlichen Verbrechen vernommen und hingerichtet wurden – zwei von ihnen, indem sie bei lebendigem Leibe verbrannt wurden. Ihre Amme war unter 350 befragten Personen die einzige, die nicht gegen Elisabeth aussagen wollte.

Elisabeth selbst wollte nicht vor Gericht aussagen und wurde zum Tode verurteilt. Um die Vollstreckung des Todesurteils abzuwenden, erreichten ihre Verwandten, dass sie unter der Bedingung am Leben bleiben durfte, dass sie ihr Schloss nicht mehr verlassen könne. Es heißt daher, dass sie zu ihrem eigenen Schutz in ihrem Schlafgemach eingemauert worden sei und nur durch einen schmalen Schlitz in der Wand mit Luft und Nahrung am Leben erhalten wurde, bis sie vier Jahre später am 14.8.1614 starb. Sie soll sich ungerecht behandelt gefühlt und von einer Verschwörung der Kirche gegen sie gesprochen haben, da ihrer Darstellung nach alle Mädchen nur aufgrund von „Disziplinarmaßnahmen" gestorben seien. Es heißt, dass sie die Namen aller ermordeten Mädchen in ein Buch eingetragen hat, das „über 650" (oder waren es eventuell sogar 666?) Namen enthält und ihr Platz 1 im *Guiness-Buch der Rekorde* in der Kategorie für Massenmörderinnen beschert hat.

Eleonore von Schwarzenberg – „Die Vampirprinzessin"

Die dritte Person, die offenbar Bram Stoker zu seinem Roman *Dracula* inspiriert hat, war Prinzessin Eleonore von Schwarzenberg (1682-1741). Außerdem gilt sie als Namensgeberin für Gottfried August Bürgers Ballade *Lenore*, die eine Warnung vor Blasphemie darstellt und nach den Geschichten über den „Lügenbaron" Karl Friedrich Hieronymus von Münchhausen als zweitwichtigstes Werk des Schriftstellers gilt.

In einem österreichischen Dokumentarfilm aus dem Jahre 2007 mit dem Titel *Die Vampirprinzessin* werden Indizien dafür zusammengetragen, dass Eleonore von ihren Zeitgenossen für eine Vampirin gehalten wurde. Zu diesem Zweck wurden auf dem Friedhof Český Krumlov in der böhmischen Stadt Krumau drei Skelette ausgegraben. Auffällig war, dass man sie nicht in Ost-West-Richtung beerdigte, wie dies im christlichen Raum üblich war. Außerdem waren die Hände mit einem Rosenkranz zusammengebunden und die Gliedmaßen mit Steinen beschwert worden. Bei einem der Skelette war der Kopf abgetrennt und zwischen die Beine gelegt worden, während ein Stein in der Mundhöhle platziert worden war. Eine der Leichen war außerdem durch das Herz gepfählt worden. Auch eine gerichtsmedizinische Untersuchung spricht dafür, dass die drei Leichen nach den Regeln eines klassischen Vampirrituals aus dem 18. Jahrhundert bestattet wurden, das als *Magia Posthuma* bezeichnet wird.

Im 18. Jahrhundert waren viele Menschen von der Existenz von Vampiren überzeugt und sie hatten Angst davor, dass diese nachts ihre Gräber verließen, um den Dorfbewohnern ihr Blut auszusaugen. Interessanterweise glaubte man auch, dass die gefährlichsten Vampire Adliger Abstammung waren, und die Lebensgeschichte der Eleonore von Schwarzenberg bringt zusätzlich etwas Licht ins Dunkel, warum dies so war, denn im unterirdischen Archiv ihres Schlosses in Krumau, wo sie lange Zeit herrschte, ist fast jeder Tag bis in unsere Zeit dokumentiert, sodass ihre Geschichte vergleichsweise gut rekonstruiert werden kann.

So soll auch die Prinzessin eine Neigung zum Okkultismus und auf ihre Mitmenschen eine unheimliche Ausstrahlung gehabt haben. Außerdem hatte sie mit Schlafproblemen zu kämpfen, weshalb sie tagsüber unter starker Müdigkeit litt und gesundheitlich angeschlagen war. Da sie nachts lange wach war und Licht durch ihr Schlafzimmerfenster schien, glaubte man offenbar, dass sie ein Leben in Dunkelheit bevorzugte und das Tageslicht scheute.

Dokumente belegen, dass sie jahrelang Milch von Wölfen getrunken hatte, in der Hoffnung, dadurch einen Sohn auf die Welt bringen zu können, um das Familienerbe weiterzutragen. Als leidenschaftliche Jägerin, die auf diesem Gebiet sogar ihren Mann übertroffen haben soll, führte sie viele Treibjagden durch, bei denen die weiblichen Wölfe lebendig gefangen und in einem Zwinger vor dem Schloss eingesperrt und gemolken wurden. Da die Wölfe dabei heulten und dadurch auch freilaufende Wölfe anlockten, war die Bevölkerung davon sehr verängstigt, weil sie glaubten, dass die Wölfe mit dem Teufel im Bunde oder Gehilfen von Vampiren seien. Im Jahr 1722 brachte sie schließlich im Alter von 42 Jahren tatsächlich ihren Sohn Josef Adam auf die Welt, was die Gerüchteküche zusätzlich anheizte, da dies für ein Werk der Hexerei gehalten wurde und man glaubte, dass sie einen Pakt mit dunklen Mächten geschlossen habe.

Nach dem Tod ihres Mannes lebte Eleonore sehr verschwenderisch und gab vor allem viel Geld für Arzneimittel aus. Dabei griff sie nicht nur auf die Dienste von Ärzten zurück, sondern praktizierte offenbar auch magische Rituale. So befindet sich auf Schloss Krumau heute noch eine sogenannte „Zauberrolle" mit Zeichen und Sprüchen zur Abwehr von Geistern. Ein mit deren Hilfe bewirkter Schutzzauber sollte auch eine zusätzliche Absicherung bei medizinischen Behandlungen sein. Außerdem fanden auf dem Schloss auch regelmäßig spiritistische Sitzungen statt, über die das Gerücht im Umlauf war, dass sie damit versucht haben soll, ihren früh verstorbenen Mann aus dem Reich der Toten zurückzuholen.

Bei den häufigen Arztbesuchen auf ihrem Schloss wurde an ihr auch der sogenannte „Aderlass" durchgeführt, was eine reinigende Wirkung und Vertreibung „böser Säfte" aus dem Körper bewirken sollte, jedoch lediglich zur Folge hatte, dass dadurch Eleonore nur umso blasser und geschwächter wurde. Sie rief oft den Leibarzt von Kaiser Karl VI., Dr. Franz von Gerstorff, zu sich, der zugleich viele Untersuchungskommissionen über Vampirerscheinungen leitete und ebenfalls, wie viele seiner Kollegen zur damaligen Zeit, an die Möglichkeit einer Ansteckung durch Vampire glaubte. Da man außerdem glaubte, dass Opfer von Vampiren ausgezehrt, blutleer und verwirrt seien, nahmen viele an, dass Eleonore ein typisches Opfer der „Vampirkrankheit" sei, weshalb sie die Bevölkerung „Vampirprinzessin" nannte und Schutzvorkehrungen gegenüber ihr zu treffen begann. Aus den Dokumenten geht keine Diagnose von Eleonores Erkrankung hervor, aber die Ärzte rieten ihr zum Kauf seltsamer Heilmittel wie Krebsaugen, Walrat und geriebenem Einhorn, wobei Letzteres in Wirklichkeit wohl aus den Stoßzähnen von Narwalen bestand. Alleine für den 30. April 1739 ist eine Bestellung von über 60 solcher Mittel belegt. Die Vermutung liegt nahe, dass dies im Zusammenhang mit der darauffolgenden Walpurgisnacht und damit verbundenen Hexenritualen stand.

Als sie am 5. Mai 1741 um 6:00 Uhr früh in Wien starb, wurde ihre Leiche bereits neun Stunden später von ihren Ärzten untersucht, was für eine Adlige der damaligen Zeit sehr ungewöhnlich war, da diese üblicherweise nicht obduziert wurden. Es wurde festgestellt, dass ihr Körper tatsächlich sehr ausgezehrt war und sich unterhalb des Darms ein Geschwulst von der Größe eines mittelgroßen Kinderkopfes befand. Die Obduktion war mit 3.000 Gulden sehr teuer (der heutige Gegenwert liegt bei etwa 90.000 Euro) und stand in keinem Verhältnis zum tatsächlichen Arbeitsaufwand, was Anlass zu Spekulationen bietet. War die „Obduktion" in Wirklichkeit etwa eine Art „Vampirhinrichtung", indem die Entfernung des Herzens einer Vampirpfählung gleichkommt? Oder glaubten die Ärzte, dass für sie dabei eine besonders große Gefahr bestand, z.B. durch eine Infektion? Möglich ist auch, dass die Summe eine Art Schweigegeld beinhaltet. Seltsam ist in jedem Fall, dass die Ärzte, zu denen die namhaftesten ihrer Zeit gehörten, auch in ihrem Obduktionsbericht keine Todesursache feststellen konnten oder wollten, obwohl Eleonore unter permanenter ärztlicher Aufsicht stand.

Seltsam ist auch die Tatsache, dass man Eleonore nicht in der Familiengruft der Schwarzenbergs in der Wiener Augustinerkirche bestattete, wo sich auch die Gebeine ihres Mannes befinden. Lediglich ihr Herz soll in die Kirchenwände eingemauert worden sein, während der restliche Körper laut den Unterlagen auf eigenen Wunsch hin nach Böhmen verbracht wurde. So hieß es in ihrem erst wenige Tage vor ihrem Tod verfassten Testament dazu:

„...*ZWEYTENS: solle mein Leichnam, ich mag in Wien oder andernorts das Zeitliche verlassen, nach Krumau geführet, dort von armen Leuten in die St. Nepomuc Kapelle getragen, und allda ohne einzigen Gepränge beerdiget werden, und auf den Grabstein folgende Wörter stehen: Hier liegt die arme Sünderin Eleonora, Bittet für Sie*...“[(69)]

Daraus ergeben sich folgende Fragen: Warum wollte sie unbedingt, dass ihre sterblichen Überreste hunderte von Kilometern weit weg gebracht wurden, und warum geschah dies mitten in der Nacht? Hatte sie etwa befürchtet, als Vampir ganz Wien zu infizieren? Und warum bezeichnete sie sich selbst ausdrücklich als „arme Sünderin“? Lag es an ihrem Hang zum Okkultismus oder bezog sich dies etwa auf unbekannte schwerwiegende Verbrechen?

Auch ihre Beerdigung unterschied sich deutlich von den damaligen Gepflogenheiten des Hochadels, da kein einziger Vertreter ihres Standes zugegen war und sogar der für ihren Sohn bestimmte Platz in der Schlosskapelle leer blieb. Zudem fand die Bestattung bei Nacht statt, was ganz und gar unüblich ist, und das Grab der Prinzessin liegt nicht einmal in der Hauptkirche, sondern in einem Anbau. Dort befindet sich der Grabstein unterhalb eines roten Teppichs verborgen, der nur mit einem Totenkopf und ihrem Sterbedatum versehen ist – Familiennamen, Adelstitel und Wappen sucht man darauf vergebens. Es wirkt zudem so, als sei Eleonores Sarg regelrecht eingemauert und der tonnenschwere Grabstein darauf gelegt worden, um zu verhindern, dass sie ihr Grab verlassen könne – Vorsichtsmaßnahmen, die bei einem „normalen“ Todesfall unverständlich wären. Dass die Beisetzung in einer dem heiligen Veit geweihten Kirche stattfand, könnte ein weiteres Indiz für ihr Leiden sein, indem dieser zur Heilung von Krämpfen, Epilepsie, Tollwut, Veitstanz (d.h. der Erbkrankheit „Chorea Huntington“), Bettnässen und Schlangenbissen angerufen wird. Insbesondere der Übertragungsweg der Tollwut ist in diesem Zusammenhang interessant, da z.B. Wölfe und Fledermäuse als Überträger gelten, wobei Letztere häufig mit dem Vampirphänomen in Zusammenhang gebracht werden. Zudem muss man wissen, dass der Vampirglaube eng mit dem Werwolfglauben zusammenhängt und in Südrussland, Böhmen, Montenegro und Teilen Serbiens ein Vampirwesen „wukodalak“, „vurkulaka“ oder „vrykolaka“ genannt wird, was aus dem Griechischen abgeleitet „wolfhaarig“ bedeutet.

Diesbezüglich glaubt der kanadische Wissenschaftler David Dolphin von der *Universität in British Columbia* herausgefunden zu haben, dass eine *erbliche* Stoffwechselstörung namens Porphyrie zur Legende von Werwölfen und Vampiren geführt hat, was wiederum ein Anhaltspunkt dafür ist, warum von diesem Phänomen besonders Adlige betroffen zu sein scheinen.

Nun kann man zwar argumentieren, dass auch in diesem Fall durch all die Fakten noch nicht bewiesen ist, dass man von einem „echten“ Vampirismus-Phänomen sprechen kann und dass die Leute früher eben abergläubischer gewesen sind als heute. Trotzdem ist an diesem Fall bemerkenswert, dass all die ungewöhnlichen Maßnahmen, die eigentlich nur durch einen Verdacht auf Vampirismus zu erklären sind, aus dem engsten Umfeld der Prinzessin stammen, und nicht etwa – was nahliegender wäre – von einem ungebildeten und dem Adel potenziell feindselig gesinnten „Pöbel“, der auf all das Veranlasste praktisch überhaupt keinen Einfluss haben konnte.

Machen wir nun einen Sprung in unsere Zeit:

Junges Blut für alte Milliardäre

Am 20. März 2017 ist der 1915 geborene US-Milliardär David Rockefeller im Alter von 101 Jahren gestorben. Er hatte zwar keine adlige Abstammung, aber seine Familie gehört heute zu den reichsten und mächtigsten der Welt. Es ist bekannt, dass er kurz vor seinem Tod erst sein siebtes Spenderherz bekommen hatte, was einen Weltrekord darstellt, während alleine in den USA 122.000 Patienten dringend auf ein Spenderherz warten. Laut den Bestimmungen der *International Society for Heart and Lung Transplantation* hätte er schon lange keine Spenderorgane mehr bekommen dürfen, weil dies nur bis zum Alter von 70 Jahren erlaubt ist. Außerdem erfolgte die siebte Herztransplantation erst wenige Wochen nach der sechsten, obwohl ein Normalsterblicher üblicherweise acht bis zehn Monate auf ein geeignetes Spenderherz warten muss. Daran ist ersichtlich, dass solche Regelungen offenbar nur für „gewöhnliche“ Leute gelten, aber eben nicht für Eliten wie die Rockefellers. Aber diese Art der Medizin bringt noch weitere Probleme mit sich. Abgesehen von ethischen Problemen bei der Entnahme und dem Handel von Organen, sind dies auch medizinische. Denn auch wenn man zumindest rein theoretisch fast jedes Organ beliebig oft austauschen und damit die Lebenszeit erheblich verlängern könnte, ist dies jedoch mit dem Gehirn nicht so ohne Weiteres möglich. Diese schmerzvolle Erfahrung musste auch die Familie des im Jahr 2012 verunglückten und ein Jahr später verstorbenen niederländischen Prinzen Friso von Oranien-Nassau machen, der nach seinem Skinfall in Österreich, bei dem er 23 Minuten lang verschüttet war, 18 Monate lang im Koma lag und auf Schloss *Drakensteyn (dt.: Drachenstein)* an den Folgen des Unfalls gestorben war. Seit seinem Unfall wurde viel darüber spekuliert, was mit Prinz Friso passiert, wenn ihm medizinisch nicht mehr zu helfen ist, und ob im Fall seines Todes seine Organe gespendet werden. Nun mochte man solche Spekulationen – vor allem zum damaligen Zeitpunkt – zwar für pietätlos halten, aber die Frage ist ja generell durchaus berechtigt, ob für Angehörige des Adels auch in diesem Bereich die gleichen Maßstäbe gelten wie für „gewöhnliche“ Menschen. Oder anders ausgedrückt: Gerade in einem solchen Fall wäre es doch eine gute Gelegenheit gewesen, zu demonstrieren, dass der Adel das Prädikat „nobel“ auch verdient, weil er mit gutem Beispiel vorangeht.

Doch weit gefehlt: Frisos bürgerliche Frau Mabel Wisse Smit soll zwar selbst einen Organspendeausweis besitzen, von ihrem Gatten hingegen war weder vor noch nach seinem Tod derartiges aus der Presse zu vernehmen. Besonders brisant ist daran einerseits, dass Frisos Frau laut *www.20min.ch* vom 29. Februar 2012 noch einen Tag vor dem tragischen Unglück ihres Gatten twitterte: *„Gönne einem anderen ein Leben! Werde Organspender!“* Andererseits wurde mittlerweile in den Niederlanden ein Gesetz beschlossen, das alle volljährigen Staatsbürger automatisch zu Organspendern erklärt, wenn diese nicht ausdrücklich widersprechen, wie die *Zeit* am 13. Februar 2018 berichtete.

Wie dieses Beispiel zeigt, könnten möglicherweise auch in anderen (EU-)Ländern die Bürger zwangsweise verpflichtet werden, ihre Organe zu spenden, womit wieder ein großer Schritt in Richtung „Leibeigenschaft" getan wäre. Ob Angehörige der Elite ebenfalls davon betroffen sein werden, darf aufgrund des historischen Hintergrundes und des geschilderten Falles bezweifelt werden. Auch sollte man wissen, dass Prinz Frisos Witwe, Mabel Wisse Smit, zwar eine „Bürgerliche" ist, nichtsdestotrotz aber aufs Engste mit der Elite verbunden ist, weil sie u.a. seit 1997 für die Stiftung *Open Society Institute* des US-Milliardärs mit ungarischer Herkunft, George Soros, tätig und Gründungsmitglied der NWO-„Denkfabrik" *European Council on Foreign Relations* ist. Erwähnenswert ist auch, dass Wisse Smit enge Kontakte zum Amsterdamer „Drogenbaron" Klaas Bruinsma und dem wegen Betrugs angeklagten bosnisch-US-amerikanischen Rechtsanwalt und früheren bosnischen Außenminister Muhammed Sacirbey unterhielt. Prinz Friso hingegen war der Enkel von Prinz Bernhard, dem Gründer der seit 1954 jährlich stattfindenden Bilderberg-Konferenzen, an denen auch seine Mutter, Königin Beatrix, und David Rockefeller regelmäßig teilnahmen, woran ersichtlich ist, dass beide Familien in denselben Kreisen verkehren.

Zurück zum eigentlichen Thema: Eine aus medizinischer Sicht bessere Lösung zur Lebensverlängerung sind somit für diejenigen, die keine Probleme mit ethischen Bedenken und dem nötigen Kleingeld haben, Maßnahmen, die eine Verjüngung der Zellen bewirken. „Zufälligerweise" sind die Rockefellers bekannt dafür, besonders viele Forschungen im Bereich von Medizin und Wissenschaft durchgeführt zu haben, die sich u.a. mit Langlebigkeit beschäftigten und dabei offenbar große Fortschritte erzielt haben. So existiert beispielsweise ein Bericht der *Rockefeller Foundation* von 1943 über ihre Mitwirkung an der „Gewinnung von Blut":

„Was als eine Erhebung über die Praktikabilität der Nutzung von Tierplasma als Blutersatz für Transfusionen begann, entwickelte sich in der Folge zu einem Programm zur ‚Gewinnung von Blut' um ihrer individuellen Substanzen wegen und für Tests dieser Konzentrate für therapeutische und prophylaktische Anwendungen. Das in einem Labor gewonnene, vollständig der reinen Wissenschaft gewidmete Wissen wandelte sich schnell und effektiv in Richtung der Nutzung für unmittelbare menschliche Bedürfnisse.“[(70)]

Da die Rockefellers aber auch dafür bekannt sind, viele Neuentwicklungen unterdrückt zu haben, die für die Allgemeinheit von großem Nutzen gewesen wären, wäre es durchaus möglich, dass die größten Fortschritte auf diesem Gebiet einem kleinen, elitären Kreis vorbehalten bleiben sollen. Bereits 1957 hatte die *Rockefeller-Stiftung* Forschungen auf dem Gebiet der Parabiose finanziert und viele Berichte äußerten sich über die Möglichkeit, dass sich Milliardäre ihr eigenes Blut mit demjenigen junger Menschen auffrischen:

„Parabiose bezieht sich auf die Übertragung von Blut von einem Subjekt zu einem anderen, wobei im wahrsten Sinne des Wortes die Blutkreisläufe zweier Tiere miteinander verbunden werden. Einige wissenschaftliche Studien haben gesundheitliche und lebensverlängernde Effekte bei älteren Mäusen aufgezeigt, wenn sie mit jüngeren Mäusen verbunden worden waren. Dies fand seinen Weg in die Allgemeinheit durch Schlagzeilen über Milliardäre, welche sich das Blut junger Menschen zur Lebensverlängerung injizierten. Viele Artikel beschäftigen sich mit dem Interesse der wirklich Wohlhabenden am Prozess der Transfusion jungen Blutes zu Zwecken der Verjüngung.“[(71)]

In der Fachzeitschrift *Nature* wurde dazu ein Bericht veröffentlicht mit dem Titel *Ageing Research: Blood to blood [Alterungsforschung: Blut zu Blut]*, der genauer auf die erzielten Fortschritte bei der Erforschung der Parabiose eingeht:

„In den vergangenen paar Jahren hat allerdings eine kleine Anzahl an Laboren die Parabiose wiederbelebt, insbesondere im Bereich der Alte-

rungsforschung. Durch die Verbindung des Blutkreislaufs einer alten Maus mit dem einer jungen Maus haben Wissenschaftler einige sehr bemerkenswerte Ergebnisse produziert. Im Herz, dem Gehirn, den Muskeln und fast jedem anderen untersuchten Gewebe scheint das Blut junger Mäuse den alternden Organen neues Leben eingehaucht zu haben. Dies hat die alten Mäuse stärker, schlauer und gesunder gemacht. Es hat sogar dazu geführt, dass ihr Fell glänzender wurde. Jetzt haben diese Labore damit angefangen, die Komponenten des jungen Blutes zu identifizieren, welche für diese Veränderungen verantwortlich sind."[72]

Eine wichtige Frage in Bezug auf die Forschungsarbeiten lautet dabei, wie jung das zur Erzielung der beabsichtigten Auswirkungen gewonnene Blut tatsächlich ist. In diesem Zusammenhang ist eine Passage aus dem vorher genannten *Nature*-Artikel interessant, der in der Mainstream-Presse geflissentlich übergangen wurde:

> *„Clive McCay, ein Biochemiker und Gerontologe an der Cornell-Universität in Ithaca, New York, war der Erste, der die Parabiose auf Studien zur Alterung anwendete. Im Jahr 1956 brachte sein Team 69 Rattenpaare zusammen; fast alle unterschiedlichen Alters. Unter den verbundenen Ratten waren eine 1 ½ Monate alte und eine 16 Monate alte – das Äquivalent eines 5-jährigen Menschen zu einem 47-jährigen. Das Experiment war unschön.*"[73]

Wie „unschön" das Experiment wirklich war, lässt sich also daran bemessen, wie jung die unfreiwilligen „Blutspender" waren, wenn man das Alter der Mäuse auf das von Menschen umrechnet. Man kann sich wohl kaum vorstellen, dass irgendjemand freiwillig seine eigenen fünfjährigen Kinder dafür hergeben würde, um ihnen die besonders in diesem Alter dringend benötigte Lebenskraft zu entziehen. Aus den Dokumenten über McCays Experimente geht zudem hervor, dass diese ursprünglich vom geheimen *Office of Naval Research* in Zusammenarbeit mit der *Rockefeller Foundation* durchgeführt wurden, wobei letztere die Alterungsforschung bereits seit 1936 finanzierte. So gibt es neben den offiziellen Forschungen auch Berichte darüber, dass an Orten, an denen die Eliten nach einer Möglichkeit suchen, ihren Tod so lange wie möglich hinauszuzögern, in Geheimlabors an hierfür geeigneten Methoden und Prozeduren geforscht wird:

> *„Es gibt weitverbreitete Gerüchte in Silicon Valley, wo die Wissenschaft der Lebensverlängerung eine populäre Obsession ist, dass eine Reihe wohlhabender Leute aus der Technikwelt bereits mit dem Praktizieren von Parabiose begonnen haben und dafür zehntausende Dollars für die Eingriffe und das Blut junger Menschen ausgeben und diesen Vorgang mehrere Male im Jahr wiederholen.“*[(74)]

Allem Anschein nach ist also offenbar doch etwas dran an den Gerüchten, dass sich die Elite mit dem Einverleiben jungen Blutes möglichst lange am Leben erhalten will. David Rockefeller ist nur einer von vielen hochrangigen Angehörigen der Machtelite, die nicht nur überdurchschnittlich alt wurden, sondern dabei auch immer noch sehr aktiv waren und teilweise immer noch sind.

Doch mittlerweile bietet ein kalifornisches Start-up-Unternehmen namens *Ambrosia* [Speise der Götter in der griechischen Mythologie] sogar ganz offen kommerzielle Blutplasma-Transfusionen an. Bei einem Preis von 8.000 Dollar für 1,5 Liter ist ersichtlich, dass solche Verjüngungskuren nur von einem erlesenen Personenkreis in Anspruch genommen werden können.

Obwohl die Vor- und Nachteile für die Gesundheit bei Menschen bisher noch nicht umfassend erforscht wurden, soll eine solche Plasmakur nach Angaben des Unternehmens die Proteine, die mit Krebs und Alzheimer in Verbindung gebracht werden, um rund 20 Prozent senken. Laut eines Artikels auf *www.gesund24.at* wirbt das Unternehmen zudem damit, dass nur Plasma von Teenagern verwendet wird. Auf deren Internetseite sind dazu jedoch keinerlei Angaben (mehr) zu finden. Bleibt nur zu hoffen, dass die Spender überhaupt Freiwillige und Volljährige sind und sie dabei nicht bis auf den letzten Blutstropfen ausgesaugt werden. Transparenz sieht jedenfalls anders aus.

Fazit

Es spiegelt die „Herzlosigkeit“ und „Blutleere“ solcher Eliten wie der Rockefellers wider, wenn diese aus egoistischen Interessen heraus Forschungen finanzieren, die eine Art Frankenstein- und Dracula-Medizin fördern, die Normalsterbliche als wandelnde Ersatzteillager und Blutkonserven betrachtet, die nach eigenen Bedürfnissen der Eliten ausgeschlachtet und ausgesaugt werden sollen, und bei deren Anwendung sie selbst bevorzugt werden bzw. als Spender außen vor bleiben. Eine solche Vorgehensweise ist somit nicht philanthropisch, sondern letzten Endes parasitär.

Wie die Beispiele zeigen, gab und gibt es immer wieder Angehörige der Elite, die „gewöhnliche“ Menschen auf rücksichtsloseste und sadistischste Weise zu ihrem eigenen Vorteil und Vergnügen demütigen, ausbeuten, quälen und umbringen. Das soll zwar nicht unterstellen, dass alle Eliten solche Neigungen haben, aber die Beispiele zeigen zumindest, dass Eliten nicht grundsätzlich „nobler“ sind als der Rest der Menschheit. Ganz im Gegenteil, denn obwohl die Eliten ihre Herrschaft über den Rest der Menschheit mit einer göttlichen Vorsehung oder gar Herkunft legitimieren woll(t)en, demonstrieren die Beispiele ein fehlendes Mitgefühl für ihre Mitmenschen, das den meisten Durchschnittsbürgern unabhängig von ihrer Konfession und ihrem gesellschaftlichen Status angeboren ist. Auch fehlt es den Eliten in den geschilderten Fällen an Unrechtsbewusstsein für ihre abscheulichen Taten und es fällt auf, dass sie sich okkulter bis hin zu satanistischer Praktiken bedienen, um ihren selbstsüchtigen, wenn auch letzten Endes selbstzerstörerischen Lebenswandel aufrechtzuerhalten.

Weitere Gemeinsamkeiten, die sich anhand der angeführten Beispiele gezeigt haben, sind eine finanzielle und sexuelle Maßlosigkeit, wobei letztere häufig mit Sadomasochismus, bi- und homosexuellen sowie pädophilen Neigungen einhergeht – Tendenzen also, die heutzutage immer mehr in der Mitte der Gesellschaft Einzug halten. Es mag jeder für sich selbst beurteilen, inwiefern es als gesellschaftlicher „Fortschritt“ zu werten ist, wenn die breite Masse zunehmend beginnt, solche Lebensstile als „normal“ zu übernehmen, die ursprünglich vor allem innerhalb degenerierter elitärer Kreise praktiziert wurden.

Es konnten an dieser Stelle zwar nur wenige Beispiele angeführt werden, aber das soll nicht bedeuten, dass es nicht noch viel mehr solcher Fälle gibt. Denn es hat sich gezeigt, dass viele Schandtaten nur deswegen überhaupt ans Licht gekommen oder überliefert worden sind, weil davon Angehörige des Klerus oder andere Adlige betroffen waren, oder auch weil sie sich offen zu ihren Schandtaten bekannt haben. Doch das ist sicher nur in den seltensten Fällen passiert, weswegen die Dunkelziffer mit Sicherheit viel höher ist als nur eine handvoll Beispiele.

Auch wenn die Macht des Adels zumeist offiziell abgeschafft oder eingeschränkt ist und insbesondere der Vampirglaube als abergläubisch und überholt gilt, heißt das noch lange nicht, dass es keine Eliten mehr gibt, die es auf Leib und Leben „gewöhnlicher“ Menschen abgesehen haben, während sie es gleichzeitig bevorzugen, sich lieber ihrer eigenen Verantwortung für andere Menschen zu entziehen.

3. Die Eliten – eine Inzest-Sippe

Dass insbesondere Adlige aus verschiedenen Gründen bevorzugt untereinander heiraten und dementsprechend miteinander verwandt sind, ist allgemein bekannt. Abgesehen davon, dass dies vermehrt zu Gendefekten und Erbkrankheiten führt, ist eine solche Praxis aber auch aus moralischer Sicht fragwürdig, spätestens dann, wenn der Grad der Verwandtschaft so eng ist, dass man von „Inzest" (Blutschande) sprechen kann.

Wie wir im Folgenden sehen werden, geben aber auch Ehen, die dem Anschein nach zwischen Adligen und „Bürgerlichen" geschlossen werden, bei näherer Betrachtung ebenfalls ein Verwandtschaftsverhältnis zu erkennen, sodass auch in diesen Fällen häufig sichergestellt ist, dass Macht und Reichtum in den eigenen Reihen erhalten bleiben, auch wenn dies von der breiten Öffentlichkeit nicht so wahrgenommen wird. Auch gilt dies nicht nur für den Adel, denn demokratische Regierungschefs sind – so wie etwa in den USA – ebenfalls häufig untereinander verwandt, was insbesondere dann befremdlich wirkt, wenn z.B. beide Präsidentschaftskandidaten miteinander verwandt sind, sodass sich die Frage stellt, wie unterschiedlich beide politischen Lager vor diesem Hintergrund in Wirklichkeit sein können. Dazu beschränkt sich das Problem nicht nur alleine auf die politische Ebene, sondern es erstreckt sich praktisch auf sämtliche gesellschaftlichen Eliten – die Stars der Unterhaltungsindustrie mit eingeschlossen, die ebenfalls häufig mit den Regierenden sowie untereinander verwandt sind.

Kein Wunder also, dass die Menschheit seit Jahrzehnten degeneriert, denn schließlich konsumieren wir tagtäglich Unterhaltung und Politik von selbsternannten Blutlinien, die auf Inzest und häufig auch Pädophilie basieren.

Obama verwandt mit Pitt, Clinton mit Jolie

Amerikanische Forscher haben herausgefunden, dass Barack Obama und Hillary Clinton über neun Ecken miteinander verwandt sind. Zu Obamas Ahnen zählen demnach zahlreiche Präsidenten, während Clintons Familienbande dagegen zu Popgrößen wie Madonna reichen. Barack Obama ist demnach ein entfernter Cousin von Brad Pitt, und Hillary Clinton ist ausgerechnet mit dessen Ex-Frau Angelina Jolie verwandt. Obama und Pitt sind Cousins neunten Grades. Gemeinsames Verbindungsglied war ein gewisser Edwin Hickman, der 1769 in Virginia starb. Bei Clinton und Jolie ist es ebenfalls ein Verhältnis neunten Grades – hier treffen sich die beiden Linien im frühen 18. Jahrhundert bei Jean Cusson aus dem kanadischen Quebec. Die Ahnen Obamas und Clintons zeigen, dass sich die beiden näherstehen, als sie in ihren öffentlichen Auftritten glauben machen wollten, wie der Genealoge Christopher Child dazu sagte. Der Forscher hat sich drei Jahre lang mit den Vorfahren der zukünftigen Präsidentschaftskandidaten beschäftigt. Dabei konnte er nachweisen, dass Obamas Stammbaum in seinen Verzweigungen zahllose US-Präsidenten beherbergt.

Zu seinen entfernten Cousins gehören Obamas Amtsvorgänger George W. Bush ebenso wie dessen Vater George H. W. Bush. Außerdem gibt es da auch noch Gerald Ford, Lyndon Johnson, Harry S. Truman und James Madison. Im Klub der Obama-Cousins sind auch Vizepräsident Dick Cheney und der britische Premierminister Winston Churchill. *„Seine Verwandtschaft umfasst das ganze politische Spektrum"*, erklärt Child.

Hillary Clinton ist mütterlicherseits französisch-kanadischer Abstammung. In dieser Richtung finden sich auch Verwandtschaftsbeziehungen zu den bekannten Sängerinnen Madonna, Celine Dion und Alanis Morissette. Der Ahnenforscher William Addams Reitwiesner hat in einem Artikel der *Washington Post* enthüllt, dass es weitere Verbindungen gibt, die bis ins Europa des 17. und 18. Jahrhunderts reichen.

Lady Diana ist verwandt mit Ex-US-Präsident Bush, Premierminister Churchill und britischem Königshof des 12. Jahrhunderts

Die verstorbene Prinzessin Diana ist eine entfernte Verwandte des Amtsvorgängers Obamas, George W. Bush sowie des ehemaligen britischen Premierministers Winston Churchill. Nach Angaben von Ahnenforschern lassen sich ihre gemeinsamen Vorfahren bis ins 15. Jahrhundert zurückverfolgen.

Laut Forschern des US-Unternehmens *MyFamiliy.com* stammen alle drei – Lady Diana, George Bush und Winston Churchill – von dem Landedelmann Henry Spencer aus Badby in der Grafschaft Northamptonshire ab. Der von 1420 bis 1478 lebende Spencer und dessen Frau Isabella Lincoln hatten dem Stammbaum zufolge zwei Söhne. Einer von ihnen hieß William [wie Dianas Sohn], und auf ihn geht die Linie zurück, von der Lady Diana Spencer und Winston Churchill abstammen.

Die Nachfahren von Williams Bruder John wanderten nach Amerika aus, woraufhin eine Angehörige namens Harriet Fay schließlich in die Familie Bush einheiratete. Laut *MyFamiliy.com* war deren Mann James der Ururgroßvater des späteren US-Präsidenten. Bush gilt als Bewunderer von Kriegspremier Churchill und er soll sogar eine Büste von ihm in seinem Büro aufgestellt haben. Bereits zuvor wurden Nachforschungen über Bushs englische Abstammung angestellt, wodurch die Genealogen auf Wurzeln am Königshof des 12. Jahrhunderts stießen.

Obwohl Diana zur Zeit ihrer sogenannten „Märchenhochzeit" mit Prinz Charles oft als „Mädchen von nebenan" charakterisiert wurde, ist ihr familiärer Hintergrund jedoch alles andere als gewöhnlich. Denn was kaum jemand weiß: Lady Diana Spencer war bereits lange vor ihrer Hochzeit mit Prinz Charles mit der königlichen Familie verbunden. So erlangte sie bereits 1975 den Adelstitel einer „Lady" (Dame), als ihr Vater den Titel eines „Earl" (Grafen) erbte. 1981 berichtete *TIME*, dass sich die Angehörigen der königlichen Familie mit verschiedenen Mitgliedern der Familie Spencer anfreundeten, die als Höflinge für die Krone dienten: *„Dianas Bruder Charles [gleichnamig mit ihrem späteren Ehemann Prinz Charles] (16) ist das Patenkind von Königin Elisabeth"*, fügte das Magazin hinzu. *„Ihr Vater, der sehr wohlhabende achte Earl*

Spencer, ist sowohl das Patenkind der verstorbenen Königin Mary als auch des früheren persönlichen Assistenten für König Georg VI. und die derzeitige Königinmutter. Ihre Großmutter mütterlicherseits, Lady Fermoy, ist eine Zofe der Königinmutter. Dazu ein Berater für Burke's Peerage, das ‚Who's Who' der britischen Aristokratie: ‚Keine andere Familie könnte mehr königliche Verbindungen aufweisen'."[(75)]

Bei einer Artikelsammlung über die Verlobung von Charles und Diana, die im folgenden Monat veröffentlicht wurde, befasste sich ein Artikel noch tiefgehender mit ihrem illustren Familienstammbaum:

> *„In ihren Adern floss mehr Blut der englischen Königsfamilie als in denen von Prinz Charles, ihrem Onkel 17. Grades. Alles davon fließt aus illegitimen Verbindungen. Vier ihrer Vorfahren waren Mätressen englischer Könige. Drei schäkerten mit Charles II. (1630-85), einem triebhaften Schürzenjäger, dessen amouröse Aktivitäten mehr als ein Viertel der 26 Herzogtümer in Großbritannien und Irland hervorbrachten. Die vierte königliche Mätresse, Arabella, Tochter des ersten Sir Winston Churchill, war ein Liebling von James II. (1633-1701) und gebar ihm eine Tochter. Kurz gesagt, obwohl Dianas Blut blau gewesen sein mag, oder sogar purpurn, leisteten auch scharlachrote [d.h. sündhafte] Frauen und schwarze Schafe ihren Beitrag zu dessen Färbung.*
>
> *Andere von Dianas Verwandten hinterließen ihre Spuren in weltzugewandten Angelegenheiten, viele von ihnen als Staatsmänner. George Washington ist ein Cousin achten Grades, und durch die Ehefrau eines exzentrischen amerikanischen Ururgroßvaters ist Diana auch mit den US-Präsidenten John Adams, John Quincy Adams, Calvin Coolidge, Millard Fillmore, Rutherford B. Hayes, Grover Cleveland und Franklin D. Roosevelt verwandt. Sir Winston Churchill (zweiter Vorname: Spencer) ist ein Cousin, so wie der frühere Premierminister Sir Alec Douglas-Home. Zu den akademischen Verbindungen gehören der Historiker Henry Adams, der Philosoph Bertrand Russell und der Lexikograf Noah Webster. Verbindungen aus der Welt des Schauspiels: Humphrey Bogart und Lillia Gish.*"[(76)]

Die Familie war den Angehörigen der königlichen Familie in guten wie in schlechten Zeiten ergeben. Laut Dianas Bruder Charles, der als Journalist arbeitet und Autor des Buches *The Spencers: A Personal History of an English Family* ist, sagte Königin Victoria einmal, der vierte Earl Spencer, Frederick (1798-1857), hätte die besten Beine, die sie je bei einem Mann gesehen habe. Mit größerem Ernst half einmal der dritte Baron Spencer, Henry [gleichnamig mit Dianas zweitem Sohn], während des Englischen Bürgerkrieges die Armee von Charles I. zu finanzieren und starb während eines Kampfes bei Newbury in der Schlacht. Und Sarah Jennings Churchill, die Herzogin von Marlborough (die durch ihre Tochter mit der Familie Spencer verbunden war, welche Charles Spencer, den dritten Earl of Sunderland, heiratete), war zu einem Zeitpunkt im 18. Jahrhundert die reichste Frau Englands und bekannt dafür, Königin Annes Vertraute zu sein.

In der Mitte des 18. Jahrhunderts gab es sogar eine andere Lady Diana Spencer innerhalb der Familie. Ihre Familie versuchte, sie [ebenfalls] mit dem Prince of Wales zu verkuppeln, und Charles Spencers Buch behauptet, dass im Geheimen bereits ein Hochzeitstermin festgeklopft wurde und dass ihre Mitgift auf dem Höhepunkt der Hochzeitsverhandlungen stolze 100.000 Pfund aufwies. Als jedoch der Premierminister den Plan herausfand, bestärkte er König Georg II. *„jemand zu finden, der eine geringere politische Bedrohung"* für den Prinzen darstelle, der letzten Endes die jüngere Prinzessin Augusta von Sachsen-Gotha-Altenburg heiratete. Diese Diana heiratete schließlich den Herzog von Bedford, Lord John Russel, starb aber tragischerweise bereits im zarten Alter von 25 Jahren an Schwindsucht.

Die Spencer, die am häufigsten mit Diana verglichen wird, ist jedoch ihre Ururgroßtante Georgiana, die Herzogin von Devonshire (1757-1806). Beide heirateten Männer, die über zehn Jahre älter waren als sie, und beide hatten mit Bulimie zu kämpfen. Georgiana hatte ihre skandalöse Seite – es gab Berichte, dass sie sich die Ringe von ihren Fingern riss, um sie auf Spieltische zu legen –, aber sie war am meisten als Stilikone bekannt, nämlich dafür, französisches Haarpuder, Musselinkleider, aus Straußenfedern hergestellte Haarteile und drei Fuß hohe Haartürme populär zu machen. *„Es wäre keine Übertreibung zu bemerken, dass Georgiana das Epizentrum von allem war, das als modisch und erstrebenswert galt.“*[77]

Kommt Ihnen das bekannt vor? Auch heute noch kommt das Glamour-Gen der Familie Spencer zum Vorschein, mit den protzigen Lebensstilen der gegenwärtigen Generation von Spencers, wie sie auf sozialen Medien zur Schau gestellt werden. Sogar Charlotte, die gemeinsame Tochter von Dianas Sohn William mit seiner Frau Kate, wurde bereits kurz nach ihrer Geburt von den Hofberichterstattern der Mainstream-Medien zur „Stilikone“ hochgejubelt.

Auch Prinz William und Kate Middleton sind miteinander verwandt

Laut *dailymail.co.uk* sind Dianas ältester Sohn William und dessen Frau Kate Cousin und Cousine zwölften Grades, wie aus einer von dem britischen Online-Portal veröffentlichten Ahnentafel hervorgeht. Beide führen ihre Ahnenreihe auf einen früheren Diplomaten, Soldaten und Gouverneur der britischen Kanalinsel Guernsey zurück, der vor rund 400 Jahren lebte, und dessen Name Thomas Leighton lautete. Im Unterschied zu William und Kate war er jedoch bei der britischen Bevölkerung dermaßen unbeliebt, dass die Bewohner Guernseys sogar den offiziellen Bericht über seinen Tod im Jahre 1610 vernichteten und auch sämtliche Porträts von ihm beseitigt worden sind.

In einem der wenigen über ihn erhaltenen Berichte, aus dem *dailymail.co.uk* zitierte, heißt es: *„Er missachtete die bürgerlichen Freiheiten und verschaffte sich seine Macht mit Gewalt.“*

Sogar Prinz Harry und Meghan Markle sind verwandt

Obwohl Williams Bruder Harry (der eigentlich „Henry“ heißt)[91] in London geboren wurde, seine künftige Frau Meghan Markle hingegen im weit entfernten Kalifornien aufgewachsen ist, haben auch sie einen gemeinsamen Vorfahren: Wie eine von der Zeitung *Mail on Sunday* beauftragte Untersuchung ihres jeweiligen Stammbaumes ergeben hat, sind die beiden entfernte Cousins. Demnach soll ein Urahn von Markles Vater Thomas mütterlicherseits mit der im Jahre 2002 verstorbenen Königinmutter verwandt sein. Die Ahnenlinie geht bis ins 15. Jahrhundert auf den Engländer Ralph Bowes zurück, den damaligen Polizeichef der Grafschaft Durham, dessen Familie das prunkvolle Schloss Streatlam Castle gehörte. Seine Enkeltochter Bridget ging eine Ehe mit John Hussey aus der Grafschaft Surrey ein, deren Enkelsohn Christopher Hussey 1632 in die USA auswanderte und eine Familie gründete, aus der Meghan Markles Vorfahren hervorgingen.

Der Familienbesitz der Bowes in England wurde von Generation zu Generation weitergegeben, bis Sir George Bowes, ein wohlhabender Steinkohlehändler und Mitglied des englischen Parlaments, Streatlam Castle seiner einzigen Tochter Mary Bowes vermachte. Als diese 1767 John Lyon, den neunten Grafen von Strathmore und Kinghorne, heiratete, übernahm der Ehemann den Nachnamen Bowes, woraus die Bowes-Lyon-Dynastie hervorging. Fünf Generationen später ehelichte Elizabeth Bowes-Lyon den Herzog von York, der 1936 zu König George VI. gekrönt wurde. Aus dieser Ehe gingen zwei Töchter hervor, von denen die ältere Harrys Großmutter Königin Elizabeth II. ist.

4. Königliche Blutlinie: (Fast) alle 43 US-Präsidenten sind miteinander verwandt

„Die Verwandtschaft kann man sich leider nicht aussuchen“ und *„Jeder hat wohl ein schwarzes Schaf in der Familie“*, sagte der CDU-Abgeordnete Johannes Steiniger als er erfuhr, dass er mit dem heutigen US-Präsidenten Donald Trump verwandt ist. Allerdings sieht es fast so aus, als ob in der Politik immer dieselbe Verwandtschaft „ausgesucht“ wird und dass in dieser Verwandtschaft, gelinde gesagt, schwarze Schafe überdurchschnittlich häufig anzutreffen sind. Oder wie ist es sonst zu erklären, dass alle 43 US-Präsidenten (mit nur einer einzigen Ausnahme) alle miteinander verwandt sind, wie ein 12-jähriges Mädchen kürzlich herausgefunden hat? Seltsam ist auch, dass sogar die beiden US-Präsidentschaftskandidaten des Jahres 2016 – trotz aller (scheinbaren) Differenzen – miteinander verwandt sind, so wie im Fall von Donald Trump und Hillary Clinton, und dass Verwandtschaftsbeziehungen bis in höchste politische Ämter auch über Staatsgrenzen hinweg bestehen, indem Hillary Clinton auch mit dem französischen Ex-Präsidenten François Hollande verwandt ist.

Nach wie vor scheint sich der Orwell'sche Satz aus *Farm der Tiere* zu bestätigen, dass manche (hohen) Tiere eben gleicher sind als andere.

CDU-Abgeordneter: Hilfe, ich bin mit Trump verwandt!

Wie ein rheinland-pfälzischer Hobby-Ahnenforscher herausgefunden hat, reicht die genetische Verbindung zwischen dem CDU-Politiker Johannes Steiniger und dem US-Präsidenten Donald Trump bis ins 18. Jahrhundert zurück, als ein gewisser Philipp Friederich Fischer aus Bad Dürkheim im Stammbaum beider auftaucht, was sie zu Cousins achten Grades macht. Sowohl die Großmutter Steinigers als auch Donald Trumps Großvater Friedrich stammen ursprünglich aus Bad Dürkheim, während Friedrich Trump 1885 mit 16 Jahren nach Amerika auswanderte, wo er sich fortan „Frederick“ nannte und mit Nachtklubs reich wurde. Da Steiniger vielen politischen Positionen seines entfernten Verwandten nichts abgewinnen konnte, hatte er gehofft, dass Trump seiner Kontrahentin Hillary Clinton bei der Präsidentschaftswahl unterliegen würde – jedoch vergeblich, wie wir mittlerweile wissen.

Aber was wir bislang ebenfalls noch nicht wussten: Auch die beiden Widersacher bei der letzten US-Wahl, Trump und Clinton, stehen sich, zumindest was ihre Abstammung betrifft, in Wirklichkeit näher als es zunächst den Anschein hat, denn auch sie sind entfernt miteinander verwandt.

Auch Donald Trump und Hillary Clinton haben gemeinsame königliche Vorfahren

Sowohl der Immobilien-Tycoon und aktuelle US-Präsident als auch die ehemalige US-Außenministerin und Ehefrau von Trumps Amtsvorgänger Bill Clinton sind laut der Ahnenforschungsseite *MyHeritage.com* direkte Nachkommen von Johann von Gent, Herzog von Lancaster (1340-1399) und seiner dritten Frau Catherine Swynford.

Clinton leitet ihre Abstammung väterlicherseits von ihren 18. Urgroßeltern durch die Familie Rodham ab, während Trump mit ihr durch seine Mutter Mary Anne MacLeod verwandt ist, die in Schottland geboren wurde. Die gemeinsame Verwandtschaft bedeutet, dass die Demokratin Clinton und der Republikaner Trump Cousin und Cousine 19. Grades sind. Johann von Gent, ein Angehöriger der königlichen Familie, war der Sohn von König Eduard III. (1312-1377) und kommt im Shakespeare-Stück Richard II. vor, das nach seinem Neffen benannt ist. Swynford war zuerst Johann von Gents Mätresse, aber später heirateten sie, und ihre Nachkommen wurden legitimiert. Zu von Gents Kindern, die er zusammen mit Swynford bekommen hat, gehören laut *MyHeritage.com* Trumps 17. Urgroßvater John Beaufort und Clintons 17. Urgroßmutter Joan Beaufort. Der Sohn des Herzogs von Lancaster, den er mit seiner ersten Frau Blanche hatte, wurde später zum englischen König Heinrich IV. (1366 oder 1367-1413).

Verschiedene andere Nachkommen von Gents führten während der Rosenkriege ihre Abstammung auf Eduard III. zurück, ein Konflikt, der heutige politische Skandale im Vergleich dazu lächerlich gering erscheinen lässt.

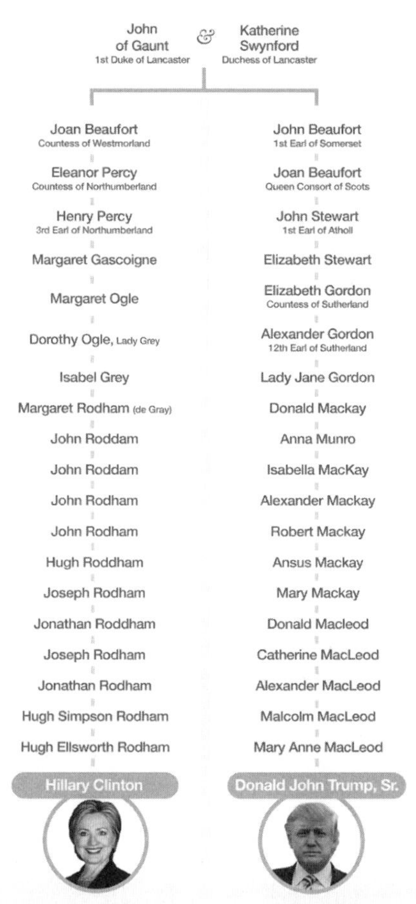

Abb. 41: Verwandtschaft von Hillary Clinton und Donald Trump

Der Krieg endete schließlich, als Heinrich VII. (1457-1509) das Mitglied des Hauses Lancaster, Richard III. (1452-1458), in einer Schlacht besiegte und zum ersten Tudor-König wurde. Es ist fraglich, ob Trump und Clinton von ihrer entfernten Verwandtschaft wussten, obwohl die frühere Senatorin zusammen mit ihrem Ehemann Bill die Hochzeit des Geschäftsmannes mit seiner dritten Ehefrau Melania im Jahre 2005 besuchte.

Forscher haben bereits vorher Clintons Verbindungen mit anderen prominenten Namen durchsucht, als sie für das Amt kandidierte. Während die Verbindungen zwischen Trump und Clinton mehrere Jahrhunderte zurück in die Vergangenheit reichen, sind Clinton und Angelina Jolie laut *The New England Historic Genealogical Society* Cousinen neunten Grades.

Hillary Clinton ist auch mit François Hollande verwandt

Doch Donald Trump ist nicht der einzige Staatschef, mit dem Hillary Clinton verwandt ist, denn laut dem Ahnenforscher Jean-Louis Beaucarnot ist Clinton über eine mittelalterliche französische Königsdynastie mit dem ehemaligen französischen Präsidenten François Hollande verwandt, wie aus seinem neuen Buch *Le Dico des Politiques (Politik-Wörterbuch)* hervorgeht. Demnach stammt Clinton mütterlicherseits über ihre Urgroßmutter Delia Martin von Familien im französischsprachigen Québec in Kanada ab, durch die sie Vorfahren in 16 französischen Départements hat, wozu auch das an Deutschland grenzende Département Moselle und die Landeshauptstadt Paris gehören.

Unter Clintons Vorfahren in der 23. Generation befindet sich nach Angaben Beaucarnots auch der französische König Ludwig X. (1289-1316), der auch „Der Zänker" genannt wird. Er war der Bruder des französischen Philipp V. (1293-1322), dessen Beiname „Der Lange" lautete und der ein Urahn von Hollande ist.

Abb. 42: Donald Trump, Hillary Clinton, Bill Clinton und Melania Trump (v.l.n.r.) bei der Hochzeit der Trumps

12-jähriges Mädchen entdeckt, dass alle US-Präsidenten direkt miteinander verwandt sind (außer einer)

Die 12-Jährige BridgeAnne d'Avignon hat herausgefunden, dass alle US-Präsidenten, bis auf eine einzige Ausnahme, Nachkommen desselben englischen Königs Johann Ohneland (1167-1216) sind, und dass Donald Trump ebenfalls dazugehört. Der bereits erwähnte König Eduard III. gehört zum Stammbaum der Familie Plantagenet und ist ein Nachkomme von Johann Ohneland, was bedeutet, dass sich auch der aktuelle Präsident der USA – trotz aller bisherigen Medienschelte gegen ihn (im Gegensatz zu seinem Amtsvorgänger Barack Obama) – in einem wesentlichen Punkt *nicht* von der überwältigenden Mehrheit der anderen unterscheidet: seiner Abstammung.

D'Avignon stellte gerade Nachforschungen über ihre eigene Herkunft an, als sie einen Kurswechsel beschloss und sich stattdessen darauf verlegte, die Genealogie der US-Präsidenten zu enträtseln. Bei ihren gründlichen Recherchen, die über 500.000 Namen im Verlauf der Geschichte beinhalteten, bestand ihr Ziel darin, die Abstammung aller US-Präsidenten herauszufinden, um zu sehen, ob es einen „Adam der Präsidentschaft" gebe, der sie alle miteinander verbindet. Zur Überraschung aller entdeckte sie tatsächlich, dass sich 42 von 43 US-Präsidenten auf eine einzige Person zurückführen lassen: Johann Ohneland.

Wenn man mit den Theorien über die Illuminati vertraut ist oder den elitären Familien, die die Welt beherrschen, wird es einen nicht sonderlich überraschen, dass ALLE US-Präsidenten (mit einer einzigen Ausnahme), d.h. einschließlich der Bushs, Bill Clinton, Jimmy Carter und sogar Barack Obama, Cousins sind und dass alle von Johann Ohneland abstammen. Der einzige Präsident, den d'Avignon nicht mit der Blutlinie verbinden konnte, war Martin Van Buren (1782-1862), der 8. US-Präsident. Bezüglich der anderen bedeutet dies, dass sie nicht nur von Johann Ohneland abstammen, sondern auch entfernte Verwandte der amtierenden Königin Elisabeth II. und der königlichen Familie Englands sind.

Abb. 43: BridgeAnne d’Avignon mit ihrer Präsentation

Johann Ohneland herrschte von 1199 bis 1216 über England. Er war am berühmtesten für die Unterzeichnung der *Magna Carta* im Jahre 1215 und für den Verlust des Herzogtums Normandie an König Philipp II. von Frankreich, wodurch er seinen Namen „Ohneland“ erhielt. Er taucht auch in den Erzählungen über Robin Hood auf, in denen er als Schurke dargestellt wird.

5. Elitäre Blutlinien: Sind die Rothschilds mit Hitler und Merkel verwandt?

Es heißt im Volksmund, dass Blut dicker als Wasser ist, und so sorgen immer wieder Enthüllungen über Verwandtschaftsbeziehungen zwischen Prominenten und Politikern für Verwunderung.

Hier zur Erinnerung noch einmal einige Beispiele: Der vorherige US-Präsident Barack Obama ist verwandt mit der ehemaligen First Lady und Präsidentschaftskandidatin Hillary Clinton, mit sechs weiteren US-Präsidenten (darunter sein Vorgänger George W. Bush, der es seinerseits gar auf staatliche 16 verwandte US-Präsidenten bringt), dem Ex-Vize-Präsident Dick Cheney und dem ehemaligen britischen Premierminister Winston Churchill.

Der erwähnte George W. Bush ist verwandt mit so illustren Personen wie Vlad III. (aka „der Pfähler“, aka „Dracula“), Camilla Parker Bowles (der Ehefrau von Prinz Charles), Lady Diana (der 1997 verstorbenen Ex-Frau von Prinz Charles), dem 2017 verstorbenen *Playboy*-Gründer Hugh Hefner, dem Schauspieler Tom Hanks oder Marilyn Monroe.

US-Moderatorin Ellen DeGeneres ist mit Herzogin Kate verwandt, die wiederum mit Prinz William um ein paar Ecken verwandt ist, und zu den Vorfahren des ehemaligen britischen Premierministers David Cameron gehört die russische Zarin Katharina die Große – wie bereits mit bloßem Auge unschwer zu erkennen ist.

Abb. 44: Lionel Nathan Rothschild, Alois Hitler, Adolf Hitler und Angela Merkel (v.l.n.r.)

Gerüchte um Hitlers jüdische Abstammung

Dass die Realität möglicherweise ein wenig anders aussieht, als es uns die Medien und elitären Zirkel glauben machen wollen, mag manchmal schwer zu verdauen sein, aber das alleine sagt noch nichts über den tatsächlichen Wahrheitsgehalt aus. Und so mag es zwar äußerst abwegig klingen, dass der ehemalige deutsche Reichskanzler und Diktator Adolf Hitler trotz seiner erbarmungslosen Judenverfolgung selbst jüdischer Abstammung gewesen sein könnte – möglicherweise sogar aus der elitären Bankiersfamilie der Rothschilds. So soll nach einer (offiziell als widerlegt geltenden) These Hitlers Großvater ein jüdischer Kaufmann aus Graz namens Leopold Frankenberger (oder Frankenreiter) gewesen sein, wobei diese „Frankenberger-These" auf Hitlers Rechtsanwalt Hans Frank zurück geht, der in den 1930er-Jahren von Hitler selbst beauftragt wurde, den Gerüchten um seine angebliche jüdische Abstammung nachzugehen.

Für seine Dienste wurde Hans Frank zum Präsidenten der *Akademie für Deutsches Recht*, Führer des *Bundes Nationalsozialistischer Deutscher Juristen*, Mitglied des Reichstags und Generalgouverneur von Polen ernannt und war während der Nürnberger Prozesse als „Metzger von Polen" bekannt. Da Frank somit zweifelsohne ein überzeugter Nationalsozialist und Antisemit gewesen war, ist auch davon auszugehen, dass Adolf Hitler von der Richtigkeit von Franks Forschungsergebnissen überzeugt gewesen sein muss, denn wie sonst hätte er von Hitler mit so hochrangigen Aufgaben betraut werden können, wenn er versucht haben sollte, ihm fälschlicherweise ausgerechnet eine jüdische Abstammung anzudichten?

Demnach soll Frank herausgefunden haben, dass Hitlers Großmutter Anna Maria Schicklgruber rund 100 Jahre zuvor als Hausmädchen oder Köchin bei Frankenberger in Graz gearbeitet habe und 1837 hochschwanger in ihr Heimatdorf Döllersheim zurückgekehrt sei, wo sie ihren Sohn Alois, d.h. Adolf Hitlers Vater, zur Welt gebracht habe. Außerdem soll Schicklgruber 14 Jahre lang finanzielle Unterstützung von Frankenberger erhalten haben.

Bei *Wikipedia* heißt es dazu, dass ein Aufenthalt von Hitlers Großmutter in Graz unwahrscheinlich sei und eher eine Anstellung in Gratzen (dem heutigen Nové Hrady) in Frage komme, das zirka eine Tagesreise von ihrem Heimatdorf entfernt war. Außerdem sei es nicht nachweisbar, dass dort ein jüdischer Kaufmann namens Frankenberger gelebt habe. Als umstritten gilt demnach nicht nur die Existenz eines Kaufmanns mit Namen Frankenberger, sondern auch dessen mögliche jüdische Identität, wobei zudem argumentiert wird, dass dieser Name nicht jüdisch klinge.

Auch wenn beispielsweise der Hitler-Biograf Joachim Fest der Auffassung war, dass die These aufgrund mangelnder Beweise fragwürdig ist, gesteht er dennoch ein, dass Hitlers Anwalt Frank wenig Anlass gehabt habe, Hitler fälschlicherweise jüdische Vorfahren zuzuschreiben.

Für die These, die eine jüdische Abstammung Hitlers behauptet, spricht aber auch, dass nach den 2009 veröffentlichten Forschungsergebnissen des belgischen Journalisten Jean-Paul Mulders die Großneffen und Verwandten Hitlers laut DNA-Proben der Haplogruppe „Elblb“ entsprechen, der nur zirka 9% der deutschen und österreichischen Bevölkerung angehören. Sie komme somit häufiger bei Nordafrikanern, Berbern, Somaliern und aschkenasischen Juden vor als bei Westeuropäern und Germanen.

Weitere hochrangige Personen, die von Hitlers (möglicher) jüdischer Abstammung gewusst haben sollen, waren der damalige österreichische Kanzler Engelbert Dollfuss, der deutsche Unternehmer Fritz Thyssen sowie sein persönlicher Rhetorik-Lehrer, „Hellseher“ und „Wahrsager“ Erik Jan Hanussen, der eigentlich Hermann Chajm (bzw. Herschel) Steinschneider hieß und ein Wiener Jude war. Hanussen wurde 1933 von Nazis erschossen, und auch der Tod des österreichischen Kanzlers im Jahre 1934 soll auf das Konto Hitlers gehen, während er Thyssen deswegen verschont habe, weil er von ihm finanziell abhängig war. Den Heimatort seiner Großmutter ließ er 1941 weitgehend dem Erdboden gleichmachen, um den Friedhof – und damit Beweismittel für seine Herkunft – zu zerstören und stattdessen den Ort in einen Truppenübungsplatz zu verwandeln (so als ob dies nicht auch andernorts möglich gewesen wäre).

„Diese Leute dürfen nicht wissen, wer ich bin. Sie dürfen nicht wissen, woher ich komme und aus welcher Familie ich stamme.“[(78)]

Adolf Hitler

Adolf Hitler – ein Nachkomme der Rotschilds?

Es heißt, dass Hans Frank bewusst eine falsche Fährte legte, um die Historiker von der Spur der illegitimen Kinder der Rothschilds abzubringen. Demnach soll Hitlers Großmutter Anna Maria Schicklgruber Ende der 1930er-Jahre tatsächlich in Wien Hausmädchen bei Baron Salomon Mayer Bauer alias „Rothschild“ (nach anderen Angaben: Lionel Nathan Rothschild) gewesen und von diesem schwanger geworden sein. Nachdem sie der Familie Rothschild von ihrer Schwangerschaft berichtet hatte, soll sie durch eine Geldzahlung und Drohungen zum Schweigen genötigt und noch am selben Tag in ihren Heimatort zurückgekehrt sein, wo sie am 7. Juni 1837 im Alter von 42 Jahren ihren Sohn Alois zur Welt brachte.

Der Name von Alois Schicklgruber wurde 1876 nach „Johann Georg Hiedler“ in „Hitler“ geändert, den seine Mutter heiratete, als Alois fünf Jahre alt war. Alois wurde daraufhin zu Johann Georgs wohlhabenderem Bruder Johann Nepomuk Hüttler in Pflege gegeben.

Als Alois im Alter von 39 Jahren beim Notar Josef Penkner in Weitra und einen Tag später vor Pfarrer Josef Zahnschirm in Döllersheim seinen Stiefvater Johann Georg Hiedler als seinen angeblichen Vater eintragen ließ, waren bereits alle Zeugen seiner wahren Abstammung tot – seine Mutter seit 29 und sein Stiefvater seit 19 Jahren. Stattdessen traten drei Analphabeten als Zeugen auf (Josef Romeder, Johann Breiteneder und Engelbert Paukh), die seinen angeblichen Vater Hiedler nicht einmal gekannt hatten. Lediglich einer von ihnen war mit dessen Bruder Hüttler verschwägert.

Adolf Hitler soll einmal einen Brief von seinem Halbbruder Alois erhalten haben, in dem er Andeutungen über *„sehr merkwürdige Umstände in unserer Familiengeschichte“* machte. Demnach war Adolf Hitlers Großvater nicht Teil eines katholischen Stammbaumes, sondern einer der führenden Finanziers Europas. Dazu schrieb Werner Sombart in seinem Buch *Die Juden und das Wirtschaftsleben*, dass ab 1820 das Zeitalter der Rothschilds angebrochen sei und dass es nur eine Macht in Europa gebe – die der Rothschilds. Um diese Macht zu festigen, setzte der am 19. September 1812 verstorbene Patriarch Mayer Rothschild in seinem Testament bestimmte Richtlinien für seine Nachkommen fest, dass die Familie sich mit ihren Cousins (Vettern und Kusinen) ersten und zweiten Grades verheiraten solle, damit ihr Vermögen innerhalb der Familie bleiben konnte – eine Maxime, die nebenbei bemerkt auch die eigentliche Ursache für das Zölibat der katholischen Kirche ist. Dies führte dazu, dass 16 der 18 Ehen von Mayer Amschel Rothschilds Enkelkindern zwischen Vettern und Cousinen ersten Grades geschlossen wurden und sogar sein eigener Sohn James (Jacob) Mayer die Tochter seines Bruders Salomon Mayer heiratete. Ähnlich wie in Adelskreisen, führte dies zu inzestuösen Verwandtschaftsbeziehungen und es bedeutete auch, dass fünf Rothschild-Söhne keine legitimen Kinder außerhalb der Familie haben konnten, weshalb sie als Kompensation oft mit Dienerinnen illegitime Kinder hatten. Laut des Psychoanalytikers und Autors des Buchs *The Mind of Adolf Hitler*, Walter Charles Langer, war Adolf Hitler der Enkel eines jüdischen Rothschilds, was ihn auch dazu veranlasst haben soll, 1938 die Wiener Bank *S. M. Rothschild und Söhne* zu schließen, die Salomon Rothschild gehört hatte, d.h. einem seiner möglichen Großväter.

Adolf Hitler war jedoch nicht der einzige hochrangige Nationalsozialist, der versucht hatte, seine jüdische Abstammung mit allen Mitteln zu vertuschen: Reinhard Heydrich war mütterlicherseits zu einem Viertel Jude und seine Aufnahme in die *SS* wurde verschoben, bis die Grabsteine seiner Familie in die Luft gesprengt worden waren. Ungeachtet dessen (oder gerade deswegen) heißt es, dass er später der Hauptverantwortliche für den gegen die Juden ausgeübten Terror war.

Demnach wäre Adolf Hitler ebenfalls zu einem Viertel Jude gewesen, sein Großvater wäre dann Lionel Nathan Rothschild (1808-1879), sein Onkel der Erste Baron Rothschild (1840-1915) und sein Neffe der Zweite Baron Rothschild (1868-1937), was Hitler zu einem Onkel des Dritten Baron Rothschilds (1910-1990) machen würde.

Ist Angela Merkel Adolf Hitlers Tochter?

Auch wenn die Gerüchte um Adolf Hitlers jüdische Abstammung unglaublich klingen mögen, so gibt es sogar noch ein anderes Gerücht, das diesen mindestens ebenbürtig ist: So soll niemand Geringeres als Bundeskanzlerin Angela Merkel laut *Stasi*- und *KGB*-Unterlagen in Wirklichkeit Adolf Hitlers Tochter sein. Auch wenn es wiederum schwer fällt, dieser Behauptung im ersten Moment etwas abzugewinnen, könnte aber auch in diesem Fall durchaus etwas dran sein, das eine genauere Betrachtung verdient.

Das Gerücht stützt sich auf einen auf das Jahr 2007 datierten offenen Brief, der vom 2011 verstorbenen Dr. med. Heinz Gerhard Vogelsang stammen soll, in welchem er ein Amtsenthebungsverfahren gegen Angela Merkel fordert. Begründet wird dies mit dem Verdacht, dass Angela Merkel eine Tochter Adolf Hitlers sei, weshalb er beantragt, ein gen- und kriminaltechnisches Verfahren einzuleiten, um dies zu überprüfen. Sollte sich der Verdacht bewahrheiten und Merkel hiervon bereits vor der Bundestagswahl 2005 Kenntnis gehabt haben, fordert er weiterhin, Angela Merkel vor Gericht zu stellen wegen Täuschung der Öffentlichkeit in einem wesentlichen Punkt. Bei seinem Verdacht beruft er sich auf die Fundstelle in einem Forum, die zwar mittlerweile gelöscht ist, die er aber in seinem Brief zitiert. Darin heißt es, dass Angela Merkel mit Hilfe künstlicher Befruchtung und sowjetischer Unterstützung 1954 durch tiefgefrorenes Sperma Adolf Hitlers gezeugt wurde und dabei Eva Brauns Schwester Gretl als Leihmutter gedient haben soll. Weiterhin heißt es darin, dass in Merkels *Stasi*-Akten, die derzeit beim russischen Geheimdienst *KGB* unter Verschluss seien, als Geburtstag der 20. April 1954 genannt sei, was mit Hitlers Geburtstag am 20. April 1889 übereinstimmt. Merkels Geburt sei somit das Ergebnis der Forschungsbemühungen von Nazi-Arzt Carl Clauberg (1898-1957).

Nach Merkels Geburt soll es eine Übereinkunft zwischen den Sowjets, Amerikanern und dem Vatikan gegeben haben, dass sie durch die katholische Kirche aufgrund ihrer Verbindungen mit der lutherischen Kirche der DDR an die Macht kommen solle. Demnach wäre ihr politischer Aufstieg daran gekoppelt, dass ein deutscher Papst die Kontrolle im Vatikan übernehme – was auch tatsächlich kurz zuvor geschah. So trat Kardinal Joseph Ratzinger ausgerechnet am 20. April 2005 (dem 116. Geburtstag Adolf Hitlers und 60 Jahre nach Kriegsende) das höchste Amt in der katholischen Kirche an, in das er einen Tag zuvor gewählt wurde, während Angela Merkel am 22. November desselben Jahres zur Bundeskanzlerin gewählt wurde. Am 22. November 1955, also genau 50 Jahre zuvor, wurde übrigens Carl Clauberg in Kiel verhaftet.

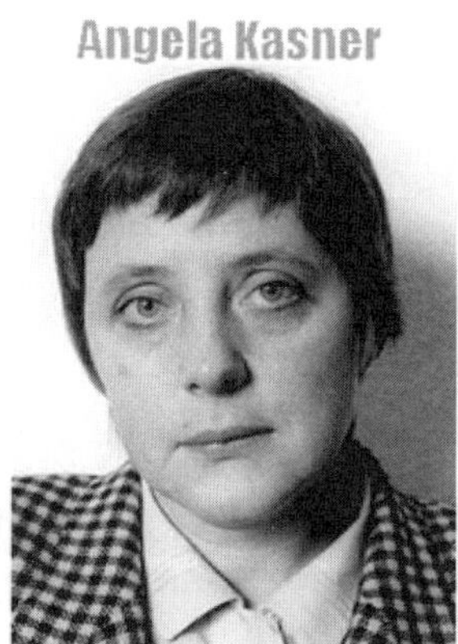

Abb. 45: Klara Hitler, Gretl und Eva Braun, Angela Kasner (v.l.n.r.)

Weiterhin heißt es in besagter Fundstelle, dass der 22. November 1859 ein wichtiges Datum für Weltglobalisten sei, weil damals Charles Darwins Standardwerk *Die Entstehung der Arten durch die natürliche Zuchtwahl* veröffentlicht worden sei, mit der Absicht, die Völker der westlichen Welt von ihren wahrsten Ursprüngen und ureigensten Gedanken zu trennen. Offiziell wird als Veröffentlichungstermin dieses

Buches zwar der 24. November angegeben, es ist jedoch unbestreitbar, dass Darwins Werk nicht nur die Grundlage für die Evolutionstheorie bildete, sondern auch für den „Sozialdarwinismus“ – und damit auch für die Rassenlehre des Nationalsozialismus.

Weiterhin heißt es in dieser Fundstelle etwas kryptisch:

„Noch verwunderlicher ist freilich, dass der Traum ihres Vaters [d.h. Hitlers], Europa unter die Führung und die Kontrolle Deutschlands und des Vatikans zu bringen, nun von seiner Tochter unter Verwendung von Betrug vollendet wird. Wie wir aus unserem antiken Wissen erkennen, beginnt die Vereinigung der Kontinente und die Zerstörung unserer bekannten Welt mit dem Wirken des Neuen Cometen, und wenn Mabus stirbt, beginnen die Qualen des Erwachens und die endgültige Zerstörung des alten Drachens.“ (Übersetzung a. d. Engl.)[79]

Als Autor(in) der Fundstelle ist im offenen Brief der Name „Sorcha Fall“ angegeben, allerdings handelt es sich dabei offenbar um „Sorcha Faal“, eine Autorin des Blogs *whatdoesitmean.com*, wo auch der gleiche Wortlaut auf Englisch nachzulesen ist. Angeblich soll es sich bei ihr um eine russische Akademikerin handeln, welche die Geheimnisse der russischen Wissenschaft veröffentlicht, allerdings konnten offenbar nie ihre wissenschaftlichen Arbeiten nachgewiesen werden.

Was von diesen Gerüchten zu halten ist, kann jeder für sich selbst entscheiden. Auch wenn es schwierig ist, Beweise für die eine oder andere Behauptung zu finden: merk(el)würdig sind manche Umstände allemal. Was im Zuge der Recherche besonders stutzig machte, ist die Tatsache, dass es im Stammbaum der Familie Hitler ganz offiziell einen „Familienzweig Angela“ gibt: So hieß eine Halbschwester Adolf Hitlers „Angela Hitler“ (1883-1949) sowie deren Tochter „Angela (Geli) Raubal“ (1908-1931).

Offenbar hatte Adolf Hitler eine Affäre mit „Geli“, auch wenn er das bestritten hat. Geli hatte sich jedoch im Jahre 1931 erschossen, was offenbar im Zusammenhang damit stand, dass Hitler kurz zuvor Eva

Braun kennenlernte, zumal sich der Kontakt zwischen den beiden ab 1932 intensiviert haben soll, sich beide aber dennoch bis zum 29. April 1945 mit ihrer Heirat Zeit ließen.

Da die Geschichte offenbar der perfekte Stoff für eine (verbotene) inzestuöse Liebesgeschichte zwischen Hitler und seiner Nichte Geli war, verwundert es kaum noch, dass sie ausgerechnet im Jahre 2005, dem Jahr von Angela Merkels ~~Machtergreifung~~ Amtsantritt unter dem Titel *Die Nichte – Hitlers verbotene Liebe* verfilmt wurde.

Nachwort

Es handelt sich beim vorliegenden Buch um das erste einer (hoffentlich) langen Reihe von Büchern, in der wir Ihnen eine Auswahl der besten bisher erschienen Artikel des Internet-Blogs *PRAVDA TV* sowie ergänzende neue und/oder aktuelle Informationen zum jeweiligen Themenbereich vorstellen wollen. Warum wir Ihnen nun für den Einstieg ausgerechnet diese zugegebenermaßen schwer verdaulichen und zum Teil auch unappetitlichen Informationen zugemutet haben, hat einerseits damit zu tun, dass gerade dieser Themenbereich bei *PRAVDA TV* auf besonders großes Interesse der Leser gestoßen ist und andererseits, dass dem bislang besonders wenig verfügbare Literatur auf dem Buchmarkt gegenübersteht. Mit anderen Worten: Die Diskrepanz zwischen Informationsbedarf und Informationsangebot ist gerade hierbei besonders deutlich zutage getreten und das Buch soll daher einen kleinen Beitrag dazu leisten, diese Lücke zu schließen. Zum anderen enthält es aber auch viele grundsätzliche Informationen, die zum weitergehenden Verständnis anderer Themenbereiche notwendig sind, vor allem was die elitären Blutlinien betrifft.

Nicht zuletzt sollen die oft brisanten Informationen aber auch dazu dienen, insbesondere Kinder, aber auch Erwachsene und ganz besonders Frauen vor den okkulten Ritualen der Eliten, Erniedrigungen und pädophilen Machenschaften zu warnen und zu schützen, indem sie die dahinter steckenden Absichten zu verstehen und die damit verbundene Symbolik zu erkennen lernen. Selbstverständlich wird es auch mit den in diesem Buch vermittelten Informationen keine absolute Sicherheit davor geben können, den vielfältigen Manipulationsmöglichkeiten und Gefahren durch die Eliten ausgesetzt zu sein, aber wenn Ihr Bewusstsein und Ihre Sinne dadurch etwas geschärft sind, werden auch Sie und Ihr persönliches Umfeld sicherlich auf die eine oder andere Weise davon profitieren können – und sei es nur, indem Sie die etablierten Medien vielleicht etwas kritischer wahrnehmen als zuvor. Davon sind wird jedenfalls fest überzeugt, auch wenn wir natürlich nicht hoffen, dass Sie jemals solchen körperlichen und seelischen Bedrohungen ausgesetzt sein werden, wie manche Personen der hier dokumentierten Fälle.

Es ist erwähnenswert, dass sich während der Arbeit an diesem Buch der Skandal um den Hollywood-Filmproduzenten Harvey Weinstein sowie die sogenannte *#MeToo-Debatte* ereigneten, die eine Zeit lang auch in den Mainstream-Medien hohe Wellen schlugen. Obwohl es dabei nicht vorrangig um Rituale, Pädophilie oder Blutlinien geht, halten wir diesen Skandal in diesem Zusammenhang dennoch für relevant, weil an ihm beispielhaft deutlich wird, wie gute Kontakte in höchste politische Kreise trotz einer überwältigenden Anzahl von Opfern und Zeugenaussagen über einen langen Zeitraum hinweg vor medialer Berichterstattung und juristischer Strafverfolgung schützen können. Und vor allem, dass dieser Schutz offenbar mit hohen Geldspenden an einflussreiche Personen erkauft werden kann. Zwar könnte die letztendliche Aufdeckung des Skandals als Beweis für die Glaubwürdigkeit der etablierten Medien gewertet werden, aber bereits die Tatsache, dass es jahrzehntelang dauerte, bis die Vorwürfe endlich an die Öffentlichkeit kamen, stellt diese Glaubwürdigkeit wieder infrage. Zudem ist es ziemlich offensichtlich, dass sich Weinstein außer seinen sexuellen Eskapaden und Straftaten auch noch mindestens einen Fehltritt anderer Art geleistet haben muss, wovon bislang nichts bekannt geworden ist, aufgrund dessen er aber erst für die Medien zum „Abschuss" freigegeben wurde.

Ähnlich gelagert wie der Weinstein-Skandal, wenn auch wesentlich gravierender, ist der Skandal um den früheren *BBC*-Moderator Jimmy Savile, da dessen Taten wesentlich abscheulicher waren, viel mehr Personen davon betroffen waren und sie über einen viel längeren Zeitraum andauerten, und letztendlich erst nach dessen Tod ans Licht gekommen sind. Nichtsdestotrotz darf das Bekanntwerden eines Skandals solcher Dimension nicht mit dessen Aufarbeitung gleichgesetzt werden, denn ohne massive Schützenhilfe eines enorm großen und einflussreichen Personenkreises hätte es wohl niemals zu einem solch hohen Ausmaß an Verbrechen kommen können. Man fragt sich daher unweigerlich, wie viele solcher Skandale sich wohl gerade in diesem Moment abspielen mögen, die aber durch das allgemeine Versagen von Medien und Justiz entweder nie oder erst in ein paar Jahrzehnten bekannt bzw. aufgearbeitet werden.

Diese und ähnliche Skandale – so schlimm sie auch sein mögen – haben somit zumindest auch etwas Positives: Sie sorgen dafür, dass solche Berichte nicht mehr einfach als Hirngespinste oder „Verschwörungstheorien“ abgetan werden können – auch wenn dies sicherlich weiterhin versucht werden wird –, sondern sie eröffnen die grundsätzliche Möglichkeit, dass auch hinter anderen, zunächst unglaubwürdig klingenden Berichten und Gerüchten möglicherweise doch etwas Wahres dran ist.

Wie selbst-unkritisch und lernunwillig die etablierten Medien ungeachtet des Bekanntwerdens dieser beiden Skandale tatsächlich weiterhin sind und dass von ihnen diesbezüglich in absehbarer Zeit keine Besserung zu erwarten ist, demonstrieren sie stets aufs Neue. Während etwa alle etablierten Medien unisono jeden noch so kleinen Fauxpas Donald Trumps oder seines Umfeldes an die große Glocke hängen, kommen die Clintons (bis auf den Jahrzehnte zurückliegenden Lewinsky-Skandal, der von wesentlich wichtigeren Dingen, wie etwa der Abschaffung des Trennbankensystems als Vorbedingung der Finanzkrise ablenkte) zumeist ungeschoren davon, obwohl nicht nur die sexuellen Verfehlungen der Clintons, sondern weit gravierende Skandale nach wie vor von den Medien unter den Teppich gekehrt werden. Diesen Widerspruch in Bezug auf die Doppelmoral medialer Aufmerksamkeit demonstriert auf brillante Weise ein vom ehemaligen stellvertretenden Finanzminister der Reagan-Adminstration und Neoliberalismuskritiker Paul Craig Roberts veröffentlichter Witz namens „Donald Trump and Hillary Clinton walk in to a bar“ (siehe hier [80]), der aufgrund seiner Ausführlichkeit in Bezug auf die kaum beachteten Skandale Hillary Clintons allerdings den Rahmen dieses Nachwortes sprengt. Eine mustergültige wissenschaftliche Aufarbeitung der Strategien solcher medialer Unsichtbarmachung von Sinnzusammenhängen bietet z.B. der äußerst erhellende Vortrag des Kognitionsforschers Prof. Rainer Mausfeld mit dem Titel „Warum schweigen die Lämmer?“ (siehe hier [81])

Die gleiche Art des Versagens – das in Wirklichkeit akribisch ausgearbeitet wird – spiegelt sich auch in unserem „Bildungssystem“ wider, und die angeführten Beispiele, wie die Pädophilen-Lobby das Schulsystem prägt, entlarven, dass damit überhaupt nicht die Absicht verfolgt wird, die Kinder und Heranwachsenden zu selbstbestimmten Menschen und mündigen Bürgern zu erziehen, sondern sie im Sinne der Obrigkeit zu indoktrinieren und sie in eine opportun erscheinende gesellschaftliche Richtung zu drängen. Spätestens hierbei wird also deutlich, dass es etwa beim Thema „Pädophilie“ mitnichten nur um Einzelfälle oder um ein Versagen der Medien und Strafverfolgung aufgrund von Pleiten, Pech und Pannen geht, wie man nachträglich immer wieder versucht, solche Skandale herunterzuspielen.

In diesem Punkt ähneln somit die Muster solcher Skandale dem vieler Terroranschläge der letzten Jahre, bei denen entgegen ursprünglich anderslautender Pressemeldungen versucht wird, das offizielle Narrativ vom Einzeltäter zu zementieren, um unliebsame Fragen nach Komplizen, Hintermännern und Profiteuren des Terrorismus im Keim zu ersticken. Insbesondere das Ausmaß pädophiler Missbrauchsfälle innerhalb der katholischen Kirche verdeutlicht, dass hierbei nun wirklich nicht mehr von Einzelfällen die Rede sein kann, da sowohl die schiere Anzahl der bekannt gewordenen Fälle als auch die offenbar systematischen Vertuschungsversuche auf ein allgemein fehlendes Unrechtsbewusstsein innerhalb der katholischen Kirche hindeuten.

Allerdings hat sich auch gezeigt, dass es hierbei um weitaus mehr geht als nur um die Solidarität mit den „schwarzen Schafen“ innerhalb der katholischen Kirche, sondern dass pädophile Praktiken eng verflochten sind mit dem jahrtausendealten Konzept „heiliger“ Homosexualität, weshalb diese geradezu als systemimmanent zu betrachten sind, indem der Katholizismus nahtlos an vorchristliche, heidnische Kulte anknüpft und deren eigentlich unchristliche Tradition insgeheim fortsetzt. Dies zeigt sich etwa auch bei der Eucharistiefeier und der Einstellung der christlichen Konfessionen in Bezug auf gesegnete Hostien als Leib Christi, die eine Anknüpfung an antike Mysterienkulte, wie etwa den Baals- oder Mithras-Kult, darstellt.

Überhaupt erweist sich der Katholizismus als überaus wichtig zum Verständnis des weltlichen Machtzentrums, da auch die politischen Machtverhältnisse eng mit dem Einfluss des Vatikans verknüpft sind.

Dies zeigt sich vor allem an der Bedeutung der Blutlinien führender Adelsgeschlechter und -familien, wie z.B. der Merowinger bzw. Habsburger, indem sie ihre Herrschaftsansprüche mit einer direkten Abstammung von Jesus Christus persönlich zu legitimieren versuchen und ungeachtet der offiziellen Einführung der Demokratie hinter den Kulissen weiterhin an ihren Machtansprüchen festhalten. Die Machtansprüche des (Schwarzen) Adels und des Vatikans sind daher aufs Engste verknüpft mit der Frage der Existenz und Nachkommenschaft von Jesus Christus, weshalb es dringend geboten erscheint, auch dieses grundlegende Narrativ kritisch zu hinterfragen. Aus diesem Grund ist es geplant, den nachfolgenden Band dieser Reihe dem Thema „Religion" zu widmen, in dem es u.a. um die These von Joseph Atwill gehen wird, dass Jesus Christus nach dem Vorbild von Julius Cäsar erfunden wurde, dass es sich beim Christentum nach astrotheologischer Sicht in Wirklichkeit um einen Sonnenkult handelt und es somit keinen Gegensatz zu heidnischen Kulten bildet, sondern vielmehr nahtlos an diese anknüpft.

Darüber hinaus soll auch noch deutlicher herausgearbeitet werden, wie sehr das Christentum gerade in Form seiner Umkehrung und Pervertierung als Satanismus elitäre Geheimgesellschaften prägt, da ein Verständnis okkulter ritueller Praktiken zunächst ein tiefergehendes Verständnis christlicher Religion voraussetzt. Dazu gehört auch eine vertiefende Darstellung religiös motivierter Pädophilie bis hin zu Ritualmorden, wobei diese Aufarbeitung mit dem vorliegenden Buch keinesfalls abgeschlossen ist und immer wieder neue Enthüllungen ans Licht kommen, wie etwa die aktuellen Pädophilie-Vorwürfe gegen den ranghohen australischen Kardinal und engen Vertrauten von Papst Franziskus, George Pell. Um das Bild abzurunden, sollen aber auch ähnliche Berichte aus anderen Konfessionen und Religionen nicht ausgeklammert werden.

Eine ebenso kritische Betrachtung wie der Katholizismus verdient somit darüber hinaus auch der Protestantismus, allen voran in Gestalt Martin Luthers. Bereits die Tatsache, dass 2017 sowohl das 500-jährige

Jubiläum der Reformation als auch das 300-jährige Jubiläum der Freimaurer stattfand, deutet darauf hin, dass zwischen beiden ein tieferer Zusammenhang besteht, der sich offenbar durch die Rosenkreuzer ergibt. Nicht zuletzt soll auch auf die antisemitische Gesinnung Luthers und seine Vorbildfunktion für den Nationalsozialismus eingegangen werden – ein weiterer wichtiger Aspekt des Protestantismus bzw. Christentums, der von der breiten Öffentlichkeit zu Unrecht weitgehend ausgeklammert wird.

Ein weiterer wichtiger Themenschwerpunkt wird somit die Verflechtung des Christentums, insbesondere aber auch des Katholizismus mit dem Faschismus sein, d.h. dessen Rolle beim Aufstieg Mussolinis sowie dessen Schulterschluss mit dem Dritten Reich im Kampf gegen den Kommunismus, sowie etwa die Vorbildfunktion der Jesuiten für die nationalsozialistische *Schutzstaffel* (SS). Auch die Rolle des *Opus Dei* als Mafia des Papstes und dessen Rolle beim Fall des „Eisernen Vorhangs“ und der Bekämpfung des Kommunismus verdient in diesem Zusammenhang eine genauere Betrachtung.

Neben den christlichen Konfessionen wird aber z.B. auch der (tibetische) Buddhismus, insbesondere in Person des aktuellen Dalai Lama und Friedensnobelpreisträgers Tenzin Gyatso, kritisch betrachtet werden, u.a. ebenfalls wegen Missbrauchsvorwürfen, seiner Finanzierung durch die CIA aus geopolitischen Gründen zur Schwächung Chinas, aber auch wegen seiner Nähe zu Nationalsozialisten wie Heinrich Harrer, dem Anführer der japanischen Aum-Sekte sowie Massenmörder Shoko Asahara, oder zu Keith Raniere, dem Oberhaupt des von der US-Elite gestützten Kultes *NXIVM*, der reiche Frauen und Hollywood-Schauspielerinnen durch Bewusstseinskontrolle in Sex-Sklaven verwandelt und Menschenhandel mit kleinen Kindern betreibt, bei dem es ebenfalls wieder Verbindungen zu üblichen Verdächtigen wie den Clintons und Rockefellers gibt.

Ein besonderes Augenmerk gilt dem Thema „Besitztümer und Finanzen", wobei hier die Rolle des Christentums für das Römische Reich bzw. die Eroberung Palästinas thematisiert wird, oder etwa die Bedeutung von gefälschten Urkunden für die katholische Kirche wie bei der Konstantinischen Schenkung; die „Befreiung" Jerusalems und der Ablasshandel als Vorwand für die Bereicherung des Vatikans; die Tempelritter als Urheber des Bankenwesens und Vorreiter der Freimaurerei; die Missionierung als Vorwand für den Kolonialismus; die Bedeutung der Aufhebung des Zinsverbotes als Aufschwung des Kapitalismus, bis hin zur Verflechtung des Vatikans mit der Schweiz und der *City of London* als Finanzzentren der Welt, was in erster Linie dem besseren Verständnis der Zinsknechtschaft unserer heutigen Zeit dienen soll.

Letztendlich soll bei dieser Thematik aber nicht das Kind mit Bade ausgeschüttet werden, damit nicht der falsche Eindruck entsteht, dass Religionen grundsätzlich verteufelt werden sollen, denn das Verteufeln ist in erster Linie das Privileg der katholischen Priesterschaft. Vielmehr sollen die zusammengetragenen Informationen dazu dienen, die Spreu vom Weizen zu trennen und herauszuarbeiten, welche religiösen Elemente lediglich dem Machterhalt der Elite dienen und welche echten spirituellen Erkenntnissen und dem allgemeinen Seelenwohl zuträglich sind.

Über den Autor

Nikolas Milan Pravda wurde 1974 in der CSSR geboren und emigrierte 1982 mit seinen Eltern und Brüdern in die BRD. Von 1996 bis 2011 arbeitete er zunächst im Marketing- und Consulting-Bereich für renommierte Unternehmen im Sport-, Entertainment- und Konsumbereich, bevor er ab 2010 ehrenamtlich soziale Einrichtungen betreute.

Seit 2012 ist Nikolas Pravda Betreiber des Blogs *www.pravda-tv.com* und unterstützt soziale Projekte.

Kontakt

info@pravda-tv.com

Quellen- und Fußnotenverzeichnis

(1) www.youtube.com/watch?v=I4NU0Tok1T4
(2) www.bbc.com/news/magazine-33682878
(3) http://vigilantcitizen.com/vigilantreport/opening-ceremony-worlds-largest-tunnel-bizarre-occult-ritual/
(4) www.youtube.com/watch?v=woQDrs8BzZU
(5) www.telegraph.co.uk/news/uknews/12010573/Was-Titanic-inquiry-scuppered-by-the-Freemasons.html
(6) Michael Hoffman „Secret Societies and Psychological Warfare“
(7) wie (6)
(8) wie (6)
(9) wie (6)
(10) wie (5)
(11) wie (5)
(12) Prudentius„Liber Peristephanon“,S. 1059-1073
(13) Melford Spiro, „Culture and Human Nature: Theoretical Papers of Melford E.Spiro“, S.18
(14) www.spiegel.de/spiegel/print/d-9108497.html
(15) www.zeit.de/2004/10/dutroux3
(16) www.katholisches.info|2017/10/20-jahren-derpaedofilenfall-anneke-in-belgien
(17) www.spiegel.de/panorama/justiz/sachsensumpf-wie-die-justiz-mandy-kopp-stigmatisierte-a-891227.html
(18) www.telegraph.co.uk/women/life/from-louis-theroux-to-newsnight-we-all-failed-the-victims-of-jim/
(19) www.faz.net/aktuell/politik/missbrauch-in-rotherham-stadt-des-schweigens-13434501.html
(20) www.zeit.de/gesellschaft/zeitgeschehen/2010-09/missbrauchsprozess-portugal-casapia
(21) https://deutsch.rt.com/europa/39885-ukraine-mitglieder-tornado-bataillons-vergewaltigen-minderjahrige/
(22) www.focus.de/familie/angst-in-norddeutschland-vor-kitas-und-schulen-maenner-versuchen-kinder-mit-fiesen-tricks-zu-sich-zu-locken_id_4959570.html
(23) www.nachrichtenspiegel.de/2015/09/24/kindesmissbrauch-kindesfolter-kindermord-das-hobby-der-elite-in-deutschland/
(24) www.tagesspiegel.de/wissen/wie-entsteht-die-sexuelle-neigung-zu-kindern-im-gehirn-des-paedophilen/11840296.html
(25) wie (23)
(26) www.taz.de/!5075282/

(27) www.stern.de/panorama/gesellschaft/paedophilie--8-5-prozent-der-erwachsenen-in-deutschland-als-kind-missbraucht-6456838.html
(28) https://en.wikipedia.org/wiki/Duplessis_Orphans
(29) http://itccs.org/2011/02/28/star-eyewitness-who-named-queen-of-england-in-abduction-of-aboriginal-children-dies-suddenly-in-vancouver-hospital/
(30) http://itccs.org/2014/11/14/youtube-removes-itccs-historic-postings-detailing-complicity-of-harper-cabinet-minister-denis-level-in-ninth-circle-cult-and-of-child-killing-at-elite-vancouver-club/
(31) www.thesun.co.uk/news/politics/5562215/un-aid-workers-raped-60000-people-as-its-claimed-organisation-employs-3300-paedophiles/
(32) wie (31)
(33) www.taz.de/!5204626/
(34) www.welt.de/politik/ausland/article151889854/UN-Soldaten-gaben-Siebenjaehriger-Kekse-fuer-Sex.html
(35) www.thetimes.co.uk/article/charities-reel-as-120-workers-accused-ofsexual-abuse-in-last-year-alone-tcqcm8zb2
(36) Channel 5 „TheEvilHistoryOfJimmy Savile“
(37) www.independent.co.uk/voices/iv-drip/janet-street-porter-heard-about-jimmy-savile-abuse-claims-8199072.html
(38) BBCcover-up„Janet Street Porter on JimmySavile“
(39) www.activistpost.com/2012/11/the-prince-and-pedophile-charles.html
(40) www.corbettreport.com/pedophiles-in-politics-an-open-source-investigation/
(41) www.corbettreport.com/episode-304-political-pedophilia/
(42) www.dailymail.co.uk/news/article-2684262/Powerful-elite-20-establishment-figures-paedophile-ring-abused-children-decades.html
(43) Press TV "Report: about 40 politicians inUKpedophilering“
(44) Channel 4 „How MP Cyril Smith got awaywith child abuse“
(45) www.youtube.com/watch?v=ZHCWLtRv4Qo
(46) https://s3.amazonaws.com/s3.documentcloud.org/documents/15082737 jeffrey-epsteins-little-black-book-redacted.pdf
(47) http://tekgnosis.typepad.com/tekgnosis/2015/01/vip-pedophile-friends-of-mega-pedophile-jeffrey-epstein-is-now-on-slideshare.html
(48) wie (41)
(49) Discovery Channel „Conspiracy OfSilence“
(50) wie (41)
(51) www.youtube.com/watch?v=HpQ5f5U4H3M
(52) http://educate-yourself.org/tg/wtpage1edit2000w.jpg
(53) wie (41)
(54) https://works.bepress.com/shani_king/
(55) www.reddit.com/r/The_Donald/comments/5aupnh/breaking_i_believe_i_have_connected_a_convicted/

(56) https://deutsch.rt.com/meinung/54457-schon-wieder-clinton-leiche/
(57) www.pravda-tv.com/2016/08/clintons-todesliste-wird-laenger/
(58) www.newyorker.com/news/news-desk/from-aggressive-overtures-to-sexual-assault-harvey-weinsteins-accusers-tell-their-stories
(59) http://deadline.com/2016/06/hillary-clinton-fundraiser-harvey-weinstein-leonardo-dicaprio-jennifer-lopez-1201776300/
(60) wie (59)
(61) www.spiegel.de/wissenschaft/mensch/cheddar-man-erster-brite-hatte-dunkle-haut-und-blaue-augen-a-1192239.html
(62) Encyclopaedia Britannica, 14. Ed.,1972, „Crown and Realia", Abb.2
(63) Friedrich Heer *The Rigby Joy of Knowledge Library. History and Culture I*, 1977:160; „TheHoly Roman Empire" S.284
(64) Henry Lincoln, Michael Baigent, Richard Leigh „Der heilige Gral und seine Erben"
(65) Dr. John Coleman „Das Komitee der 300: Die Hierarchie der Verschwörer"
(66) Dr. John Coleman „The Order of St. John of Jerusalem"; Lyndon LaRouche „Dope Inc."
(67) Frederic C. Howe „The Confessions Of A Monopolist"
(68) www.telegraph.co.uk/news/uknews/prince-charles/9656769/Prince-Charles-heir-to-Draculas-blood-line.html
(69) www.zdf.de/dokumentation/terra-x/angst-vor-der-vampirkrankheit-100.html
(70) www.rockefellerfoundation.org/app/uploads/Annual-Report-1943.pdf
(71) www.karger.com/Article/Pdf/210677
(72) www.nature.com/news/ageing-research-blood-to-blood-1.16762
(73) wie (72)
(74) www.vox.com/2016/8/3/12345930/peter-thiel-parabiosis-aging-blood-young
(75) http://time.com/4913806/princess-diana-anniversary-family-history/
(76) wie (75)
(77) https://artinvestment.ru/en/news/auctnews/20100719_sothebys.html
(78) http://tv.orf.at/orf3/stories/2782933/
(79) www.whatdoesitmean.com/index971.htm
(80) www.paulcraigroberts.org/2016/11/14/donald-trump-and-hillary-clinton-walk-in-to-a-bar/
(81) www.youtube.com/watch?v=ScqPOdcDYQM
(82) www.dailymail.co.uk/tvshowbiz/article-449405/Angelina-Jolie-reveals-dark-sexual-exploits.html
(83) www.youtube.com/watch?v=VzoaxTudJks
(84) www.dailymail.co.uk/wires/afp/article-5113101/China-probes-new-daycare-scandal-needle-marks-toddlers.html
(85) https://medium.com/tpfnews/the-weinstein-monsters-how-the-weinstein-brothers-sexually-assaulted-harassed-raped-54-women-over-f25b1df58e93

(86) www.rollingstone.com/movies/news/corey-feldman-wants-to-expose-hollywood-pedophiles-in-doc-w510210
(87) www.thedailybeast.com/inside-hollywoods-twink-pool-parties
(88) https://thefreethoughtproject.com/mainstream-attempts-normalize-pedophilia/
(89) https://www.japantimes.co.jp/community/2010/06/15/issues/a-light-of-hope-for-abused-children/#.WwLlmlOFNxg
(90) www.bibliotecapleyades.net/sociopolitica/esp_sociopol_blacknobil07.htm
(91) http://uk.businessinsider.com/prince-harrys-name-isnt-harry-heres-what-hes-really-called-2017-11

Bildquellen

(1) https://en.wikipedia.org/wiki/Death_(Tarot_card)
(2) www.tarotcardmeanings.net/majorarcana/tarot-tower.htm
(3) https://filmschoolrejects.com/stunner-back-to-the-future-predicted-9-11-37de0f601c96/
(4) http://otis.wikia.com/wiki/ICG_-_Combined_Disasters
(5) www.dailystar.co.uk/news/latest-news/508998/The-Simpsons-predictions-september-11-ebola-donald-trump-johnny-depp-conspiracy
(6) http://freakinfacts.com/matrix-passport/
(7) http://dreamtheater.wikia.com/wiki/Live_Scenes_from_New_York
(8) www.huffingtonpost.com/gregory-weinkauf/no-longer-science-fiction_1_b_4688935.html
(9) http://sitsshow.blogspot.cz/2016/03/The-40-Day-Season-of-Sacrifice-March-19th-or-22nd-to-May-1st-Manipulating-the-Collective-Consciousness-of-Humanity-Using-Mass-Black-Magic-Rituals.html
(10) wie (9)
(11) wie (9)
(12) wie (9)
(13) https://de.wikipedia.org/wiki/Skull_%26_Bones
(14) wie (9)
(15) wie (9)
(16) www.youtube.com/watch?v=I4NU0Tok1T4
(17) http://time.com/3972713/detroit-satanic-statue-baphomet/
(18) wie (16)
(19) wie (16)
(20) wie (16)
(21) wie (16)
(22) wie (16)
(23) wie (16)
(24) wie (16)
(25) www.youtube.com/watch?v=woQDrs8BzZU
(26) www.thesleuthjournal.com/10-things-know-mock-human-sacrifice-just-conducted-cern-video/lego-cern/
(27) wie (25)
(28) www.pinterest.com/pin/184999497169649225/
(29) https://commons.wikimedia.org/wiki/File:Attis_177.png
(30) www.conspiracyarchive.com/2013/12/16/bohemian-grove-molochs-moles-and-rituals/
(31) www.pinterest.co.uk/pin/502784745882494165/

(32) https://zombiewoodproductions.wordpress.com/2014/06/11/conchita-wurst-und-der-aufstieg-des-phonix/
(33) https://wp.me/p5eM0T-f5U
(34) https://inpursuitofhappiness.wordpress.com/2011/03/13/the-queen-and-missing-kids/
(35) www.cbc.ca/2017/reconciling-canada-s-150th-why-2017-should-start-with-tears-1.3904865
(36) www.dailymail.co.uk/news/article-3122130/How-Savile-seduced-royals-s-claimed-nearly-godfather-Harry-predatory-DJ-wormed-way-heart-Palace-life.html
(37) https://elpais.com/sociedad/2014/07/20/actualidad/1405875339_032963.html
(38) https://spectator.org/58805_hollywood-pedophile-allegations-involve-gay-democrat-donor/
(39) www.collective-evolution.com/2017/08/13/is-the-mainstream-igniting-pedophilia-with-victoria-secret-style-lingerie-show-featuring-5yo-girls/
(40) www.pinterest.co.uk/pin/530439662346856586/
(41) www.dailymail.co.uk/news/article-3210778/Donald-Trump-Hillary-Clinton-revealed-distant-cousins-family-trees-share-set-royal-ancestors.html
(42) https://sputniknews.com/politics/201610021045930595-trump-hillary-clinton-cheated-affair/
(43) www.dailymail.co.uk/news/article-2183858/All-presidents-bar-directly-descended-medieval-English-king.html
(44) https://wp.me/p5eM0T-dy9
(45) wie (44)

WENN DAS DIE MENSCHHEIT WÜSSTE...

Daniel Prinz

Wir stehen vor den größten Enthüllungen aller Zeiten!

Der neue Blockbuster von Daniel Prinz – 720 Seiten! Der Inhalt dieses Buches wird Sie aus den Schuhen hauen! Im Folgeband des Bestsellers „Wenn das die Deutschen wüssten..." hat Daniel Prinz im ersten Teil in aufwendiger Recherchearbeit brisante Hintergründe zu den beiden Weltkriegen aufgedeckt, die mit dem gefälschten Geschichtsbild der letzten 100 Jahre mit eisernem Besen gründlich aufräumen. In Teil 2 geht es um Chemtrails, die Dezimierung der Menschheit, Zensur und Gedankenpolizei, Impfungen und das Krebsgeschäft, und in Teil kommt die kosmische Variante mit ins Spiel: das geheime Weltraumprogramm!

ISBN 978-3-938656-89-1 • 33,00 Euro

GEHEIMSACHE „STAATSANGEHÖRIGKEITSAUSWEIS"

Max von Frei

Wussten Sie, dass ein Reisepass oder ein Personalausweis nicht dazu ausreicht, Ihre deutsche Staatsangehörigkeit nachzuweisen? Wenn Sie beispielsweise als Deutscher in den USA oder Russland eine Firma gründen wollen, verlangen die dortigen Behörden Ihren "Staatsangehörigkeitsausweis" als Nachweis, dass Sie Deutscher sind. Noch nie davon gehört? Diesen Ausweis erhalten Sie beim Landratsamt, und er kostet nur 25 Euro. War Ihnen bekannt, dass Sie nur mit dem "Staatsangehörigkeitsausweis" die Bürgerrechte – laut Grundgesetz die sog. „Deutschenrechte" – beanspruchen können? Aber wieso wissen wir das nicht, und wieso erhält man dieses Dokument nicht ganz automatisch mit der Geburt ausgehändigt? Wieso macht die BRD den Staatsangehörigkeitsausweis zur Geheimsache? Könnte die Offenbarung dieses Geheimnisses über die Zukunft Ihres Vermögens entscheiden? Könnte diese neue Erkenntnis darüber hinaus vielleicht sogar zu einem von Deutschland ausgehenden, weltweiten Frieden führen?

Max von Frei beantwortet diese Fragen im Detail – belegt durch geltende und gültige Gesetze sowie zahlreiche Dokumente – und erklärt darüber hinaus, wieso die BRD nicht wirklich souverän ist und weshalb die „Menschenrechte" in „Handelsrecht" und „Staaten" in „Firmen" umgewandelt werden.

ISBN 978-3938656-61-7 • 21,00 Euro

MEIN VATER WAR EIN „MiB“

Jason Mason

Das geheime Weltraumprogramm und die Antarktis-Deutschen

Wer sind diese rätselhaften Men in Black (MiB), die seit den 1950er-Jahren nach UFO-Sichtungen bei Zeugen auftauchen und diese befragen, deren Fotos konfiszieren oder sie sogar bedrohen? Nur sehr wenig wurde bislang über sie bekannt. Einer dieser MiB kontaktierte kurz vor seinem Tode seinen Sohn, um diesen als Nachfolger in die Organisation einzuführen und berichtete ihm von einer Welt, die sich im Hintergrund des uns bekannten Geschehens abspielt – von einer Welt voller Geheimorganisationen, eine Technologie, die wir nur aus Science-Fiction-Filmen kennen sowie über geheime Machtstrukturen, die unseren Planeten fest im Griff haben.

ISBN 978-3-938656-81-5 • 33,00 Euro

NUTZLOSE ESSER

Gabriele Schuster-Haslinger

Die Menschheit wird in den nächsten Jahrzehnten massiv dezimiert! Was ist zu erwarten, was können wir tun - und wer steckt dahinter?

Es ist ja nun kein Geheimnis, dass immer mehr Menschen auf diesem Planeten immer weniger Rohstoffen gegenüber stehen. In den kommenden Jahren kommt hinzu, dass Maschinen, Roboter und Drohnen menschliche Arbeitskraft überflüssig machen. Was zurückbleibt, sind aus Sicht der rational-kaufmännisch denkenden "Elite" sog. "Nutzlose Esser" – Menschen, die entweder arbeitslos, zu ungebildet oder zu alt sind und dem produktiven Teil wertvolle Rohstoffe und Nahrungsmittel wegnehmen und zu viel kosten. Die Situation ist jedem logisch denkenden Menschen bewusst, doch mag ein christlich-sozial eingestellter Mensch nicht aussprechen, was unausweichlich scheint, um das Dilemma zu lösen: eine Dezimierung der Weltbevölkerung! Das haben nun jene übernommen, die im Hintergrund die Weltgeschicke steuern, und nicht nur entsprechende Pläne geschmiedet – nein, sie setzen sie bereits um! Wie steht es um den Plan, vor allem das deutsche Volk "auszurotten"? Die Autorin erläutert in diesem Buch nicht nur die verschiedensten Methoden, mit denen dies bereits geschieht und was uns noch bevorstehen wird, falls sich nicht etwas gravierend ändert. Sie deckt ebenso auf, wer im Hintergrund wirklich die Fäden in der Hand hält.

ISBN 978-3-938656-42-6 • 21,00 Euro

WELTVERSCHWÖRUNG

Thomas A. Anderson

Wer sind die wahren Herrscher der Erde?

Immer mehr Menschen stellen fest, dass sie von den Regierenden belogen und betrogen werden und dass die Volksvertreter nicht das Volk vertreten, sondern die Interessen von Großkonzernen, von Militär und Wirtschaft. Große, weltumspannende Firmen und Organisationen leiten unsere Welt. Diese Familienclans nennen die Rohstoffe auf Erden ihr Eigen, bestimmen den Goldpreis und verleihen astronomische Summen an kriegführende Länder. Aber geht es diesen wirklich nur um wirtschaftliche Interessen, oder steckt etwas ganz anderes dahinter?

ISBN 978-3-938656-35-8 • 23,30 Euro

WHISTLEBLOWER

Jan van Helsing

Insider aus Politik, Wirtschaft, Medizin und Geheimdienst packen aus!

Der Whistleblower Edward Snowden und der Sprecher der Whistleblower-Plattform *Wikileaks*, Julian Assange, haben im Ausland Asyl beantragt, weil sie geheime Regierungsdokumente veröffentlicht hatte. Man will sie jedoch nicht bestrafen, weil sie Unwahrheiten oder Lügen verbreitet haben – nein: Man will sie bestrafen, weil sie den Menschen die Wahrheit gesagt haben, die Wahrheit darüber, dass wir alle von unseren Regierungen und deren Geheimdiensten überwacht und ausspioniert werden. Ist es das, wofür wir unsere Volksvertreter gewählt haben? Ist es nicht viel eher so, dass sie inzwischen ganz anderen Interessen dienen? Für dieses Buch haben *Jan van Helsing* und *Stefan Erdmann* 16 Whistleblower interviewt, die u.a. zu folgenden Themen auspacken:

- Wie geht es in deutschen Asylantenheimen wirklich zu?
- Ist Deutschland souverän? Ist die BRD ein Staat oder eine Firma?
- Was ist *Geomantische Kriegsführung*?
- Es werden viele alternative sowie schulmedizinische Therapieformen unterdrückt!
- Gibt es das „Geheime Bankentrading" wirklich? Wie sparen Großunternehmen und soziale Einrichtungen über Stiftungen Steuern?
- Der Ruanda-Kongo-Krieg war wegen Rohstoffen angezettelt worden!
- Warum es bei Film und Radio nur „Linke" geben darf...
- Ein Schottenritus-Hochgradfreimaurer spricht über UFOs und Zeitreisen.

ISBN: 978-3-938656-90-7 • 23,30 Euro

BANKSTER

Hanno Vollenweider

Ein junger Mann, Anfang 20, frisch von der Uni und voller Energie und Willen, geht nach Zürich mit nur einem Ziel: Banker zu werden und das große Geld zu verdienen. Was er jedoch nicht ahnt: Schon von Beginn an haben ihn seine Chefs und Mentoren für etwas Höheres vorgesehen und so führen sie ihn Stück für Stück in die internationalen Kreise der Bankster ein. Dies ist das Buch eines heute Anfang 30-jährigen Mannes, der, getrieben von der Gier nach Geld und Macht, Dinge sah, die andere in seinem Alter höchstens aus Hollywood-Filmen kennen. Er schildert seine Treffen mit Mitgliedern des *Clubs zum Rennweg*, *Entrepreneurs' Round Table*, der Brüsseler Finanzlobbyorganisationen *Swiss Finance Council* und *European Financial Service Round Table* und wie er im Auftrag seiner Mentoren den Rest der bis heute verschwunden geglaubten D-Mark-Millionen aus den West-Geschäften der DDR flüssig machte. ISBN 978-3938656-37-2 • 19,00 Euro

FAKE NEWS

Michael Morris

Wer einmal lügt, dem glaubt man nicht...

Das politische, wirtschaftliche und gesellschaftliche System des 20. Jahrhunderts ist gescheitert, doch die alten Eliten in Politik und Medien versuchen alles, um weiter daran festzuhalten und ein neues Konzept zu verhindern. Sie versuchen, jegliche Kritik an ihrem eigenen Fehlverhalten als „Fake News" oder als „rechte Propaganda" zu diskreditieren. Obwohl die Geheime Weltregierung und ihre Handlanger immer brutaler gegen ihre Kritiker vorgehen, schwindet ihre Macht, weil immer mehr Menschen erwachen und ihr schmutziges Spiel durchschauen, was die alten Eliten schier in den Wahnsinn treibt. Erfahren Sie die Wahrheit über die Entstehung der „Fake News"-Hysterie, und lesen Sie alles über jene Enthüllungen der NASA und des Vatikans, die Ihnen die Massenmedien verschweigen!

ISBN 978-3-938656-41-9 • 21,00 Euro